GUIDO KNOPP/HARALD SCHOTT

Die Saat des Krieges

W0172018

Buch

1938, zwanzig Jahre nach dem Ende des Ersten Weltkriegs, ist die politische Lage in Europa desolater denn je: Mussolinis Italien träumt von einem neuen Imperium, England strickt an einer weltweiten Friedensordnung, Frankreich ist außenpolitisch kaum handlungsfähig – während für Hitler der »Anschluß« Österreichs nur einen ersten Schritt zu seinem germanischen Weltreich darstellt. Die Saat des Krieges ist ausgestreut.

Zahlreiche führende aus- und inländische Historiker (wie Eberhard Jäckel) steuern zu diesem Buch von Guido Knopp und Harald Schott ihre Sicht der geschichtlichen Zusammenhänge bei, die sich ebenso wie die zahlreichen Zeugnisse von den Beteiligten damals um die entscheidende Frage drehen, ob und unter welchen Umständen das Weltkriegsinferno hätte noch verhindert werden können.

Autoren

Prof. Dr. Guido Knopp, geboren 1948, war nach dem Geschichtsstudium Redakteur der FAZ und Auslandschef der Welt am Sonntag. Heute leitet er die ZDF-Redaktion Zeitgeschichte und unterrichtet an einer deutschen Hochschule Journalistik. Für seine Dokumentationen, die auch in Buchform erschienen, hat er eine Vielzahl von Auszeichnungen erhalten.

Harald Schott, geboren 1937, ist freier Autor und Regisseur von Dokumentationen und Dokumentarspielen.

Bei Goldmann sind von Guido Knopp bereits erschienen:

Top-Spione. Verräter im Geheimen Krieg (12275)
Hitler – Eine Bilanz (12742)
Hitlers Helfer (12762)
Vatikan (15007)
Hitlers Helfer – Täter und Vollstrecker (15017)
Hitlers Krieger (15045)

Guido Knopp
Harald Schott

Die Saat des Krieges

1938–1939
Hitlers Angriff auf Europa

Dokumentation: Rudolf O. Gültner
und Nina Steinhauser

Mit einem Vorwort
von Professor Walther Hofer

GOLDMANN

Vollständige Taschenbuchausgabe August 2000
Wilhelm Goldmann Verlag, München,
in der Verlagsgruppe Bertelsmann GmbH
© 1989 Gustav Lübbe Verlag GmbH, Bergisch Gladbach
Redaktion: Kurt-J. Heering
Umschlaggestaltung: Design Team München
Umschlagfoto: Keystone, Hamburg
Druck: Presse-Druck Augsburg
Verlagsnummer: 15037
AM · Herstellung: Sebastian Strohmaier
Made in Germany
ISBN 3-442-15037-X

1 3 5 7 9 10 8 6 4 2

Inhalt

Harald Schott:
DER ERZWUNGENE KRIEG

Vorwort

Dass vorliegende Buch schildert die Ereignisse, die sich vor einem halben Jahrhundert zugetragen und in den Zweiten Weltkrieg hineingeführt haben. Es konzentriert sich auf jene letzten Friedensmonate, in denen der Knoten zum Krieg endgültig geschürzt worden ist: Frühjahr 1938 bis Herbst 1939. Schritt für Schritt können wir das Drama mitverfolgen, das sich damals abgespielt hat. Das Buch will vor allem erzählen, »wie es eigentlich gewesen ist«, um das berühmte Wort von Leopold von Ranke einmal mehr anzuwenden. Es läßt vor allem auch die Dokumente sprechen. So können wir miterleben, wie sich die Dinge im einzelnen entwickelt haben, wie die beteiligten Personen gedacht und gehandelt haben und warum sie es so und nicht anders getan haben. Wir können den immer wieder zum Durchbruch gelangenden unbedingten Kriegswillen des deutschen Diktators nacherleben, wir werden aber auch Zeugen der Irrtümer und Illusionen derer, die da glaubten, den vom Dämon der Zerstörung besessenen Hitler durch Entgegenkommen und Konzessionen zur Vernunft bringen zu können. Es ist beileibe keine schöne Geschichte, die da nacherzählt wird, aber es ist notwendig, daß wir sie zur Kenntnis nehmen. Wir sollten das Wort bedenken, daß ein Volk, das seine Geschichte nicht kennt, dazu verurteilt ist, sie noch einmal zu durchleben. Dieses Wort richtet sich keineswegs nur an das deutsche Volk, sondern an uns alle.

Um das Wissen über die Vergangenheit, vor allem über *diese*

Vergangenheit, ist es gerade auch in Deutschland nicht zum besten bestellt, wie Umfragen oder auch persönliche Erfahrungen
immer wieder beweisen. Daß dies nicht von Gutem ist, wird
immer wieder beklagt. Dieses Buch will helfen, vorhandene Wis-
senslücken zu schließen. Es tut dies auf eine Weise, die es auch
dem Laien leicht macht, sich zurechtzufinden. Aber es tut dies
nicht auf Kosten der Wissenschaftlichkeit – im Gegenteil. Es be-
findet sich durchaus auf der Höhe der wissenschaftlichen For-
schung. Man kann es mit gutem Gewissen zur Lektüre empfehlen. Es ist ein gutes und ein notwendiges Buch zugleich, denn die
Folgen der Ereignisse, von denen dieses Buch erzählt, sind auch
ein halbes Jahrhundert später noch allenthalben sichtbar und
spürbar, gerade in Deutschland, aber auch in Europa als Gan-
zem – kann sein, daß die heute lebenden jüngeren Generationen
sich dessen nicht oder kaum mehr bewußt sind. Doch dies än-
dert nichts daran, daß die politischen Umstände, unter denen
sie leben (und gar manche auch leiden), in hohem Maße auf
die katastrophale Politik des »Dritten Reiches« und den von
ihm entfesselten Zweiten Weltkrieg zurückgehen: die deutsche
Teilung und damit der Untergang des deutschen Nationalstaa-
tes, die Teilung Europas in Ost und West, aber auch die Bolschewisierung der osteuropäischen Völker, das Vordringen der
Sowjetmacht bis an die Elbe – all dies sind direkte oder indirekte
Folgen von unheilvollen Entscheidungen, die damals gefällt
worden sind.

Besonders unheilvoll sind die Nachwirkungen des Pokers,
den Hitler mit Stalin getätigt hat und der in dem berüchtigten
Geheimabkommen vom 23. August 1939 seinen Niederschlag
fand. Dies führte bekanntlich zur Aufteilung der zwischen den
beiden Diktaturen gelegenen Staatenwelt, wobei Stalin der
Löwenanteil zugesprochen wurde. Es erlaubte ihm den kampf-
losen Vormarsch um Hunderte von Kilometern nach Westen und
die Besetzung der baltischen Staaten. Polen wurde zwischen den

beiden Gewaltmenschen aufgeteilt – zum vierten Mal in seiner
Geschichte wurde es Opfer machtgieriger Nachbarn. Gerade der
durch Hitler provozierte und durch Stalin vollzogene Untergang
der baltischen Staaten zeigt ein halbes Jahrhundert später Nachwirkungen, deren Folgen unabsehbar sind. Gerade jetzt erinnern
die baltischen Völker die Welt daran, daß sie vor 50 Jahren Opfer
der skrupellosen Machtpolitik der beiden Verbrechergestalten
Hitler und Stalin geworden sind, und sie machen sich daran, dem
Nachfolger Stalins in der Herrschaft über die Sowjetunion ihre
Rechnung zu präsentieren. Ein Buch über jene Zeit zu schreiben
oder zu lesen, heißt also nicht, sich mit ein für alle Male abgeta-
ner Vergangenheit zu beschäftigen. Es heißt vielmehr, die tiefe-
ren Ursachen für die heutige Situation und ihre Probleme zu er-
forschen und zu verstehen.

Die – allerdings nur vorübergehende – Verständigung zwischen den ideologisch so gegensätzlichen Regimen von Nationalsozialismus und Bolschewismus öffnete Hitler auch den Weg
in den von ihm so sehnlich gewünschten Krieg. Die Mitschuld
Stalins liegt also auf der Hand. Es ist erfreulich und stellt einen
entscheidenden Schritt vorwärts in der konstruktiven Zusammenarbeit zwischen westlichen und russischen Historikern dar,
daß dies inzwischen auch von reformistisch eingestellten Gelehr-
ten im Sowjetreich zugegeben wird, nachdem dies jahrzehntelang
wider alle historische Evidenz und entgegen allen dokumentari-
schen Beweisen zu leugnen versucht wurde. Nun spricht es der
russische Gelehrte Daschitschew in diesem Buch ganz offen aus:
Der Pakt Stalins mit Hitler war die Ursache dafür, »daß Hitler
den Zweiten Weltkrieg unter den günstigsten Bedingungen entfesseln konnte ...«.

Andererseits muß dem gleich hinzugefügt werden, daß Stalins
Mitschuld Hitler nur unwesentlich entlastet. Er war die treibende
Kraft. Der russische Diktator hat nur zugegriffen. Ohne Hitler
wäre dieses folgenschwere Geschäft auf Gegenseitigkeit nie zu-

stande gekommen. Gerade hier, wenn irgendwo, zeigt sich das ganze erschreckende Ausmaß des verantwortungslosen Abenteurertums des deutschen Diktators: daß er um eines momentanen Vorteils willen ganze Völker und Staaten der Willkür Stalins preisgegeben hat. Möglich, daß Hitler stets den Hintergedanken hatte, die Beute bei nächster Gelegenheit dem sowjetischen Geschäftspartner wieder abzujagen. Doch das mindert Hitlers Schuld kaum. Seine Handlungsweise kann ja nur dann einigermaßen »verstanden« werden, wenn man sich klar darüber ist, daß alles, was er tat oder unterließ, dem *einen* Gedanken untergeordnet war: Krieg zu führen, endlich *seinen* Krieg zu bekommen. Daß Hitler diesen Krieg bewußt provoziert hat, wird auch in diesem Buch anschaulich gemacht, nicht zuletzt durch die Schilderung des »polnischen« Überfalls auf den Sender Gleiwitz. Es ist dieselbe Provokationstaktik, die schon bei der »Machtergreifung« angewandt worden ist, als man den Reichstagsbrand selbst inszenierte und das Verbrechen anschließend dem politischen Gegner in die Schuhe schob. Im einen Fall schuf das den Vorwand für die Errichtung der Diktatur, im anderen den Vorwand für die Auslösung des Krieges.

Daß sein in »Mein Kampf« verkündetes Programm einer Eroberung neuen Lebensraums keineswegs als ideologisches Geschwätz abgetan werden konnte, machte der neue Reichskanzler bereits wenige Tage nach Antritt seines Regierungsamtes deutlich. Anläßlich eines ersten Kontaktes mit den höchsten militärischen Befehlshabern – es war am 3. Februar 1933 – bezeichnete er »Eroberung neuen Lebensraumes im Osten und dessen rücksichtslose Germanisierung« als außenpolitische Zielsetzung einer von ihm geführten Regierung. Vorerst allerdings galt es, im Innern Deutschlands rücksichtslos aufzuräumen. Dazu gehörte die »Ausrottung des Marxismus mit Stumpf und Stiel«, aber auch die »Einstellung der Jugend und des ganzen Volkes auf den Gedanken, daß nur der Kampf uns retten kann…« Als wichtigste

Voraussetzungen nannte Hitler »Aufbau der Wehrmacht« und
»straffste autoritäre Führung«. Damit hatte Hitler drei Tage nach
seiner Ernennung zum Reichskanzler, entgegen seinem Auftrag,
wieder eine parlamentarische Mehrheit herzustellen, die Errichtung einer Diktatur und somit die Beseitigung der Demokratie
angekündigt – als Voraussetzung für eine militärische Wiederaufrüstung Deutschlands mit anschließender imperialistischer
Expansion. Mit Recht ist daher gesagt worden, der Krieg sei für
Hitler schon beim Amtsantritt beschlossene Sache gewesen, er
habe im Grunde bereits 1933 begonnen und nicht erst 1939. Un-
erklärlich bleibt angesichts solch eindeutiger Aussagen, daß von
gewissen Historikern noch heute die Auffassung vertreten wird,
dies alles sei im Grunde nur Bluff gewesen, und Hitler sei schließlich infolge diplomatischer Fehlrechnungen in den Krieg »hin-
eingeschliddert«.

Natürlich erhebt sich die Frage, wie dies alles möglich war und
was denn die anderen Mächte eigentlich dagegen unternommen
haben. Konnte Hitler schalten und walten, wie er wollte? War er
allmächtig und allwissend? Gab es keine Möglichkeiten, ihm in
den Arm zu fallen und das heraufziehende Verhängnis eines
neuen großen Krieges zu verhindern? Solche und ähnliche Fragen stellten sich, und sie werden insbesondere von den heutigen
Nachfahren immer wieder gestellt.

Dazu ist zu sagen, daß Hitler die Gefahr durchaus erkannte,
der eine deutsche Wiederaufrüstung ausgesetzt war. Schon in der
ersten erwähnten geheimen Ansprache hat er darauf hingewiesen, wenn er ausführte, die gefährlichste Zeit sei die des Aufbaus
der Wehrmacht. Da werde sich zeigen, ob Frankreich Staatsmänner habe; »wenn ja, wird es uns nicht Zeit lassen, sondern über
uns herfallen (vermutlich mit Osttrabanten)«. Aber genau dies ist
nicht geschehen. Frankreich galt zwar zur Zeit des Amtsantritts
Hitlers als stärkste Militärmacht Europas und war es wohl auch
– zum mindesten auf dem Papier. Jederzeit bis weit in die dreißi-

ger Jahre hinein, wäre es möglich gewesen, eben das durchzu-
führen, was Hitler befürchtete: die nationalsozialistische Gefahr
im Keime zu ersticken. Daß es dazu nicht kam, hat mannigfache
Gründe, die im Rahmen einer kurzen Einleitung nicht dargelegt
werden können. Es möge genügen festzustellen, daß Frankreich
durch schwere innere Auseinandersetzungen praktisch lahmge-
legt war, daß es militärisch im sogenannten »Maginotkomplex«
befangen war, das heißt in einer rein auf die Defensive ausge-
richteten Strategie, daß es glaubte, nicht ohne die feste Zusicherung Englands handeln zu können, das seinerseits wiederum
nicht über die notwendige militärische Rüstung verfügte, um auf
dem Kontinent erfolgreich eingreifen zu können usw. Es ist eine
ganze Verkettung von unglücklichen Umständen, die die Westmächte daran hinderten, rechtzeitig dem Spuk ein Ende zu bereiten. Zudem wurden die Kriegsvorbereitungen im Innern
Deutschlands propagandistisch geschickt abgeschirmt durch die
pathetische Betonung des Friedenswillens nach außen, so daß
sich schließlich Hitler gegenüber die Meinung durchsetzte, daß er
in der Mitte der dreißiger Jahre nicht mehr derselbe Eiferer war
wie vor 1933.

Es war diese, wie sich dann herausstellen sollte, falsche Ansicht, die sich mehrheitlich durchgesetzt hat. Sie manifestierte
sich besonders eindrücklich anläßlich der Olympischen Spiele
von 1936. Obschon Hitler zwischen den Winter- und den Som-
merspielen (beide fanden in Deutschland statt!) durch den Einmarsch ins entmilitarisierte Rheinland einen schweren Vertragsbruch begangen hatte, pilgerte die ganze Welt nach Berlin und
war nachher des Ruhmes voll – nicht nur über die sportlichen
Leistungen (Deutschland gewann die meisten Medaillen), sondern auch über die hervorragende Organisation und die zuvorkommende Gastfreundschaft. Man verfehlte auch nicht, die
vorbildliche Ordnung und Disziplin im neuen Deutschland
gebührend zu würdigen. Die Nürnberger Gesetze, die nur wenige

Monate zuvor erlassen worden waren und den jüdischen Bevöl-
kerungsteil aus der Volksgemeinschaft ausschlossen bzw. die Juden zu Bürgern minderen Ranges erniedrigten, sie haben keinen
ausreichenden Grund dargestellt, das Fest des Sportes und der
Völkerverständigung nicht in der Hauptstadt des Hitlerreiches
abzuhalten. Das allgemeine Bewußtsein für Recht und Mensch-
lichkeit hat damals zweifellos einen absoluten Tiefstand erreicht.
Statt den Hitlerschen Vertragsbruch vom März 1936 mit den ver-
traglich vorgesehenen Gegenmaßnahmen zu beantworten (und
dem deutschen Diktator damit eine empfindliche und vielleicht
entscheidende Niederlage zu bereiten), hat man seine Machen-
schaften durch die Pilgerfahrt nach »Olympia-Berlin« nachträglich noch sanktioniert.

Wenn die Mitschuld der Welt am unaufhaltsamen Aufstieg des
Adolf Hitler auch augenfällig ist, so wäre es trotzdem verfehlt,
diese Mitschuld insbesondere der westlichen Demokratien auf
derselben Ebene anzusiedeln wie die Schuld Hitlers. Dieser
machte sich schuldig durch den unbedingten Kriegswillen, der
ihn vorantrieb, jene machten sich schuldig durch ihren fast
ebenso unbedingten Friedenswillen. Wenn man aus den Fehlern,
Irrtümern und Unterlassungen der anderen Mächte eine Mitschuld an der Entstehung des Krieges ableiten will, dann sollte
man nicht aus den Augen verlieren, daß es ein wesentlicher Unterschied ist, ob solche Schuld auf Friedenspolitik oder auf
Kriegswillen zurückgeht. Natürlich entsprang die schwächliche
Politik der Westmächte Hitler gegenüber nicht einfach nur ihrer
Friedensliebe. Diese Politik entsprach vor allem auch ihren Interessen. So interpretierten es jedenfalls die Männer, die damals
an der Macht waren. Frankreich und England waren »saturierte«
Staaten mit mächtigen Imperien, die sich, insbesondere im Falle
Englands, über die ganze Welt erstreckten. Sie hatten durch einen
Krieg in Europa, der sich womöglich in einen Weltkrieg auswei-
tete, nichts zu gewinnen, wohl aber viel zu verlieren. Hitler wußte

das und setzte es geschickt in seine Rechnung ein. Und weil diese
Rechnung allzulange aufging, wurde das Verhängnis unvermeidlich.

Es ist richtig, wenn betont wird, daß Hitler-Deutschland in
hohem Maße von den damaligen weltpolitischen und auch welt-
wirtschaftlichen Umständen profitiert hat. Auch hatte Hitler die
Voraussetzungen, die er bei seinem Regierungsantritt in Europa
und der Welt antraf, schließlich nicht selbst geschaffen. Und diese Voraussetzungen waren derart, daß einem Wiederaufstieg
Deutschlands zur Großmacht kaum mehr etwas im Wege stand –
ja dieser Wiederaufstieg hatte bereits vor Hitler begonnen,
und er konnte daraus entsprechenden Nutzen ziehen. So war
Deutschland schon 1926 in den Völkerbund aufgenommen worden, und zwar unter Zuteilung eines ständigen Sitzes im Völker-
bundsrat, was einer Anerkennung als gleichberechtigter Großmacht gleichkam. Auch die militärische Gleichberechtigung wurde noch vor Hitlers Machtantritt prinzipiell anerkannt. Ebenso war das Reich die drückende Last der Reparationen noch vor
Hitler durch das »Hoover-Moratorium« von 1932 losgeworden.
Auch die Rheinlandbesetzung durch die alliierten Mächte ist
schon vorher beendigt worden, was Hitler dann später erlaubte,
als Triumphator dort einzuziehen. Die Vertragsbestimmungen
von Versailles, denen die NS-Propaganda ganz besonders den
Kampf angesagt hatte, waren also zu wesentlichen Teilen schon
außer Kraft, als Hitler an die Macht kam. Auch ohne Hitler wäre
diese Entwicklung weitergegangen, wenn wohl auch nicht mit
diesen katastrophalen Folgen. Hitler hat Deutschland keineswegs vor einem Abgrund zurückgerissen, der es zu verschlingen
drohte. Natürlich gab es das Millionenheer der Arbeitslosen und
die schweren sozialen Folgen für alle Betroffene. Aber selbst die
Weltwirtschaftskrise hatte ihren Tiefpunkt überwunden, und
auch hier konnte Hitler von einem eben beginnenden konjunk-
turellen Wiederaufschwung profitieren. Dies alles muß in Rech-

nung gestellt werden, wenn man die sogenannten »positiven« Leistungen der ersten Jahre der Hitlerdiktatur in den richtigen Proportionen sehen will.

Daß sich Hitler mit der Schaffung des großdeutschen Reiches nicht zufrieden gegeben hat, entlarvt seine Behauptung, es gehe ihm nur um das nationale Selbstbestimmungsrecht des deutschen Volkes bzw. um die Befreiung deutschen Volkstums von fremder Herrschaft, als reines Propagandamanöver. Die Phase der sogenannten Revisions- und Gleichberechtigungspolitik der Jahre 1933–1938 hat zu keiner Zeit in Hitlers Konzept irgendeine eigenständige Bedeutung gehabt.

Folgerichtig betrachtete der Diktator den »großen Sieg von München« eigentlich als eine Niederlage. Daher tat er im Sommer 1939 alles, um eine neue vertragliche Lösung zu hintertreiben, wenn auch selbstverständlich unter der üblichen propagandistischen Rauchentwicklung mit Friedensbeteuerungen und großzügigen Angeboten. Daß Danzig nicht gerade das Objekt war, um das es ging, dies hat Hitler in einer seiner berühmt-berüchtigten Ansprachen den Generalen bereits am 23. Mai 1939 zur Kenntnis gebracht. Vollständiger hat selten ein Politiker sich selbst vor der Geschichte entlarvt.

Es ist daher müßig, um nicht zu sagen naiv, wenn auch heute noch gelegentlich darüber spekuliert wird, ob Hitler wohl nicht als größter deutscher Staatsmann in die Geschichte eingegangen wäre, wenn er sich eben mit der Revision der Verträge von 1919, d.h. mit der Wiederherstellung der Grenzen von 1914, allenfalls mit der Zugabe Österreichs begnügt hätte. Falls man damals »Mein Kampf« gelesen und, was wichtiger war, ernst genommen hätte, dann hätte man dort über diesen Punkt folgende Sätze entdecken können: »Die Forderung nach Wiederherstellung der Grenzen des Jahres 1914 ist ein politischer Unsinn von Ausmaßen und Folgen, die ihn als Verbrechen erscheinen lassen.« Dieser Satz mag von heute aus gesehen als doppelsinnig empfunden werden. Hitler sah das Verbrechen natürlich nicht darin, daß diese Forderung zu weit, sondern daß sie viel zu wenig weit gegangen wäre. Es mutet wie eine böse Ironie der Weltgeschichte an, daß es Hitler wohl gelungen wäre, diese Grenzen tatsächlich ohne Schwertstreich zurückzugewinnen, wenn er es gewollt hätte. Denn auch für Danzig wollte man in Frankreich bekanntlich nicht sterben.

Aber Hitler wollte eben mehr. Er wollte mit anderen Worten nicht die Wiederherstellung des historischen Staatensystems Europas, sondern dessen Zerschlagung. Deshalb mußten schließlich alle Gegenspieler Hitlers scheitern, die da glaubten, er sei der Nachfolger Bismarcks oder gar dessen Vollender, weil es ihm gelang, im Unterschied zu seinem illustren »Vorgänger«, die großdeutsche Lösung zu verwirklichen.

Hitler hat weder die Politik Bismarcks weitergeführt oder »vollendet« noch diejenige Gustav Stresemanns, wie etwa der britische Historiker A. J. P. Taylor behauptet. Er hat ihr Werk vielmehr zerstört, und zwar gründlich.

Selten auch ist ein Mensch, dem so viel Macht gegeben war, so total gescheitert. Hitler wollte eine tausendjährige deutsche Vorherrschaft errichten und insbesondere das bolschewistische System zerstören, erreicht hat er hingegen die Zerstörung der nationalen Einheit Deutschlands und die Etablierung einer sowjetischen Hegemonie auf den Trümmern des europäischen Systems – eine Hegemonie, die seit dem Ende des Zweiten Weltkrieges nur durch die Gegenmacht der USA einigermaßen ausbalanciert werden konnte. Das einzige Ziel, das er weitgehend erreicht hat, ist zugleich das ungeheuerlichste und verbrecherischste Ziel, das sich ein Mensch jemals gesteckt hat: die Vernichtung des europäischen Judentums.

Wahrhaft eine erschütternde geschichtliche Bilanz. Daran gibt es auch heute nichts zu beschönigen, und keine Vergleiche mit anderen verbrecherischen Regimen der Weltgeschichte vermögen die Untaten des Nationalsozialismus und seiner Führer und Helfershelfer zu relativieren. Sie bleiben einzigartig – und bleiben es hoffentlich auch für alle Zukunft.

Professor Dr. Walther Hofer, Bern

Die in Kursivschrift gesetzten Stellungnahmen sind persönliche Meinungsäußerungen von Historikern für die ZDF-Dokumentation »Die Saat des Krieges«. Veranwortlich für ihren Inhalt sind sie selbst.

Guido Knopp

Der
erkaufte Friede

»Mein Programm
ist eine Kriegserklärung«

Hitlers Ziel im Osten

12. September 1938, kurz vor 19 Uhr: Atemlose Stille lag über der Kongreßhalle in Nürnberg. Dichtgedrängt warteten die Anwesenden auf den Höhepunkt der Veranstaltung. »Der Parteitag nimmt seinen Fortgang«, verkündete die Stimme aus dem Lautsprecher, »es spricht der Führer«. Der traditionelle Abschluß des Reichsparteitages stand bevor: Adolf Hitler, »Führer« des deutschen Volkes, Kanzler des »Dritten Reiches« und Oberbefehlshaber der Wehrmacht hielt Rückschau. Er blickte zurück auf »sechs Jahre der nationalsozialistischen Revolution«.

Stockend, fast behäbig begann er, die Erfolge seiner Regierungszeit aufzuzählen. So, wie er es formulierte, klang es in der Tat wie eine einzige Erfolgsbilanz, sei es doch gelungen, »in wenigen Jahren, nicht nur die wirtschaftliche Not zu beheben, sondern auch die furchtbaren politischen Fesseln abzustreifen, die bestimmt waren, das deutsche Volk für immer zu verknechten«.

Der Mann, der da am Rednerpult stand, hatte offenbar geschafft, was viele für unmöglich gehalten hatten und woran seine Vorgänger gescheitert waren. Niemand in der Halle fand es irrig, wenn er feststellte:

»15 Jahre hat Deutschland vergeblich um die natürlichsten und einfachsten Menschenrechte gerungen. Sie wurden dem deutschen Volk und Reich verweigert.«

Der Friede von Versailles, der den Weltkrieg beendet hatte,

wurde von den weitaus meisten Deutschen – nicht nur wegen der Gebietsverluste – als »Diktat« empfunden und wegen der internationalen Ächtung als schandbar angesehen.

Mit dieser »nationalen Schmach« hatte Hitler Schluß gemacht: Im Rheinland standen wieder deutsche Truppen, in Deutschland gab es wieder eine allgemeine Wehrpflicht. Österreich gehörte wieder zum Deutschen Reich, die »Ostmark« war im Frühjahr 1938 »heim ins Reich« geholt worden. Wäre Hitler hier in Nürnberg einem Attentat zum Opfer gefallen – nur wenige der Anwesenden hätten gezögert, ihn als »großen Deutschen«, wenn nicht sogar als »Vollender der deutschen Geschichte« zu sehen.

Und der Preis? Mit welchen Mitteln wurde dies erreicht? Die weitaus meisten Deutschen nahmen 1938 billigend in Kauf, daß dieser Staat eine Diktatur war, die jede Opposition brutal unterdrückte, Zehntausende von Gegnern in Konzentrationslagern gefangenhielt, Hunderte ermordet hatte. Es gab freilich viele, die klar genug sahen, um nicht mehr hinsehen zu wollen. Und gab es nicht auch Grund genug, aufkommende Zweifel immer wieder zu beruhigen? Hatte Hitlers Reich nicht um des lieben Friedens willen freiwillig Verzicht geleistet auf Elsaß-Lothringen und Südtirol? In Nürnberg stellte Hitler dies heraus:

»Es geschah, um dem europäischen Frieden für die Zukunft einen Dienst zu erweisen. Es konnte uns niemand zwingen, solche Revisionsansprüche freiwillig aufzugeben. Wir haben sie aufgegeben, weil es unser Wille war, den ewigen Streit mit Frankreich einmal für immer zu beenden ... Auch an anderen Grenzen hat das Reich dieselben entschlossenen Maßnahmen verfügt und die gleiche Haltung eingenommen ... Wir haben die schwersten Opfer an Verzichten freiwillig auf uns genommen, um Europa für die Zukunft den Frieden zu erhalten und vor allem der Völkerversöhnung von uns aus den Weg zu ebnen. Wir haben dabei mehr als loyal gehandelt.«

Und nicht nur dies, das Deutsche Reich hatte sich darüber hinaus in einem Flottenabkommen mit Großbritannien bereit erklärt, seine Marinerüstung zu beschränken:

»Wir haben selbst unsere Macht auf einem wichtigen Gebiet freiwillig begrenzt, in der Hoffnung, mit dem in Frage kommenden Staate niemals mehr die Waffen kreuzen zu müssen.«

Die Besucher jubelten dem »Führer« zu, als er erklärte:

»Deutschland hat nach vielen Seiten hin heute vollständig befriedigte Grenzen und es hat versichert, diese Grenze nunmehr als unabänderlich und endgültig hinzunehmen und anzunehmen, um damit Europa das Gefühl der Sicherheit und des Friedens zu geben… Kein europäischer Staat hat für den Frieden mehr getan als Deutschland! Keiner hat größere Opfer gebracht!«

Hitler als Friedensfürst, der den Deutschen das gegeben hatte, was sie wollten? Hitler als Vollender des deutschen Nationalstaats, als »Enkel« Bismarcks, der das Deutsche Reich endlich saturiert hatte? Wer damals nur das eine, öffentliche Antlitz dieses Kanzlers sehen wollte, konnte diesen Eindruck leicht gewinnen. Doch Hitler selbst offenbarte in einer Rede vor den Chefredakteuren der Inlandspresse im November 1938, was von seinen Friedensbeteuerungen zu halten war:

»Die Umstände haben mich gezwungen, jahrelang fast nur vom Frieden zu reden. Nur unter der fortgesetzten Betonung des deutschen Friedenswillens und der Friedensabsichten war es mir möglich, dem deutschen Volk … die Rüstung zu geben, die immer wieder für den nächsten Schritt als Voraussetzung notwendig war.«

Irreführung – das war das Ziel, das Hitler erreichen wollte: Irreführung der deutschen Bevölkerung, die er über seine eigentlichen Ziele im unklaren ließ; Irreführung des Auslands, das er täuschen wollte, solange das nationalsozialistische Deutschland noch nicht in der Lage schien, eine gewaltsame Auseinandersetzung bestehen zu können.

Diese Irreführung gelang, obwohl man nur etwas genauer hinhören mußte, um Zweifel an der Friedensliebe des deutschen Kanzlers zu bekommen. Denn selbst die öffentlichen Friedensschalmeien waren stets mit Drohungen verbunden. Ein Beispiel von vielen aus der Rede in Nürnberg:

»Diese Selbstbeschränkung ist aber anscheinend von vielen nur als eine Schwäche Deutschlands ausgelegt worden. Ich möchte deshalb heute diesen Irrtum hier richtigstellen... Ich möchte den Staatsmännern in Paris und London versichern, daß es auch deutsche Interessen gibt, die wir entschlossen sind, wahrzunehmen und zwar unter allen Umständen.«

Welche »Interessen« meinte er, wie weit wollte er »unter allen Umständen« gehen?

»Mein Programm war die Beseitigung von Versailles. Man soll heute in der anderen Welt nicht so blöde tun, als ob das etwa ein Programm wäre, das ich im Jahre 1933 oder 1935 oder 1937 erst entdeckt hätte. Die Herren hätten bloß... einmal das lesen sollen, was ich geschrieben habe, und zwar tausendmal geschrieben habe. Öfter hat kein Mensch erklärt... was er will, als ich es getan habe, und ich schrieb immer wieder: Beseitigung von Versailles.«

So äußerte er sich später, 1941, vor der deutschen Generalität. Das war jedoch, wenn überhaupt, nur die halbe Wahrheit. Die »Beseitigung von Versailles« hatten alle Politiker der Weimarer Republik auf ihre Fahnen geschrieben. Hitler aber wollte mehr, auch das hatte er immer und immer wieder erklärt. An vielen Stellen, in öffentlichen Reden und im kleinen Kreis der Paladine, in »Mein Kampf« und in zahllosen Gesprächen hatte Hitler deutlich gemacht, was er tatsächlich wollte: die Eroberung von Lebensraum im Osten und die Beseitigung der Juden. »Beseitigung« – das war der Euphemismus für Ermordung.

Mit der »Beseitigung von Versailles« war es also bei weitem nicht getan. Revision genügte nicht, dahinter stand die Aggression. Eroberung des Ostens und Ermordung der Juden: diese beiden Ziele bestimmten Hitlers Denken, diese beiden Elemente markierten seine Politik.

Politik war für ihn Sicherung des Lebensraums. Der Lebensraum des deutschen Volkes konnte nur im Osten liegen. Und dieser Lebensraum war nur durch Kampf zu erobern, durch Kampf zu bewahren. Am 5. November 1937 hatte Hitler dem Reichskriegsminister, dem Außenminister und den Oberbefehlshabern der drei Wehrmachtsteile sein Programm erläutert. Im sogenannten »Hoßbach-Protokoll«, den Aufzeichnungen, die Hitlers Wehrmachtsadjutant Oberst Hoßbach, anfertigte, heißt es:

»Das Ziel der deutschen Politik sei die Sicherung und die Erhaltung der Volksmasse und deren Vermehrung. Somit handele es sich um das Problem des Raumes… Die Deutsche Zukunft sei daher ausschließlich durch die Lösung der Raumnnot bedingt… Zur Lösung der deutschen Frage könne es nur den Weg der Gewalt geben, dieser könne niemals risikolos sein.«

Krieg war für Hitler »letztes Ziel der Politik«, das hatte er schon 1919 vor dem Hamburger Nationalclub ausgeführt. Ständiger Kampf als höchste Steigerung der Politik, des Lebens überhaupt! Und das hieß: Krieg als Lebensform.

»Krieg ist das Natürlichste, Alltäglichste, Krieg ist immer, Krieg ist überall. Es gibt keinen Beginn, es gibt keinen Friedensschluß, Krieg ist Leben, Krieg ist jedes Ringes, Krieg ist Urzustand.«

Politik, das war für Hitler permanente Kriegsführung. In seinem »Zweiten Buch« schrieb er:

»Ganz gleich, ob er (der Angriff) zehn oder tausend Kilometer hinter den heutigen Linien zum Stehen kommt. Wo immer auch unser Erfolg endet, er wird stets nur der Ausgangspunkt eines neuen Kampfes sein.«

Das war politischer Darwinismus. Krieg war für Hitler ziellos, permanenter Kampf, ein Wert an sich. So war der »Lebensraum im Osten« auch nur ein vorläufiges Ziel, ein erster Schritt. Heinrich Himmler, Reichsführer-SS und Chef der Deutschen Polizei, beschrieb die nächsten Ziele so:

»Wir werden dem Osten unsere Gesetze aufdiktieren. Wir werden vorbrechen und uns nach und nach vorpreschen bis zum Ural… Dann werden wir eine gesunde Auslese für alle Zukunft haben. Wir werden damit die Voraussetzungen dafür schaffen, daß das gesamte von uns, dem germanischen Volk geleitete, geordnete und geführte Europa in Generationen seine Schicksalskämpfe mit einem bestimmt wieder hervorbrechenden Asien bestehen kann.«

Diese Worte zeigen, daß die Nazi-Führer einen permanenten Kampf erwarteten. Deutlich wird zudem, daß »Volk« und »Raum« für sie zusammengehörten. Beide Motive bedingten einander: Um auf Dauer existieren zu können, bräuchte die »Germanische Rasse« Lebensraum im Osten. Dieser könnte auf Dauer nur gehalten werden, wenn der »Volkskörper« von »rassefremden Elementen gesäubert« würde.

In »Mein Kampf« hatte Hitler denn auch ohne Umschweife erklärt:

»Ein Programm, wie ich es vertrete, ist die Formulierung einer Kriegserklärung gegen eine bestehende Ordnung, gegen eine bestehende Weltauffassung überhaupt.«

Der Kampf gegen das »System von Versailles« war also nur die notwendige Vorstufe von alledem. 1937 hatte Hitler die nächsten Ziele seines Kampfes gegen die bestehende Ordnung formuliert: Österreich und die Tschechoslowakei. In Sachen Österreich war eine kriegerische Auseinandersetzung nicht notwendig gewesen. Der nächste Fall war sicher schwieriger. Hier wartete Hitler, wie das »Hoßbach-Protokoll« verzeichnete, »auf die sich nur einmal bietende günstige Gelegenheit, den Feldzug gegen die Tschechei (zu) beginnen und durchzuführen…«

Hitler wollte endlich »seinen« Krieg, um jeden Preis und möglichst bald. Er suchte nur noch den geeigneten Anlaß. Und er brauchte nicht lange zu warten, bis er Gelegenheit fand, die Saat zu säen, die er von Anfang an säen wollte.

»Ein Prestigeverlust des Führers«
Die Wochenendkrise

Im Gasthaus ›Zum Ewigen Licht« in Eger redete sich ein kleiner drahtiger Mann den Ärger von der Seele. Er protestierte dagegen, daß die Kinder gezwungen wurden, in Schulen zu gehen, in denen sie eine fremde Sprache sprechen mußten. Er schimpfte über die Repressalien, denen er und seine Landsleute ausgesetzt waren. Er klagte über die mangelnde Macht der eigenen Politiker, die in einer fernen Hauptstadt zur Bedeutungslosigkeit verurteilt waren. Er protestierte gegen die hohe Arbeitslosigkeit, unter der immer mehr Mitbürger zu leiden hatten.

Die Anwesenden nickten zustimmend. Der Mann hatte recht, das war ihre Lage. So ging es den Sudetendeutschen in der Tschechoslowakei, seit dieser neue Staat als Kind des Weltkrieges von den Siegermächten auf Betreiben tschechischer Nationalisten ins Leben gerufen worden war: als Vielvölkerstaat unter tschechischem Patronat, aber mit starken slowakischen, deutschen, ungarischen und polnischen Minderheiten. Schon damals, 1919, waren die Einwände der mehr als drei Millionen Deutschen überhört worden. Protestversammlungen wurden von den neuen tschechischen Machthabern brutal unterdrückt. Die Situation der Deutschen im Sudetenland hatte sich seitdem eher noch verschlechtert. Zwar arbeiteten Politiker der sudetendeutschen Parteien in der Prager Regierung mit, ihre Forderungen nach kultureller Eigenständigkeit und größeren Rechten für die Sudetendeutschen blieben jedoch unerfüllt.

Am 1. Oktober 1933 wollten einige von ihnen hier in Eger einen neuen Anlauf unternehmen, um sich politisches Gehör zu verschaffen. Der Mann, der allen aus der Seele sprach, war Konrad Henlein, ein ehemaliger Bankangestellter und Offizier im Weltkrieg, zur Zeit Turnlehrer. Er wollte das bislang in fünf Parteien zersplitterte Sudetendeutschtum politisch einigen und proklamierte an diesem Abend die Gründung der »Sudetendeutschen Heimatfront«. Als die Prager Regierung kurz darauf die »Heimatfront« verbot, wurde sie kurzerhand in »Sudetendeutsche Partei« umbenannt.

Ziel der neuen Partei war es, mehr Rechte für die Sudetendeutschen zu erkämpfen – also Autonomie, nicht Anschluß. Erkennungszeichen der SdP-Mitglieder waren weiße Kniestrümpfe, aber nicht das Hakenkreuz. Denn mit der Partei, die seit Januar 1933 in Berlin regierte, hatte Henlein damals noch keine Verbindungen. Er galt zwar als deutscher Nationalist, der von autoritären und auch von faschistischen Gedanken beeinflußt war, doch er war kein Nazi. Mit Hitler hatte er noch nie gesprochen, die »Heim ins Reich«-Ideologie war ihm fremd: Henlein wollte Selbständigkeit für die sudetendeutsche Volksgruppe im tschechoslowakischen Staat. Noch im Karlsbader Programm, das Henlein auf dem Parteitag der SdP am 24. April 1938 vorstellte, war kein Wort vom »Anschluß« zu lesen. Statt dessen hießen die Forderungen:

»1. Herstellung der vollen Gleichberechtigung der deutschen Volksgruppe mit dem tschechischen Volk.

2. Anerkennung der sudetendeutschen Volksgruppe als Rechtspersönlichkeit zur Wahrung dieser gleichberechtigten Stellung im Staate. (…)

4. Aufbau einer sudetendeutschen Selbstverwaltung im sudetendeutschen Siedlungsgebiet (…), soweit es sich um die Interessen und Angelegenheiten der deutschen Volksgruppe handelt. (…)

6. Beseitigung des dem Sudetendeutschtum zugefügten Unrechts und Wiedergutmachung der ihm durch dieses Unrecht entstandenen Schäden. (...)

8. Volle Freiheit des Bekenntnisses zum deutschen Volkstum und zur deutschen Weltanschauung.«

Das klang völkisch und nationalistisch, aber nicht nationalsozialistisch. Nach Einschätzung des deutschen Gesandten in Prag konnte »die Henlein-Partei nicht als positiver Faktor im Sinne des Nationalsozialismus gewertet werden«. Diese Auffassung vertrat auch der Chef der Sicherheitspolizei und des SD, Reinhard Heydrich, der Henlein bei Hitler diskreditieren wollte und noch 1936 feststellte:

»Henlein ist vom Standpunkt des Gesamtdeutschtums besonders verhängnisvoll, weil er das Sudetendeutschtum dem nationalsozialistischen Deutschland entfremdet.«

Die Annäherung Henleins an die Machthaber des »Dritten Reiches« erfolgte erst allmählich. Zum einen auf Druck von Karl Hermann Frank, Henleins Stellvertreter, der dem immer stärker werdenden nationalsozialistischen Flügel in der SdP, dem sogenannten »Aufbruch-Kreis«, voranstand. Frank verwies auf die »Erfolge« des nationalsozialistischen Deutschland in der Wirtschafts- und Außenpolitik, die auf die Sudetendeutschen Attraktivität ausübten. Zum anderen vor allem durch die Kompromissen abgeneigte Haltung der tschechischen Regierung, die jedes Zugeständnis an die Sudetendeutschen ablehnte.

So tat Henlein am 19. November 1937 schließlich den entscheidenden Schritt. In einer geheimen Denkschrift bot er Hitler an, die SdP werde »ihre künftige politische Haltung mit der Politik des Reiches in Einklang bringen«, denn sie ersehne »innerlich nichts mehr als die Einverleibung des sudetendeutschen Gebietes, ja des ganzen böhmisch-mährisch-schlesischen Raumes in das Reich«.

Hitler griff zu. Am 28.3.1938 lud er Henlein zu einem Besuch nach Berlin ein und erläuterte seinem neuen Gefolgsmann die Rolle, die ihm der »Führer« zugedacht hatte:

»Die SdP muß ihre Zersetzungsarbeit fortsetzen, sie muß der tschechischen Regierung unannehmbare Bedingungen stellen.«

Henlein begriff:

»Das bedeutet also, wir müssen immer so viel fordern, daß wir nicht zufriedengestellt werden können.«

Genauso hatte es Hitler gemeint. Mit Henlein und der SP hatte er seine fünfte Kolonne in der Tschechoslowakei gefunden.

Das Acht-Punkte-Programm, das Henlein vier Wochen später in Karlsbad vorstellte, erscheint so in einem neuen, anderen Licht: als erster Versuch, die Regierung in Prag in die Enge zu treiben und Forderungen zu stellen, die von den Tschechen nicht erfüllt werden konnten. Henleins Ruf nach Autonomie war seit seinem Besuch bei Hitler ähnlich ehrlich wie die von tschechischer Seite erklärte Kompromißbereitschaft.

Im Sudetenland waren damit die Weichen auf Konflikt gestellt. Hitler hatte in den Sudetendeutschen den richtigen Hebel gefunden, um sein nächstes Ziel zu erreichen. Denn mit dem »Anschluß« Österreichs war er noch lange nicht zufriedengestellt. Er wollte mehr: die geostrategische Ausgangsposition für den ersehnten »Krieg um Lebensraum im Osten«. Noch aber war er vorsichtig, noch achtete er darauf, nichts zu überstürzen. Entsprechend äußerte sich Hitler nach dem Anschluß Österreichs gegenüber General Jodl. Dieser schrieb in sein Tagebuch:

»Führer äußert, daß ihm die Bereinigung der tschechischen Frage nicht eilt. Man muß erst Österreich verdauen. Trotzdem sollen Vorbereitungen Fall Grün energisch weitergetrieben werden, sie müssen auf Grund der veränderten strategischen Lage durch Eingliederung Österreichs neu bearbeitet werden.«

Der »Fall Grün«, das war das Deckwort für den Angriff auf die Tschechoslowakei.

Die veränderte strategische Lage demonstrierte Hitler dem Adjutanten Ribbentrops, Reinhard Spitzy. Über eine Landkarte gebeugt, wies der Kanzler darauf hin, daß die Tschechoslowakei wie ein Dolch in das Deutsche Reich hineinragte. Tatsächlich grenzte die tschechische Republik nach dem Anschluß Österreichs von drei Seiten an das Reich. Hitler legte den rechten Daumen auf die Grenze zwischen Mähren und der Slowakei und zog eine unsichtbare Verbindungslinie:

»Sehen Sie, das wird die zukünftige Grenze des Reiches sein. Dies ist mein unerschütterlicher Entschluß.«

Der Daumennagel des »Führers« markierte das Ende der Tschechoslowakei: So einfach plante der »böhmische Gefreite« aus dem Innviertel große Politik.

Am 21. April befahl Hitler General Keitel, dem Chef des Wehrmachtsamtes im Reichskriegsministerium, den Plan zur Eroberung der Tschechoslowakei umzuarbeiten – den »Fall Grün«. Von Keitel wußte Hitler, daß dieser seine Befehle ohne Widerspruch auszuführen pflegte – eine Eigenschaft, die dem General den Spitznamen »Lakeitel« einbrachte. Die politischen Vorbedingungen des Kanzlers machten deutlich, wie sehr er darauf achtete, seinem gewalttätigen Vorgehen einen Anstrich von Legalität zu geben:

»Der Gedanke eines Überfalls aus heiterem Himmel auf die Tschechoslowakei, ohne jeden Anlaß und ohne Rechtfertigungsmöglichkeit, ist abzulehnen. Eine solche Maßnahme würde eine feindselige Reaktion der Weltmeinung zur Folge haben. Ein Handeln nach einer Zeit diplomatischer Auseinandersetzungen, die sich allmählich zuspitzen und zum Kriege führen, ist auch nicht wünschenswerter, weil es uns die Überraschungsmöglichkeit raubt und dem Gegner Zeit läßt, seine Abwehr zu verstärken. Die beste Lösung wäre ein blitzartiges Handeln aufgrund eines Zwischenfalls, zum Beispiel Ermordung des deutschen Gesandten. Ein solcher Zwischenfall wäre für das Reich eine unerträgli-

che Provokation und würde uns die Rechtfertigung zu unseren
militärischen Vorbereitungen liefern.«

Und Hitler schloß mit der sibyllinischen Kunde:

»Ich behalte mir die Festlegung des Zeitpunktes, zu dem die
Operation beginnen soll, vor.«

Noch am 20. Mai, als Hitler immerhin schon konkrete Vorstellungen über das militärische Vorgehen gegen die Tschechoslowakei hatte, existierte kein exakter Zeitplan. In der »Weisung
Grün« hieß es:

»Es liegt nicht in meiner Absicht, die Tschechoslowakei ohne
Herausforderung schon in nächster Zeit durch eine militärische
Aktion zu zerschlagen.«

Nur zehn Tage später, am 30. Mai, wurde diese Passage geändert und der »Fall Grün« modifiziert. In einem Begleitschreiben,
das Hitler der neuen Weisung an Keitel beifügte, hieß es nunmehr:

»Es ist mein unabänderlicher Entschluß, die Tschechoslowakei in absehbarer Zeit durch eine militärische Aktion zu zerschlagen. Ihre Ausführung muß spätestens am 1. 10. 1938 sichergestellt sein.«

Was war geschehen? Warum hatte Hitler seine Meinung innerhalb von zehn Tagen geändert?

Für den 22. Mai waren in der Tschechoslowakei Kommunalwahlen angesetzt. Die Situation im Sudetenland war explosiv, der
Wahlkampf wurde in seiner heißen Phase tatsächlich fast als
Kampf geführt. Höhepunkt der Auseinandersetzungen: am Vorabend der Wahl wurden zwei Mitglieder der Henlein-Partei in
der Nähe von Eger von einem tschechischen Grenzwärter erschossen. Wütende Proteste in der reichsdeutschen Presse, die
diesen Doppelmord in blutroten Schlagzeilen anprangerte, heiz-
ten die Stimmung weiter an: »Tschechisches Militär meuchelt
zwei Sudetendeutsche in Eger« – unter dieser Schlagzeile be-

richtete der »Völkische Beobachter« über den »Prager Terror«.

Gerüchte über angebliche deutsche Truppenkonzentrationen
an der tschechischen Grenze machten in Prag die Runde. Angeblich hätten sich elf Infanterie- und vier Panzerdivisionen in
Sachsen und Bayern versammelt. Außerdem sollten deutsche
Truppen in Südschlesien und Nordösterreich zum Angriff bereit-
stehen. Wer die Gerüchte in Umlauf gesetzt hatte, läßt sich nicht
mehr feststellen. Im nachhinein wurden, je nach politischem
Standort, ganz unterschiedliche Urheber verantwortlich gemacht: Von »kommunistischen Kreisen« war ebenso die Rede
wie vom tschechischen Geheimdienst. Anderen Quellen zufolge
sollten deutsche oppositionelle Kreise um Schacht und Canaris
entsprechende Behauptungen in Umlauf gesetzt haben.

Fest steht: Es gab keine Truppenkonzentrationen auf deutscher Seite. Zwar hatte Ribbentrop am Abend des 20. Mai in
einem Gespräch mit dem tschechischen Botschafter in Berlin,
Mastny, damit gedroht, daß deutsche Truppen zusammengezogen
werden könnten. Es blieb jedoch bei dieser Drohung.

In der gespannten Atmosphäre in Prag wurde freilich jede
marschierende Abteilung deutscher Soldaten als Aufmarsch gegen die Tschechoslowakei gedeutet. Das tschechische Kriegsmi-
nisterium gab bekannt, daß acht bis zehn deutsche Divisionen auf
dem Marsch durch Sachsen seien. In der allgemeinen Nervosität
schlugen sich die Gerüchte über einen deutschen Truppenaufmarsch rasch in der Auslandspresse nieder.

Der britische Botschafter in Berlin wurde im Auswärtigen Amt
vorstellig. Staatssekretär von Weizsäcker verwies Henderson an
General Keitel, der die Meldungen von einem deutschen Truppenaufmarsch kategorisch dementierte.

Sicherheitshalber schickte Henderson zwei britische Militärattachés auf Erkundungsfahrt. Aber weder Oberst Mason
Mac Farlane noch Major Strong konnten bei ihren Fahrten durch

Sachsen und Schlesien Ungewöhnliches entdecken. Auch Hauptmann Stehlin, Adjutant des französischen Luftattachés in Berlin, der mit dem Flugzeug zur tschechischen Grenze aufbrach und die Straßen überprüfte, sah keine Anzeichen für einen deutschen Truppenaufmarsch. Alle Beobachter konnten übereinstimmend melden, »daß die Situation normal ist, daß keine militärischen Bewegungen auf den Straßen oder Zusammenziehungen in den Dörfern zu erkennen sind und daß in den Städten die Anzahl der Soldaten, die Ausgehuniform tragen, der Anzahl entspricht, die man zu normalen Zeiten sehen kann«.

Damit war die Situation jedoch nicht bereinigt. Denn die Tschechen sahen die Lage anders:

Am Samstag, dem 21. Mai um 9 Uhr morgens, befahl Benesch die Mobilmachung eines ganzen Reservistenjahrgangs. Am selben Nachmittag beschloß das Kabinett eine Teilmobilmachung von insgesamt 180 000 Mann. Es war eine widerrechtliche Mobilmachungsmaßnahme, da die Zustimmung des Parlaments fehlte. Die ursprüngliche Forderung der militärischen Führung in Prag war allerdings sehr viel weitreichender gewesen. Aber das Signal war dennoch eindeutig. Die kleine Tschechoslowakei hatte deutlich gemacht: Wir sind bereit, dem großen Nachbarn Widerstand zu leisten. Das Kuriose der Situation: Prag hatte von den eigentlichen Plänen Hitlers, dem »Fall Grün«, keine Kenntnis. Die Mobilmachung beruhte auf irrtümlichen Meldungen über einen deutschen Truppenaufmarsch. Doch als Folge dieses Mißverständnisses befand sich die Welt an diesem Wochenende im Mai auf einmal am Rande eines Krieges: Würde Hitler den Fehdehandschuh Beneschs aufgreifen? Wie würden Briten und Franzosen reagieren?

In Paris ließ Daladier den deutschen Botschafter Welczek kommen und zeigte ihm den Mobilmachungsbefehl für die französische Armee: »Es hängt von Ihnen ab, ob ich dieses Dokument unterschreibe oder nicht«, ließ er ihn wissen. Gleichzeitig suchte in Berlin Henderson Ribbentrop auf, um Auskunft über deutsche Truppenbewegungen zu erhalten. Es kam zu scharfen Auseinandersetzungen, Ribbentrop fuhr Henderson an:

»Sie haben sich, Herr Botschafter, hinter meinem Rücken bei General Keitel wegen angeblicher deutscher Truppenbewegungen an der tschechischen Grenze erkundigt. Ich werde dafür Sorge tragen, daß Ihnen in Zukunft überhaupt keine Auskunft mehr über militärische Dinge gegeben wird.«

Henderson reagierte ungewohnt energisch:

»Darüber werde ich meiner Regierung Bericht erstatten müssen. Ich kann aus Ihrer Bemerkung nur schließen, daß die Mitteilungen Keitels an mich nicht richtig gewesen sind.«

Die deutsche Führung fühlte sich diesmal, völlig zu Recht, unter falscher Anklage – eine höchst seltene Situation!

Die Unterhaltung war nicht dazu angetan, die Spannungen zu beseitigen. Ribbentrop ereiferte sich wegen des Zwischenfalls in Eger, bei dem zwei Deutsche ermordet worden waren, und beschimpfte Benesch. Als Henderson auf die Gefahr eines drohenden Krieges verwies, in dem nicht nur zwei Deutsche, sondern Hunderttausende das Leben verlieren würden, entgegnete der Außenminister mit seinem üblichen Pathos: »Jeder Deutsche ist bereit, für sein Vaterland zu sterben.«

Alle Warnungen Hendersons fruchteten nichts, auch der Hinweis auf die französischen Beistandsverpflichtungen gegenüber der Tschechoslowakei ließ Ribbentrop kalt. Ungerührt entgegnete er:

»Sollte ein allgemeiner Krieg ausbrechen, so würde es ein Angriffskrieg Frankreichs sein, und Deutschland würde kämpfen, wie es das 1914 getan hat.«

Während Henderson die Deutschen offiziell auf die möglichen Folgen eines gewaltsamen Vorgehens gegen die Tschechoslowakei hinwies und so den Eindruck erweckte, Briten und Franzosen stünden hinter den Tschechen, versuchte London gleichzeitig, diesen Eindruck in Paris abzuschwächen. Der britische Botschafter, Sir Eric Phipps, informierte Außenminister Bonnet:

»Es ist von größter Bedeutung, daß sich die französische Regierung keinen falschen Vorstellungen hingibt... Nach Ansicht der britischen Regierung ist die militärische Situation so beschaffen, daß Frankreich und England... nicht in der Lage wären, Deutschland an der Unterwerfung der Tschechoslowakei zu hindern. Die einzige Folge eines militärischen Vorgehens wäre die Auslösung eines europäischen Krieges...«

London betrieb also eine zweigleisige Politik: Gegenüber den Deutschen wurden Entschlossenheit und ein einheitliches hartes Vorgehen des Westens dokumentiert; gleichzeitig aber wurden die Franzosen gewarnt, ein militärisches Eingreifen ernsthaft in Erwägung zu ziehen. Die britische Regierung fürchtete den Ausbruch eines europäischen Konflikts.

Professor Donald Cameron Watt, Großbritannien:

Die Engländer hatten Angst, daß der tschechische Konflikt eine Intervention des Deutschen Reiches auslösen könnte. Dann mußten die Franzosen den Tschechen zu Hilfe kommen. Das würde zu einem Krieg zwischen Frankreich und Deutschland führen, und dann müßte England Frankreich unterstützen, was es wegen seiner schwachen militärischen Ausstattung kaum konnte. Deshalb mußte die britische Regierung Druck auf Prag ausüben, eine direkte Verständigung mit den Sudetendeutschen zu erreichen, und zweitens Druck auf die Franzosen, die den Tschechen klarmachen sollten, daß sie nicht mit französischer Hilfe rechnen konnten. Und drittens mußte die Regierung auch Berlin klarmachen, daß England Frankreich unbedingt helfen würde. Mit der Sowjetunion wollten die Engländer gar nichts zu tun haben: erstens, weil sie kein Vertrauen in die sowjetische Armee hatten und zweitens, weil sie

*kein Vertrauen in die sowjetischen Motive hatten. Sie glaubten –
aus welchem Grunde wissen wir nicht –, daß die Russen versuchten, alles zu tun für einen deutsch-englischen Krieg.*

Angesichts der Gefahr eines drohenden Krieges wurde nun auch
die Opposition in der deutschen Militärführung aktiv. Der Chef
des Generalstabs, Ludwig Beck, hatte schon Anfang Mai eine
Denkschrift verfaßt, in der er darauf hinwies, daß Deutschland
einen Krieg um die Tschechoslowakei nicht gewinnen könne.
Nun drängten Beck und Admiral Canaris, der Chef der Abwehr,
den Oberkommandierenden des Heeres, General von Brauchitsch, Hitler auf die Gefahren eines Krieges hinzuweisen. Von
Brauchitsch sprach am Nachmittag des 21. Mai bei Ribbentrop
vor. Über den Inhalt des Gesprächs berichtete ein deprimierter
deutscher Außenminister dem Chef des Ministerbüros im Reichaußenministerium, Erich Kordt:

»Wissen Sie eigentlich, wie es um unsere tatsächliche Rüstungslage steht? Brauchitsch hat mir gerade gesagt, daß wir im
Augenblick nicht einmal in der Lage seien, es mit der Tschechoslowakei aufzunehmen. Wir seien in fast allen Waffen unterlegen.«

Kordt, ein Kopf des Widerstands, versuchte die Situation zu
nutzen:

»Ich vermag nicht einzusehen, warum Deutschland Gewalt anwenden soll. Die Westmächte müssen den Tschechen zu Hilfe
kommen, und dann ist Deutschland verloren. Sie sind der Außenminister. Sie kennen England und Frankreich. Raten Sie um
Himmels willen zum Frieden.«

Doch die Lage blieb weiter gespannt, in ganz Europa wuchs
die Unsicherheit. Alarmstimmung beherrschte die Regierungsviertel. Viele rechneten mit dem Schlimmsten. In einer solchen
Atmosphäre können nebensächliche Ereignisse, die mit der eigentlichen Krise nichts zu tun haben, Spannungen weiter ver-

stärken. So auch im Mai 1938: Hendersons Marineattaché wollte mit der Familie seinen seit langem geplanten Urlaub antreten. Da die Züge aus der Hauptstadt aber alle belegt waren, bat die britische Botschaft die deutsche Eisenbahnverwaltung um einen zusätzlichen Waggon. Die Bitte wurde gewährt, allerdings unter der Voraussetzung, daß der Waggon mit mehreren Fahrgästen besetzt werde. Deshalb beschlossen kurzfristig zwei weitere Botschaftsmitglieder, mit ihren Familien die Gelegenheit für einen Kurzurlaub zu nutzen. Deutsche Diplomaten im Auswärtigen Amt, die um die notwendigen Visa gebeten wurden, erkundigten sich nach dem Grund für diese plötzliche Maßnahme und baten darum, keinen Alarm zu schlagen. Henderson mußte von Weizsäcker beruhigen, es stehe keine Flucht bevor.

Auch der französische Botschafter war nervös geworden und fragte nach, ob es richtig sei, daß Henderson die gesamte britische Kolonie fortschicke. Im britischen *Foreign Office* wurde die Evakuierung bereits als Tatsache hingenommen. An Henderson erging die offizielle Anweisung, er solle die Maßnahmen rückgängig machen. .

Das Ergebnis: Es war zwar nichts passiert, aber die beiden Botschaftsangehörigen mußten in Berlin bleiben. Ihr Erholungsurlaub hätte als Abzug der Briten aus Berlin mißverstanden werden und die Spannungen verschärfen können.

In der gespannten Atmosphäre dieses Wochenendes sahen viele Politiker und Diplomaten in jeder Uniform einen kriegsbereiten Soldaten, vermuteten hinter jedem Knall detonierende Bomben. Auch die Paladine des »Dritten Reiches« wurden von der allgemeinen Panikstimmung angesteckt. Am Samstagabend, auf dem Höhepunkt der Krise, wurde in Berlin ein Hotel abgerissen; mit Dynamit wurde Platz geschaffen für das »neue Berlin«, das Hitler errichten wollte. In der gereizten Spannung wurde die Explosion jedoch als Beginn von Kämpfen mißverstanden. So gestand Göring Henderson später:

»Als ich die erste Explosion hörte, war meine unmittelbare Reaktion darauf: Das haben die verfluchten Tschechen uns eingebrockt.«

Diese Bemerkung macht deutlich, daß auch Göring über die Entwicklung nicht immer im Bilde war.

Inzwischen hatten die Briten und Franzosen die Suche nach den deutschen Truppen fortgesetzt. Doch auch nach einer zweiten Reise im Auftrag der französischen Regierung konnte Hauptmann Stehlin nur feststellen:

»Die Beunruhigung unserer tschechoslowakischen Freunde, die einer Pressekampagne entsprungen ist, hat sich übertragen auf die Annahme einer militärischen Situation, die nur in ihrer Einbildung Bestand hatte.«

Nachdem der Westen sicher war, daß keine deutschen Aktionen bevorstanden, schien sich die Lage wieder zu beruhigen. In Paris und London gaben die Politiker erleichtert Entwarnung. Zur selben Zeit feierten die Nationalsozialisten in Berlin den überwältigenden Wahlerfolg der SdP bei den Kommunalwahlen: 95 Prozent der Stimmen entfielen auf die Partei Henleins. Die Wahlen waren ohne Zwischenfälle verlaufen. Die Maikrise war beendet, der Frieden schien gesichert. Doch ein folgenschweres Nachspiel stand bevor.

Am Montag, dem 23. Mai, gab Hitler Anweisung, dem tschechischen Gesandten mitzuteilen, Deutschland habe keine Angriffsabsichten. Entsprechende Berichte über einen Aufmarsch deutscher Truppen entbehrten jeder Grundlage. Diese Mitteilung Hitlers wurde aber auch von der internationalen Presse als Rückzug interpretiert. Die Prager Zeitungen triumphierten über die angebliche »Schwäche« des deutschen Diktators. Andere Blätter glaubten erkannt zu haben, daß man Hitler nur energisch entgegentreten müsse, um ihn in die Schranken zu weisen – was prinzipiell zwar richtig war, aber in diesem Fall nicht zutraf.

Der »Führer« als Schwächling, der sich nicht traute, seinen angeblich schon auf Touren gebrachten riesigen Militärapparat tatsächlich in Bewegung zu setzen? Das mächtige Deutschland, vorgeführt von der kleinen Tschechoslowakei? Das war zuviel. Hitler tobte: Ein solches Bild wollte er nicht ungestraft verbreiten lassen. Das sollten die Tschechen büßen.

Professor Eberhard Jäckel, Bundesrepublik Deutschland:

In Wahrheit wollte Hitler nicht den Deutschen in der Tschechoslowakei zu Hilfe kommen. Sein Ziel war auch nicht, die sudetendeutschen Gebiete in Besitz zu nehmen. Was er wirklich wollte, was er als seinen unabänderlichen Entschluß bezeichnete, war, »die Tschechoslowakei in absehbarer Zeit durch eine militärische Aktion zu zerschlagen«. Und im Grunde ging sein Ziel noch darüber hinaus. Er suchte eine Gelegenheit, um einen Krieg auszulösen, in dem er seine noch über die Tschechoslowakei hinausgehenden Eroberungsziele verwirklichen konnte; das bedeutete, daß er auch durch Zugeständnisse eigentlich von seinem Entschluß nicht abgebracht werden konnte. Und genau das war es, was Widerstand hervorrief. Widerstand zunächst bei der militärischen Führung. Am deutlichsten ausgedrückt von dem Chef des Generalstabes des Heeres, dem Generalobersten Beck, der befürchtete, daß bei einem deutschen Krieg gegen die Tschechoslowakei Frankreich und Britannien eingreifen würden und daß dieser Krieg dann also zu einem europäischen Krieg führen würde, in dem Deutschland nur verlieren konnte. Beck hatte das Beispiel des Ersten Weltkrieges vor Augen, und er war fest davon überzeugt – nicht, daß er gegen einen Krieg gegen die Tschechoslowakei gewesen wäre –, daß dieser Krieg, wie er schrieb, in eine Katastrophe für Deutschland führen müßte, und deshalb erhob er Einspruch.

Am 25. Mai, nur drei Tage nach den für die SdP so erfolgreichen Kommunalwahlen, interviewte der britische Journalist Ward

Price den Führer der Sudetendeutschen Partei, Konrad Henlein. In diesem Gespräch verlangte Henlein für das Sudetenland die völlige Autonomie. Im Falle einer Ablehnung durch die Prager Regierung wolle er ein Plebiszit fordern. Werde auch diese Forderung abgelehnt, so sei damit zu rechnen, daß Hitler eine »direkte Aktion« unternehme. Das Interwiew wurde am 26. Mai in der »Daily Mail« veröffentlicht und schlug wie eine Bombe ein. Die SdP bestritt zwar, daß Price zur Veröffentlichung berechtigt gewesen sei, daß Henlein jedoch tatsächlich mit Hitler und einem deutschen Einmarsch gedroht hatte, wurde keineswegs dementiert.

War da ein sudetendeutscher Politiker zu weit vorgeprescht? Wurde hier eine neue Komödie gespielt? Diesmal steckte doch mehr dahinter: Am 28. Mai ließ Hitler die militärischen Befehlshaber, wichtige Beamte und Parteifunktionäre zu einer Sondersitzung zusammenrufen. Der Reichskanzler hatte sich nach den Ereignissen des vergangenen Wochenendes auf seinen Berghof in Berchtesgaden zurückgezogen und war dort zu einem seiner »unabänderlichen Entschlüsse« gekommen, den er jetzt den Spitzen von Staat, Partei und Militär mitteilen wollte. Hitler begann mit einem langen Monolog über sein Lieblingsthema: die Notwendigkeit, für das deutsche Volk neuen Lebensraum zu finden. Bei einem dabei notwendigen Vorstoß nach Osten dürfe man aber die Tschechoslowakei nicht übersehen, die wie ein »Dolch« im deutschen Rücken liege. Der Gedanke an die verhaßte Regierung in Prag, die ihn vor aller Öffentlichkeit lächerlich gemacht hatte, versetzte ihn in Rage. Wütend donnerte er Göring, Keitel, Brauchitsch, Beck, Ribbentrop, Neurath und all den anderen entgegen:

»Es ist mein unerschütterlicher Entschluß, die Tschechoslowakei von der Landkarte zu streichen ... Wir werden Methoden anwenden müssen, die vielleicht nicht die sofortige Zustimmung von Ihnen, den alten Offizieren, finden.«

Hitler ging davon aus, daß binnen zwei Monaten ein Krieg ausbrechen werde:

»Wir werden es mit der Tschechoslowakei allein zu tun haben... An unserer Westgrenze werden in wenigen Monaten gigantische Befestigungen errichtet, mit deren Bau ich Dr. Todt beauftragt habe. Der Westwall wird den Franzosen jede Lust nehmen, sich aus ihrer Maginotlinie herauszuwagen! Die Tschechoslowakei wird alsdann zerschlagen werden.«

Aber es ging noch weiter: »So werden wir nur die Lage im Osten bereinigen. Dann werde ich Ihnen drei oder vier Jahre Zeit geben, und dann bereinigen wir die Lage im Westen.«

Göring, der noch vor der Sitzung, ebenso wie die militärische Führung, der Meinung gewesen war, daß die Armee noch nicht kriegsbereit sei und die Zerschlagung der Tschechoslowakei Krieg gegen Frankreich bedeuten würde, vergaß seine Bedenken: »Mein Führer, lassen Sie sich von Herzen zu Ihrer einzigartigen Idee beglückwünschen.«

Einzigartig war sicher das richtige Wort. Hitler hatte deutlich gemacht, daß er den Krieg wollte, und zwar nicht in ferner Zukunft, sondern bald. Deshalb gab er Keitel den Befehl, die Weisung für den »Fall Grün« erneut zu revidieren. Im Begleitschreiben, mit dem Keitel am 30. Mai die Weisung Hitlers dem Generalstab übermittelte, erläuterte er die Zeitvorstellungen Hitlers zur Zerschlagung der Tschechoslowakei: »Ihre Ausführung muß spätestens am 1. 10. 1938 sichergestellt sein.«

Der 1. Oktober – das magische Datum, das von nun an wie ein Damoklesschwert über den Ereignissen der kommenden Monate hing, war zum ersten Mal genannt.

Daß Hitler seinen Entschluß, die Tschechoslowakei zu zerstören, nun forcierte, hatten die Politiker in Prag ungewollt selbst provoziert. Generaloberst Jodl notierte nach der Besprechung vom 28. Mai in sein Tagebuch:

»Die Absicht des Führers, das tschechische Problem noch

nicht anzurühren, wird durch den tschechischen Aufmarsch am
21. Mai, der ohne jede deutsche Bedrohung, und ohne jeden auch
nur scheinbaren Anlaß vor sich geht, geändert. Es führt in seinen
Folgeerscheinungen durch das Stillhalten Deutschlands zu einem
Prestigeverlust des Führers, den er nicht noch einmal hinzunehmen gewillt ist. Daher ergeht am 30.5. die neue Weisung für
›Grün‹.«

Jodl war nicht der einzige, der diesen Eindruck gewonnen
hatte. Der Hohn der tschechischen Presse über Hitlers angebli-
ches Zurückweichen hatte seine ohnedies vorhandene Kriegslust
beflügelt.

»Viele Torheiten und Verbrechen Hitlers sind von Zufälligkei-
ten ausgelöst worden.« So sah es Erich Kordt. Die Ereignisse
vom 20. bis 30. Mai 1938 zählen in gewissem Sinne auch dazu.
Zwar war die unmittelbare Kriegsgefahr mit der Richtigstellung
Hitlers vom 29. Mai scheinbar gebannt. Das drohende Gewitter
fand nicht statt, die dunklen Wolken hatten sich verzogen. Aber
insgeheim hatte Hitler die Zeichen auf Sturm gestellt. Nach
außen drang davon noch nichts. Ein schöner Sommer folgte.

»Wer mitessen will, muß auch mitkochen«
Die Ruhe vor dem Sturm

Nach dem stürmischen Mai-Wochenende war den Politikern in Europa der Schreck in die Glieder gefahren. Sonderbotschafter und Sonderbeauftragte entfalteten eine hektische Reisediplomatie. Alle Beteiligten waren sich einig: Die Probleme im Sudetenland mußten gelöst werden. Aber wie diese Lösung aussehen sollte, darüber gingen die Ansichten auseinander. Die Interessen waren zu gegensätzlich.

Professor Donald Cameron Watt, Großbritannien:

Die englische Position nach dem Anschluß von Österreich war ganz einfach: die öffentliche Meinung war geteilt. Für die englische Regierung war ein Krieg 1938 eine Unmöglichkeit, und Chamberlain hat das in seiner Unterhausrede vom 28. März erklärt. Die britische Armee war viel zu schwach, um bei einem Konflikt in Mitteleuropa eingreifen zu können. Die Gefahr war also, daß es von einem kleinen Konflikt in der Tschechei zwischen Sudetendeutschen und der tschechischen Regierung zu einem großen Krieg kommen würde. Im englischen Sinne hatten die Sudetendeutschen einen rechtlichen Anspruch auf mehr Mitbestimmung. Aber London wollte das Problem auf die Tschechoslowakei begrenzen.

Eine andere Frage war: wollte Hitler innerhalb des internationalen Systems leben und arbeiten oder nicht. Im März 1938 glaubte die englische Regierung, daß diese Frage noch offen bleibt,

die ganze englische Politik war darauf ausgerichtet an diesem
regionalen Problem keinen europäischen Krieg entstehen zu las-
sen.

London drängte auf eine friedliche Regelung, die Einsicht in die
eigene militärische Lage, ja die regelrechte Schwäche der Rüstung ließen kaum eine andere Wahl. Doch auch die Abneigung
gegen den sowjetischen Bolschewismus Stalinscher Prägung, im-
periale Rücksichtnahme Großbritanniens auf die jetzt im *British*
Commonwealth of Nations zusammengeschlossenen früheren
Kolonien und nicht zuletzt die vagen Friedensträume Chamberlains bestimmten die Richtung der britischen Politik. Das britische Verlangen nach einer Verhandlungslösung war freilich wenig aussichtsreich. Denn die Verhandlungsbereitschaft war nicht
überall gleich groß, vor allem war sie nicht überall ehrlich gemeint.

Professor Otto Novak, Tschechoslowakei:

Benesch war ein großer liberaler Politiker. Vorbild für seine politi-
sche Tätigkeit war der erste Präsident der tschechoslowakischen
Republik, Professor Masaryk. Unermüdlich baute Benesch an
einer politischen Koalition zwischen der tschechischen Rechten,
den Parteien der Mitte und den Sozialisten. Benesch wollte eine de-
mokratische Lösung der nationalen Fragen in der Tschechoslowa-
kei. Er hatte in dieser Frage viele Konflikte, vor allem mit den
Rechten in der eigenen Regierung.

Die tschechische Rechte wollte einen Kompromiß mit Henlein
und mit Hitler, einen Kompromiß um jeden Preis. Das war der Un-
terschied. Benesch wollte diese Sache demokratisch regeln. Er
stand nicht nur unter dem Druck der tschechischen Rechten. Er
hatte viele politische Gegner in den Reihen der sudetendeutschen
Faschisten, der ungarischen Parteien, der slowakischen Faschisten.

Diese Gruppierungen wollten eine Liquidierung der Republik unter der Parole »Autonomie«. Für Benesch aber war das nur die eine Seite des Problems. Die zweite Seite waren internationale Interessen. England und Frankreich übten einen massiven Druck gegen Benesch aus. Er mußte viele Zugeständnisse machen. Diese Zugeständnisse führten dazu, daß die Tschechoslowakei keinen großen Spielraum mehr für eine eigene Lösung der Probleme hatte. Benesch hatte keine große Kraft für harte Schläge gegen politische Gegner. Er arbeitete mit den Methoden der politischen Kunst, mit Kombinationen, mit Verhandlungen, mit Zugeständnissen und Kompromissen. Schon im Sommer 1938 war die Situation eigentlich reif für harte Aktionen gegen innenpolitische Gegner der tschechoslowakischen Demokratie, vor allem die faschistischen Gruppierungen. Das war eine äußerst komplizierte Situation.

Nach dem überwältigenden Wahlsieg der Sudetendeutschen Partei Henleins konnte Prag nicht umhin, mit der führenden Kraft im Sudetenland zu verhandeln. Prag zeigte sich zu Zugeständnissen bereit, nicht gerade freiwillig, sondern infolge des nachhaltigen Drucks, den Briten und Franzosen auf die Tschechen auszuüben begannen. Außerdem hatten besonnene Politiker im tschechoslowakischen Kabinett erkannt, daß sich die Schwierigkeiten im Sudetenland weder wegdiskutieren noch länger totschweigen ließen. So äußerte sich der tschechische Ministerpräsident Milan Hodscha am 12. Juni gegenüber der »Sunday Times«:

»Es kann gar kein Zweifel darüber bestehen, daß die Deutschen ihre Selbstverwaltung bekommen werden. Es handelt sich nur um den Inhalt dieser Selbstverwaltung, die einerseits den Deutschen alle gerechtfertigten Ansprüche garantieren, andererseits weder Souveränität noch die Autorität des Staates schwächen darf.«

Sieben Wochen verhandelten Hodscha und Emil Hacha für die

tschechische Regierung mit einer sudetendeutschen Delegation
unter der Leitung von Theodor Kundt, einem Politiker aus dem
zweiten Glied. Henlein und Frank, die eigentlichen Führer der
SdP nahmen an den Gesprächen nicht teil – ein deutliches Zeichen dafür, wie wenig ernst die SdP diese Verhandlungen nahm.
So beklagte sich Hodscha, nicht ohne Grund, beim britischen
Botschafter in Prag, Sir Basil Newton: »Es ist unmöglich zu wissen, was die SdP eigentlich will.«

Weder Hodscha noch Newton wußten, warum die sudetendeutsche Delegation sich nicht festlegen wollte. Sie ahnten nicht,
daß Hitler Henlein und Frank Anweisung gegeben hatte, die Forderungen immer höher zu schrauben, um eine Einigung zu verhindern. Als dann die tschechische Seite tatsächlich verhand-
lungs- und kompromißbereit schien, kam Henlein mehr und
mehr in eine prekäre Lage. Besorgt fragte er Anfang Juni bei
Werner Lorenz, dem Chef der Volksdeutschen Mittelstelle nach:

»Wie soll ich mich verhalten, wenn die Tschechen unter dem
ausländischen Druck plötzlich meine sämtlichen Forderungen
erfüllen und als Gegenforderung stellen: Eintritt in die Regierung?«

Etwas Schlimmeres hätte den Nationalsozialisten gar nicht
passieren können als eine vernünftige, friedliche Lösung der sudetendeutschen Frage. Damit wäre der Sprengsatz entschärft
worden, den Hitler brauchte, um den tschechischen Staat zerstören zu können. Henlein selbst fand eine Lösung, die schon
eher im Sinne Hitlers war:

»Wenn die Tschechen alles geben, antworte ich ›Ja‹, mit der
Forderung, daß die Außenpolitik der Tschechei geändert würde.
Das würden die Tschechen nie zugeben.«

Solche Forderungen zeigten, daß es zu diesem Zeitpunkt gar
nicht mehr nur um eine bessere Lage der Deutschen in der Tschechoslowakei ging. Auch in der Umgebung Hitlers war vom
Schicksal der Sudetendeutschen kaum noch die Rede. Nicht

Selbstbestimmung war das eigentliche, strategische Ziel, sondern es ging um die Möglichkeit, eine »großdeutsche« Lösung zu erreichen. Das Sudetenland wurde als Krisengebiet gebraucht, die Sudetendeutschen als Unruhestifter benutzt. Frank drohte schließlich im Auftrag des »Führers«:

»Wir können noch eine gewisse Zeit verhandeln, aber Sie müssen wissen, daß die Geduld der Sudetendeutschen ihre Grenzen hat.«

So konnten sich die Hitzköpfe auf beiden Seiten durchsetzen. Deutliches Zeichen: Das publizistische Trommelfeuer, das die Verhandlungen begleitete, nahm an Schärfe ständig zu. So hieß es beispielsweise in der rechtsnationalen tschechischen Zeitung »Narodni Noviny«:

»Wir glauben an keine Einigung mit den Henlein-Deutschen. Wir kennen ihre wirklichen Absichten und Ziele. Und zu einer Regelung, wie sie Berlin und Herr Henlein haben möchten, werden wir nie und unter keinen Umständen unsere Zustimmung geben.«

Ähnliche Meldungen, wenn auch mit umgekehrter Tendenz, gab es zur selben Zeit in der deutschen Presse. Nach sieben Wochen gingen die Verhandlungspartner ohne greifbares Ergebnis auseinander. Die »Gefahr« einer Erfüllung der sudetendeutschen Forderungen bestand nicht mehr.

Nach dem Scheitern der direkten Verhandlungen zwischen Tschechen und Sudetendeutschen suchte Chamberlain nach neuen Wegen. In Großbritannien wuchs die Kritik am Verhalten der Tschechen, die man für das Scheitern der Gespräche verantwortlich machte. Vor allem die Zeitungen des Presseimperiums von Viscount Rothermere hetzte gegen die »bolschewistische Tschechoslowakei«. Es entsprach der allgemeinen Stimmung, wenn Noel-Baker, ein prominenter Labour-Politiker, feststellte, »...daß es unmöglich ist, ein Volk von dieser Bedeutung, das durch Zurückweisung seiner Autonomiebestrebungen mißgestimmt ist, auf Dauer niederzuhalten … das analoge Verhältnis zwischen Serbien und Rußland gab 1914 die Veranlassung zur Ausbreitung eines anfänglichen Balkankrieges auf die ganze Welt; wollen wir Gefahr laufen, durch eine ähnliche Kette von Ereignissen in eine noch größere Katastrophe hineingezogen zu werden?«

Der deutsche Botschafter in London, von Dirksen, berichtete über die Stimmung nach Berlin: »Alles, was erreicht werden kann, ohne daß ein Schuß fällt, kann auf die Zustimmung der Engländer rechnen.«

Der Mann, dem es zufiel, eine solche Lösung zustande zu bringen, war Lord Walter Runciman. Der Lord war ein schon etwas älterer Geschäftsmann, der im Überseehandel ein Millionenvermögen erworben hatte und im britischen Handelsinteresse in der ganzen Welt unterwegs war – ein vielgereister und vor allem in wirtschaftlichen Fragen bewanderter Privatmann, der mit Chamberlain befreundet war. Er sollte die festgefahrene Situation in der Sudetenfrage klären.

»Sie setzen mich in einer Nußschale mitten auf dem Atlantik aus«, verabschiedete sich Runciman von Außenminister Halifax, als er sich am 3. August 1938 auf die Reise nach Prag begab – nicht in regierungsamtlicher Eigenschaft, sondern als Berater und Vermittler der tschechischen Regierung, der man allerdings erst nahelegen mußte, London um einen »Vermittler« zu bitten. In seinem Reisegepäck hatte Runciman die Instruktionen, die ihm Halifax mitgegeben hatte:

»Sie sollten dem Präsidenten Benesch verständlich machen, daß Sie ganz privat über diese Sache sprächen und ihn energisch drängen, sich grundsätzlich einverstanden zu erklären, den Vorschlag anzunehmen. Sie sollten hinzufügen, daß ein Zusammenbruch der Verhandlungen bevorstehe mit all den Gefahren für den europäischen Frieden.«

Runciman sollte Prag zu Zugeständnissen bewegen und die

Verhandlungen zwischen Tschechen und Sudetendeutschen wieder in Gang bringen. Ein hoffnungsloses Unterfangen, die Tschechen fürchteten einen »Ausverkauf« – oder, wie es in »Narodni Noviny« hieß: »London sucht eine Annäherung an Berlin auf unserem Rücken.«

Berlin mißbilligte die Mission Runcimans in der Tat als »unerbetene Einmischung«. Ribbentrop wies die deutsche Botschaft in Prag an, Runciman nicht zu empfangen. Auch bei den Sudetendeutschen stieß Runciman anfangs nicht auf Enthusiasmus. Erst nach vierzehn Tagen nahm sich Henlein Zeit, den Briten zu empfangen. In den Gesprächen, die Runciman bis dahin geführt hatte, war es ihm immerhin gelungen, einige Zugeständnisse der Prager Regierung zu erreichen: Selbstverwaltung der Provinzen und die Einrichtung von Regionalparlamenten. Henlein blieb unbeeindruckt, er schilderte die Gefahr einer »tschechischen Invasion«, gegen die die Deutschen ihre Heimat zu verteidigen hätten, aber natürlich sei er verhandlungsbereit. Die gleiche Melodie hatte Runciman auch von tschechischer Seite gehört, nur der Text war ein anderer: Die Tschechen machten die Sudetendeutschen für die festgefahrene Situation verantwortlich, die Prager Regierung sei bestrebt, eine einvernehmliche Lösung zu finden. Beide Seiten versuchten nachzuweisen, daß sich jeweils die andere weigere, konstruktiv zu denken und zu handeln. Beide Parteien klagten, die andere Seite würde zögern, sei unnachgiebig und meine es nicht ehrlich. Das Kuriose: Beide Kontrahenten hatten recht.

Professor Donald Cameron Watt, Großbritannien:

Die Engländer wußten vom Geheimdienst, daß Henlein selbst keinen Krieg haben wollte. Er wollte viel lieber deutscher Ministerpräsident von der Tschechoslowakei sein als ein kleiner Gauleiter eines kleinen sudetendeutschen Kreises. Und deshalb schien es möglich, daß, wenn es zu einer Vermittlung – und Runciman war ein sehr erfahrener Vermittler – käme, vielleicht etwas zwischen den Tschechen, besonders zwischen Benesch und Henlein arrangiert werden könnte. Was die Engländer nicht wußten, war erst einmal, daß Henlein nicht der einzige in der Führung der Sudetendeutschen war, der Verbindung zu Berlin hatte. Da waren auch Leute, die Verbindungen zur SS und zu Hitler direkt hatten, und die alles daran setzten, einen Krieg auszulösen. Deshalb kann man sagen, daß Runciman eigentlich keine Chancen hatte. Aber das konnte man im Juni 1938 natürlich nicht wissen.

Professor Otto Novak, Tschechoslowakei:

Lord Runciman war ein Kolonialpolitiker. Er sollte die Nationalitätenverhältnisse in der Tschechoslowakei beobachten und die Verhandlungen zwischen der tschechoslowakischen Regierung und der Sudetendeutschen Partei beschleunigen. Im Sinn dieser Orientierung sprach er mit den Vertretern der sudetendeutschen Politik, vor allem natürlich mit den Vertretern der Sudetendeutschen Partei. Ich begreife diese Mission als ein Zugeständnis für die Briten. Aber was bedeutete sie in der innenpolitischen Lage der Tschechoslowakei? Da war sie eine ganz klare Einmischung! Die Runciman-Leute hatten enge Kontakte vor allem zu den sudetendeutschen Aristokraten. Sie waren in Kontakt mit Max von Hohenlohe, mit Karl Aldringen und anderen sudetendeutschen Aristokraten. Alle diese Leute waren Feinde der Republik. Alle diese Leute waren gegen die Existenz der Republik. Runciman und sein Berater Watkin sprachen auch mit Henlein. So etwa am 22. August 1938 in Marienbad. Der Inhalt dieses Gespräches war: für die Regelung der sudetendeutschen Frage ist ein Kontakt zwischen Briten und Deutschen nötig. Henlein sollte Hitler besuchen und ihn dabei über die britischen Absichten informieren. Den Staatspräsidenten Benesch forderte Runciman ganz klar auf, alle Forderun-

gen von seiten der Sudetendeutschen Partei zu erfüllen. Unter dem Druck der Runciman-Mission, aber das war ja nur ein verlänger-ter Arm des britischen Außenamtes, entsteht der sogenannte »Vierte Plan, und Inhalt dieses Plans ist eine Autonomie für die Sudetendeutschen. Aber die Sudetendeutsche Partei wollte keinen Kompromiß, sie wollte für eine Trennung von Tschechen und Deutschen arbeiten, das entspricht den geheimen Verhandlungen zwischen Hitler, Henlein und K. H. Frank am 25. März 1938.

Alles in allem, die Mission Runcimans zeigt deutlich das Desin-teresse der britischen Außenpolitik am Schicksal der Tschechoslo-wakei. Im Hintergrund dieser britischen Politik steht Appease-ment, Appeasement *entstand auch aus einer Angst, Angst vor der sozialen Revolte, vor den Ideen einer Volksfront, dem Sozialismus der Sowjetunion und vor dem Bolschewismus. Die Briten sagten sehr klar: Wir verlassen den mitteleuropäischen Raum. Wir brau-chen von Hitler nur eine Respektierung unserer Grenze, eine Re-spektierung der Interessen Großbritanniens in Westeuropa und natürlich eine Respektierung der britischen Kolonien.*

Appeasement *wollte auch die Aggression Hitler-Deutschlands gegen die Sowjetunion orientieren. Das ist der Hintergrund dieser Politik. Österreich und die Tschechoslowakei waren die ersten Opfer dieser britischen Politik des* Appeasement. *Ihre Hauptor-ganisatoren waren konservative Politiker in England – wie Cham-berlain und Halifax. Diese Leute suchten einen Kompromiß mit Hitler und wollten ihn so gegen Osten orientieren.*

Die Gespräche konnten so nicht von der Stelle kommen, die Runciman-Mission mußte an den unterschiedlichen Zielen derer scheitern, die der Lord zusammenführen sollte. Ein Ergebnis brachten die fruchtlosen Gespräche aber doch: Bei Lord Runci-man setzte sich der Eindruck fest, daß die Beschwerden der Su-detendeutschen gerechtfertigt und die Probleme nur durch Ab-tretung der Sudetengebiete an das Deutsche Reich zu lösen seien. Nach einem Treffen mit Lady Runciman, die ihren Mann begleitet hatte, um den privaten Charakter der Reise zu betonen, meldete der deutsche Botschafter in Prag, Hencke, nach Berlin:

»Im Gespräch mit Lady Runciman ist ein bemerkenswertes Verständnis für die Sache der Sudetendeutschen festzustellen.«

Hier unterschied sich der Lord nicht von der Lady – ein atmosphärisches Ergebnis von nicht geringer Bedeutung.

Runciman war nicht der einzige, der im Sommer 1938 Reisediplomatie betrieb. Auch die Deutschen waren aktiv. Bereits im Juli hatte Hauptmann Wiedemann, einer der Adjutanten Hitlers, eine Einladung nach London erhalten – übrigens auf Vermittlung der Prinzessin Stephanie von Hohenlohe, der damals ein Verhältnis mit Lord Rothermere nachgesagt wurde. Dort sollte Wiedemann die Chancen für einen Besuch Görings in London ausloten. Als der Besuch des Adjutanten nach einigen Indiskretionen in die Schlagzeilen der Presse geriet, war das Vorhaben gescheitert. Hitler verbot kurzerhand eine solche Reise Görings, von der möglicherweise eine friedliche Lösung der Sudetenfrage zu erwarten war.

Ein weiterer Reisender war Fritz Hesse, ein Mitglied der Deutschen Botschaft in London. Er war im Auftrag des Auswärtigen Amtes unterwegs. In einem Gespräch mit Chamberlains persönlichem Berater hatte er erfahren, daß ein Leitartikel in der »Times«, der die Bereitschaft angedeutet hatte, in der Sudetenfrage eine für Deutschland günstige Lösung zu unterstützen, vom britischen Premierminister selbst lanciert worden war. Demnach wäre eine Autonomie der Sudeten ohne Krieg möglich gewesen.

Bei Ribbentrop und Hitler stieß eine solche Bereitschaft auf ungläubiges Staunen, ja Verärgerung: »Die Autonomie? Das kommt jetzt nicht mehr in Frage«, meinte der deutsche Außenminister. Hitler lachte über die Vorstellung, die Tschechoslowakei würde freiwillig die wichtigen Rüstungsindustrien im Sudetenland an das Deutsche Reich ausliefern: »Das glaube ich einfach nicht, so dumm können sie einfach nicht sein.«

Ein dritter deutscher Besucher machte sich im Sommer 1938 auf den Weg nach London: Ewald von Kleist-Schmenzin, ehemals Mitglied der Deutschnationalen Volkspartei (DNVP). Jetzt zählte er zur Opposition gegen Hitler. Im August versuchte er, Lord Vansittard, den diplomatischen Berater Chamberlains, davon zu überzeugen, daß Hitler, »der einzige wirkliche Extremist«, den Krieg wolle. Nach dem 27. September sei alles zu spät, man müsse Hitler klarmachen, daß Großbritannien und Frankreich nicht nachgeben würden. Kleists Vorschlag:

»Ein führender britischer Staatsmann soll eine an die deutsche Öffentlichkeit gerichtete Rede halten und über die Schrecken eines Krieges und die Katastrophe, zu der er führt, sprechen.«

Der deutsche Besucher verwies auf die Existenz einer deutschen Opposition und ihre Bereitschaft, Hitler abzulösen. Vansittard hörte aufmerksam zu und erstattete dem Premierminister ausführlich Bericht. Chamberlain konnte jedoch nicht glauben, daß Hitler tatsächlich zum Krieg entschlossen war.

»Ich nehme an, daß von Kleist leidenschaftlich gegen Hitler eingestellt und außerordentlich bemüht ist, seine Freunde in Deutschland anzutreiben, einen Versuch zu dessen Überwältigung zu machen… doch ich denke, wir müssen von dem, was er sagt, ein gut Teil abrechnen.«

Die Reisediplomatie in diesem Sommer machte zweierlei deutlich:

A. Großbritannien war bereit, den Deutschen in der Sudetenfrage entgegenzukommen und Druck auf die Prager Regierung auszuüben.

B. Es gab Versuche der deutschen Opposition, die Briten zu überzeugen, daß Hitler einen Krieg wollte. Diese Versuche scheiterten.

Während sich London um den Frieden bemühte, bereitete Berlin
den Krieg vor: auf diplomatischer, politischer, propagandistischer
und vor allem auf militärischer Ebene. Ende Juli erreichte die
deutschen Botschaften in Europa ein Runderlaß Ribbentrops:
Die diplomatischen Missionen sollten die angebliche französisch-britische Bereitschaft, für die Tschechei bewaffnet einzu-
treten, ins Lächerliche ziehen. Für den Fall eines Krieges pro-
phezeite Ribbentrop einen absoluten deutschen Sieg und sagte
Frankreich und Großbritannien eine Katastrophe voraus. Am 21.
August kam der ungarische Reichsverweser Horthy zu einem
Staatsbesuch nach Deutschland. Bei einer Flottenparade auf der
Ostsee wurde ihm die neue deutsche Seemacht demonstriert.
Während eines Festbanketts brachte Ribbentrop das Gespräch
auf die Lage im Sudetenland. Vieldeutig stellte er fest, daß, wer
Revision wünsche, die »gute Konjunktur« ausnutzen und sich beteiligen müsse. Als sein ungarischer Tischnachbar darauf nicht
reagierte, wurde er deutlicher: »Wie verhalten Sie sich, wenn Hitler eine neue tschechische Provokation mit Gewalt beantwortet?«

Aber auch hier wichen die Ungarn aus. Schließlich wurde das
Thema auch von Hitler angesprochen. Zum Abschluß des Besuchs erklärte er Horthy: »Wer mitessen will, muß auch mitkochen.«

Der Reichskanzler war auf der Suche nach Bündnispartnern.
Ähnliche Gespräche gab es auch mit Polen. Beide Nachbarn der
Tschechoslowakei waren prinzipiell die richtige Adresse, denn
auch sie richteten Gebietsansprüche an Prag. Im tschechischen
Vielvölkerstaat gab es sowohl eine ungarische wie eine polnische
Minderheit, der es nicht besser ging als den Sudetendeutschen.
Zu diesem frühen Zeitpunkt aber wollten sich weder Ungarn
noch Polen festlegen. Sie warteten ab.

In diese Ruhe vor dem Sturm fiel nun überdies der Reichsparteitag der NSDAP. Er schlug, wie immer, die gesamte Politik in seinen Bann. Vom 5. bis zum 12. September blickte Europa nach Nürnberg. Ein Leitartikel in »Narodni Politika« traf die Stimmung genau:

»Für das Wohl der Menschheit wäre es ein historischer Augenblick, wenn sich zeigen würde, daß Nürnberg in der Geschichte nicht nur Meistersinger, sondern auch Meisterpolitiker hat.«

Vor allem London hegte große Hoffnungen. Der britische Premier hatte in der »Times« einen Artikel lanciert, mit dem er seine Bereitschaft, den Deutschen entgegenzukommen, deutlich machte. Die Tschechen sollten prüfen, »ob sie den Plan völlig verwerfen ... die Tschechoslowakei zu einem homogeneren Staat zu machen durch die Abtrennung des Saumes der fremden Bevölkerungsgruppen, die an die Nation grenzen, mit der sie durch die Rasse verbunden sind«.

Die deutschen Zeitungen berichteten darüber mit der Schlagzeile: »Was Neville Chamberlain wirklich denkt.«

In der publizistischen Begleitmusik der gleichgeschalteten deutschen Zeitungen und vor allem auch des Rundfunks wurden alle Register gezogen: seitenlange Vorberichte, nicht nur im »Völkischen Beobachter«, Live-Übertragungen im Rundfunk, jeweils eingeleitet mit der Eröffnungsfanfare aus Anton Bruckners 4. Sinfonie, außerdem das »Große Nürnberger Echo«, eine zweistündige Zusammenfassung der Tagesereignisse, die jeden Abend um 20 Uhr 15 aus den Volksempfängern dröhnte.

Der zehnte Parteitag der NSDAP stand, so die Ankündigung des »Völkischen Beobachter«, »im Zeichen der Ostmark, im Zeichen der großdeutschen Einigung«. Gefeiert wurde der »Anschluß« Österreichs, die »Schöpfung Großdeutschlands«. Augenfälligstes Zeichen der »wiederhergestellten Einheit«: Hitler hatte nach 140 Jahren die Reichsinsignien aus Wien mitgebracht – Kaiserkrone, Reichsapfel, Zepter und Reichsschwert sollten nun

»für immer« in Nürnberg bleiben. Das Schwert Karls des Großen
wurde in einer hell erleuchteten Vitrine ausgestellt, bewacht von
Angehörigen der »Leibstandarte Adolf Hitler«. Überdies wurden Wagners »Meistersinger« diesmal von den Wiener Philhar-
monikern interpretiert. Das »Symbol deutscher Tüchtigkeit und
Größe«, so der »Völkische Beobachter«, dargeboten vom Re-
nommierorchester der ehemaligen Österreichischen Republik –
das war doch ein »besonderes Zeichen neuer völkischer Ge-
meinschaft«.

Der Reichsparteitag war diesmal freilich mehr als nur die Na-
belschau der NSDAP. Dies zeigte schon der Zustrom aus dem
Ausland, der sehr viel größer war als in den Jahren zuvor. In zwei
Sonderzügen wurden die ausländischen Missionschefs als »persönliche Gäste« Hitlers aus Berlin nach Nürnberg gebracht. Eine
besondere Wertschätzung war damit jedoch nicht verbunden. Im
Gegenteil: Die Diplomaten wurden in Salonwagen unterge-
bracht, die auf einem Bahnhof mit dem bezeichnenden Namen
»Schweinau« abgestellt waren, in unmittelbarer Nähe von Fabri-
ken, die rund um die Uhr produzierten.

Hitler schließlich nahm sich keine Zeit für seine »Gäste«, er
ging ihnen aus dem Weg. Nur einmal, beim obligaten diplomatischen Empfang, ließ sich der Kontakt mit dem britischen und
französischen Botschafter nicht vermeiden. Aber auch hier gab
er sich kurz angebunden. François-Poncet versuchte, mit einer
kleinen Anspielung ein Gespräch über die gespannte Situation in
Mitteleuropa einzuleiten: »Das politische Barometer fällt«, so
begann der französische Botschafter. Doch Hitler blockte sofort
ab:»Wettervorhersagen stimmen nie.« Überhaupt das Wetter:ein
Regen- und Sturmtief lag über Nürnberg. Hitlers Kommentar
lautete:»Das Wetter ist gut für die Kartoffeln.«

Die nationalsozialistische Regie hatte jedoch Glück, mit der
Ankunft Hitlers brach die Sonne durch, es herrschte »Führer-
wetter«. So konnte die wie üblich perfekte NS-Show ablaufen:

das Glockengeläut, die begeisterten Menschenmassen, die voll-
zählig versammelte Parteiprominenz, das kleine Mädchen, das
dem »Führer« einen Blumenstrauß überreichte.

Der Ablauf des Parteitags entsprach dem Ritual vergangener
Jahre. Nur war diesmal alles eine Nummer größer und gewaltiger
– die »Ovationen des Dankes und der Liebe von Zehntausenden
Deutschen«, von denen die Presse berichtete, waren lauter, vielleicht auch herzlicher als in den Vorjahren, die Appelle und Vor-
beimärsche der verschiedenen NS-Gliederungen waren noch exakter und beeindruckender, wohl auch furchteinflößender als in
den Jahren zuvor, der Speersche Lichtdom mit Flakscheinwer-
fern war höher, der Fackelzug der 80 000 politischen Leiter war
heller, und länger war schließlich auch noch der Vorbeimarsch
von Hitlerjugend, Arbeitsdienst, Sturmabteilung, Schutzstaffeln
unter dem Beifall von einer Million Zuschauern. Die nationalsozialistische Showmaschine lief wie geschmiert.

Neben diesen Ohr- und Augenorgien gab es aber auch handfeste politische Signale. Das Thema des Parteitags hieß Sudetenland. Hitlers »Stellvertreter« Rudolf Hess hatte schon zum »Auftakt für Nürnberg« auf der Tagung der Auslandsdeutschen in
Stuttgart die Richtung vorgegeben.

»Wir sind mit heißem Herzen bei euch. Bei euch liegt das
Recht von 3½ Millionen deutscher Menschen, das Recht von Millionen Angehöriger eines großen Volkes, ihr Leben so zu führen …, wie es die Zugehörigkeit zu diesem Kulturvolk gebietet.«

Ebenfalls im Vorfeld des Parteitags wurde eine publizistische
Kampagne gegen die Tschechoslowakei gestartet, die während
der Tage von Nürnberg an Schärfe immer mehr zunahm. Neben
der Berichterstattung über den Parteitag fanden sich schon auf
den ersten Seiten immer neue Greuelmeldungen von Untaten,
die von Tschechen an den Sudetendeutschen begangen worden
seien. Die folgenden Schlagzeilen im »Völkischen Beobachter«
mögen eine ungefähre Vorstellung der Atmosphäre geben.

»Furchtbare Greueltaten der tschechischen Mordbanditen«;

»Dieser Verbrecherstaat muß zerschlagen werden«;

»Hochschwangere Frau niedergeschlagen und verschleppt«;

»Spießrutenlaufen durch tschechische Bajonette«;

»Vier neue Opfer des Tschechenhasses«;

»Die Tschechen verscharren heimlich die Leichen«.

Der geistige Vater dieser Meldungen war Alfred Ingemar Berndt, Abteilungsleiter im Propagandaministerium des Joseph Goebbels. Über den Wahrheitsgehalt dieser Meldungen äußerte er in einem Gespräch mit Erich Kordt:

»Jetzt muß wirklich etwas geschehen, sonst reicht meine Phantasie für die Erfindung neuer Schauergeschichten nicht mehr aus.«

Hier muß festgehalten werden: Übergriffe, Greueltaten, Morde gab es schon, doch nicht in dem Ausmaß, wie die nationalsozialistische Propaganda behauptete.

Davon ahnte die Öffentlichkeit jedoch nichts. In Nürnberg war, nicht zuletzt wegen der Pressemeldungen, derweil von den Sudetendeutschen und deren Wunsch nach einer Rückkehr »heim ins Reich« die Rede. Mancher stellte sich das ebenso einfach vor wie den »Anschluß« Österreichs. »Der Führer wird's schon machen«, das war ein geflügeltes Wort. Eingestimmt durch die Meldungen über das Leid der Sudetendeutschen, schürten Göring und Goebbels in ihren Parteitagsreden weiter den Haß der Massen gegen die Tschechen und vor allem gegen Benesch:

»Wir wissen, daß es unerträglich ist, wie dieser kleine Volkssplitter da unten – kein Mensch weiß, woher sie gekommen sind – ein Kulturvolk dauernd unterdrückt und belästigt. Wir wissen aber, daß es ja nicht diese lächerlichen Knirpse sind. Dahinter steht Moskau, dahinter steht die ewige jüdisch bolschewistische Zerrfratze. Gegen diesen lächerlichen Versuch, uns einzuschüchtern, möchte ich für ganz Deutschland, aber besonders für uns nationalsozialistische Kämpfer, mit den Worten des Kriegsministers

Feldmarschall Roon eines versichern: Wir sind allzeit Schießer gewesen, niemals aber Scheißer!«

Während seine Paladine die Stimmung anheizten und die Massen auf eine anscheinend notwendige, gewaltsame Lösung vorbereiteten, schuf Hitler nun im Kreis der Generale die unmittelbaren Voraussetzungen für einen Angriff auf die Tschechoslowakei. Für die Nacht vom 9. auf den 10. September rief er gegen 22 Uhr die Befehlshaber der Wehrmacht zu einer Besprechung über die technischen Einzelheiten des Operationsplans »Grün« nach Nürnberg. Hitler zeigte sich mit den Ausführungen General Halders zufrieden, der die revidierte Fassung einer »Zangenbewegung« vortrug. Dies sei zwar eine kluge Idee, aber:

»Ihr Erfolg ist jedoch zu unsicher, um sich auf sie zu verlassen. Zumal politisch ein schneller Erfolg notwendig ist. Die ersten acht Tage sind die politisch entscheidenden. In ihnen muß ein weitläufiger Geländegewinn errungen sein.«

Dann forderte er die Generale auf, die alten Überlegungen zu revidieren. Er verlangte raumgewinnende Operationen in die Tiefe des Landes durch eine starke Panzerarmee, er wollte einen überraschenden, schnellen Vorstoß – mit einem Wort: einen »Blitzkrieg«. Hitlers Vorstellungen gingen allerdings von der Hypothese aus, der Westen werde militärisch nicht eingreifen, gegen die Franzosen sei deshalb nur eine dünne Verteidigungslinie erforderlich.

Gegen 3 Uhr 30 am nächsten Morgen endete die nächtliche Lektion, die der frühere Gefreite seinen erfahrenen Generälen erteilte. Halder fuhr mit dem Befehl zurück nach Berlin, den Angriffsplan zu überarbeiten.

Inzwischen steuerte der Reichsparteitag seinem Höhepunkt entgegen: der Rede des »Führers«, traditionell der Abschluß in Nürnberg.

Aufgeschreckt von den blutrünstigen Reden Görings und Goebbels', befürchteten die Botschafter des Westens schon das

Schlimmste. Der britische Gesandte, der eigentlich schon nach
Berlin zurückkehren wollte, erhielt aus London den Auftrag,
noch einmal deutlich zu machen, daß Großbritannien sich zu
einer militärischen Unterstützung Prags bereitfinden würde.
Henderson versuchte allerdings vergeblich, eine entsprechende
Regierungserklärung vom 11. September, in der ein gewaltsames
Vorgehen gegen die Tschechoslowakei als Grund für ein Eingreifen der Westmächte bezeichnet wurde, an Hitler weiterzugeben.

Endlich war der mit Spannung erwartete Moment da. Hitler
ging, im Strahl der Scheinwerfer, die rechte Hand zum »Deutschen Gruß« gereckt, auf die Tribüne zu, ohne nach links oder
rechts zu sehen. Die Nazis hatten eben Sinn für Showeffekte: Das
war nicht der Auftritt eines Politikers, sondern die hollywood-
reife, freilich etwas chaplineske Präsentation eines Staatsschau-
spielers.

Erst nach einer langen Einleitung, der schon gewohnten »Auf-
stiegslegende« seiner »Kampfzeit«, kam Hitler auf das Sudetenland und die Sudetendeutschen zu sprechen: »3½ Millionen
Menschen werden überwacht, bevormundet, vergewaltigt und
gequält.« So begann er, eher bedächtig. Mit der Aufzählung der
Gewalttaten, unter denen die Sudetendeutschen leiden müßten,
steigerte er sich in einen sachten Rausch, bis er schließlich zu dem
Mann kam, der für ihn ein rotes Tuch zu sein schien: der tschechische Staatspräsident Eduard Benesch. Von »niederträchtigen
Kampagnen« sprach er mit Blick auf die Maikrise, von »verbrecherischen Zielen« war die Rede, als er die Politik Prags generell
anprangerte. Solche Passagen veranlaßten Chamberlain, der die
Rede am Radio mitverfolgte, zu einer Notiz in sein Tagebuch:

»Ist es nicht wirklich gräßlich, daß das Schicksal von Hunderten von Millionen Menschen in der Hand eines einzelnen Menschen liegt – und daß dieser Mensch ein Irrer ist?«

Irr oder nicht: Hitler präsentierte sich in seiner Rede auf dem

Reichsparteitag von zwei Seiten. Neben scharfen persönlichen Angriffen gegen Benesch, die er schließlich fast hysterisch, in freilich kalkulierter Ekstase, vortrug, fanden sich in ruhiger Sprache Forderungen, denen selbst Gegner des Nationalsozialismus zustimmen konnten:

»Was die Deutschen fordern, ist das Selbstbestimmungsrecht, das jedes andere Volk auch besitzt und keine Phrase. Aber ich stelle die Forderung, daß die Unterdrückung der 3½ Millionen Deutschen in der Tschechoslowakei aufhört und an deren Stelle das freie Recht der Selbstbestimmung tritt ... Es würde uns leid tun, wenn darüber unser Verhältnis zu anderen europäischen Staaten getrübt oder Schaden nehmen würde. Allein die Schuld läge dann nicht bei uns. Im übrigen ist es Sache der tschechoslowakischen Regierung, sich mit den betreffenden Vertretern der Sudetendeutschen auseinanderzusetzen und eine Verständigung so oder so herbeizuführen. Meine Sache und unser aller Sache, meine Volksgenossen, aber ist es, dafür zu sorgen, daß hier nicht aus Recht Unrecht wird. Denn es handelt sich um deutsche Volksgenossen. Ich bin auch keineswegs gewillt, hier mitten im Herzen Deutschlands durch die Tüchtigkeit anderer Staatsmänner ein zweites Palästina entstehen zu lassen. Die armen Araber sind wehrlos und vielleicht verlassen. Die Deutschen in der Tschechoslowakei sind weder wehrlos noch sind sie verlassen. Das möge man zur Kenntnis nehmen.«

War dies nun die Drohung mit dem Einmarsch? Zumindest war es der Versuch einer Rechtfertigung und Schuldzuweisung an die andere Seite. Hitler schloß mit einem Appell an die »Parteigenossen und Parteigenossinnen«:

»Der nationale Stolz und Ihre Zuversicht sind gestärkt worden ... Sie haben das Recht, das deutsche Haupt nun wieder mit Stolz erhoben tragen zu dürfen. Wir alle aber haben die Pflicht, es nie wieder unter einem fremden Willen zu beugen. Dies sei unser Gelöbnis! So wahr uns Gott helfe!«

Damit endete der »erste Reichsparteitag Großdeutschlands«. Es war zugleich der letzte Parteitag der NSDAP.

Hitler hatte überraschend einen eher gemäßigten Ton gewählt. Trotz großen Geschreis hatte er sich, zumindest vor der Öffentlichkeit, nicht auf den Krieg festgelegt. Er forderte das Selbstbestimmungsrecht, und dagegen war ja nichts einzuwenden. Daß er insgeheim zum Krieg bereit war, ja sogar die letzten Vorbereitungen schon getroffen hatte, sagte er natürlich nicht.

Im übrigen Europa, wo die Politiker schon auf das Schlimmste gefaßt gewesen waren, wurden diese Worte deshalb beinahe als beruhigend empfunden. Stellvertretend war die Meinung des italienischen *Duce*: »Ich hatte mit einer stärkeren Drohung gerechnet. Nichts ist verloren.«

Auch Botschafter Henderson bewertete die Rede ähnlich: Die Tür für eine friedliche Lösung sei noch nicht völlig zugeschlagen, teilte er seiner Regierung in England mit.

Im Anschluß an die Rede Hitlers kam es im Sudetenland zu Zwischenfällen – »Freudenkundgebungen« nannte es der »Völkische Beobachter«. In Eger protestierten Sudetendeutsche mit Hakenkreuzfahnen und Transparenten: »Wir verlangen die Selbstbestimmung.« Die Polizei, die sich lange ruhig verhalten hatte, griff nun um so härter ein. Sie eröffnete das Feuer. Ein Todesopfer und zahlreiche Verletzte waren der Auftakt zu gewalttätigen Auseinandersetzungen. Es war dies ein von Berlin provozierter Aufstand, denn Hitler hatte den Führern der SdP Weisung gegeben, die Verhandlungen mit Prag in den nächsten Tagen zu unterbrechen. Als Vorwand sollten Zwischenfälle dienen, die von der SdP inszeniert werden müßten.

Prag verhängte am 13. September in 13 Bezirken das Standrecht. Die Verhandlungen mit den Sudetendeutschen wurden abgebrochen. Frank und Henlein wollten nur dann weiterverhandeln, wenn sich die Staatspolizei aus dem Sudetenland zurückziehe, das Standrecht aufgehoben und die Aufrechterhaltung

1 Der Führer der Sudetendeutschen Partei, Konrad Henlein, bei seinem ersten Zusammentreffen mit Adolf Hitler am 28. März 1938.

2 Lord Runciman mit seiner Frau und seinem Berater Frank Ashton-Gwatkin bei der Rückkehr aus Prag, wo er im Sommer 1938 im Auftrag Chamberlains versucht hatte, zwischen Tschechen und Sudetendeutschen zu vermitteln.

3 Parteitage der NSDAP – das waren vor allem Massenveranstaltungen.

4 Entgegen dem Protokoll empfing Adolf Hitler seinen Gast Neville Chamberlain auf der Treppe zum Berghof, zwei Stufen über dem britischen Premierminister.

5 Der Berghof auf dem Obersalzberg bei Berchtesgaden – in dieser idyllischen Landschaft empfing der deutsche Kanzler am 15. September den britischen Premierminister Chamberlain zu einem ersten persönlichen Gespräch über die Sudetenfrage.

6 Auf der Terrasse des Hotels Dreesen in Godesberg: General Keitel, der Chef des Oberkommandos der Wehrmacht, im Gespräch mit Hitler in einer Verhandlungspause, während die deutsche Delegation auf die britische Antwort auf Hitlers Ultimatum wartet (22. September 1938).

7 Der britische Premierminister Chamberlain, Reichsaußenminister von Ribbentrop, der deutsche Dolmetscher Paul Otto Schmidt und Adolf Hitler nach Abschluß der deutsch-britischen Gespräche über die Sudetenfrage in Godesberg vom 22. bis 24. September 1938.

8 Am 23. September 1938 erklärte die tschechische Regierung die Generalmobilmachung ihrer Truppen. Als Antwort Prags auf das Godesberger Memorandum Hitlers setzten sich tschechische Truppen in Marsch.

9 Der italienische Botschafter in Berlin, Bernardo Attolico, links, gemeinsam mit seinem französischen Kollegen André François-Ponçet am 30. September 1938 nach der Münchner Konferenz vor dem Abflug nach Berlin.

10 Auf der Fahrt von Kufstein nach München erklärte Hitler seinen italienischen Bundesgenossen Mussolini, links, und dessen Außenminister Graf Ciano, rechts, seine Verhandlungsziele und -strategien für die Münchner Konferenz (29. September 1938).

11 29. September 1938. Göring, Graf Ciano, Hitler und Mussolini auf dem Weg zum »Führerbau« in München, wo gegen 12 Uhr eine Konferenz über das Schicksal des Sudetenlands beginnen sollte.

12 Konferenz von München. Der britische Premierminister Chamberlain in einer Verhandlungspause im Gespräch mit dem italienischen »Duce« (Mussolini), der als einziger Verhandlungsteilnehmer in München sowohl englisch als auch französisch und deutsch sprach.

13 Durch seine Unterschrift stimmte der französische Ministerpräsident Daladier dem Verhandlungsergebnis von München zu: Die Tschechoslowakei mußte das Sudetenland an das Deutsche Reich abtreten (29. September 1938).

14 (oben) Sie entschieden über das Schicksal des Sudetenlandes und der Tschechoslo-wakei (von links): Neville Chamberlain, Edouard Daladier, Adolf Hitler, Benito Mus-solini (rechts neben Mussolini: der italienische Außenminister Graf Ciano) (Münchner Konferenz, 29. September 1938).

15 (unten) »Peace for our time!« – »Friede in unserer Zeit!« versprach Neville Cham-berlain nach seiner Rückkehr aus München der Weltöffentlichkeit.

der Ordnung den lokalen Behörden anvertraut werde. Außerdem müßten alle Maßnahmen gleichzeitig über Rundfunk bekannt gegeben werden.

Als sich abzeichnete, daß der tschechische Ministerpräsident Hodscha das sudetendeutsche Ultimatum annehmen würde, erklärte Henlein die Frist kurzerhand für abgelaufen und löste den Verhandlungsausschuß auf. Die SdP setzte nach und veröffentlichte eine Erklärung, die die Stimmung weiter anheizte:

»Wehrlose Frauen und Kinder, Hunderte von Toten und Schwerverletzten klagen an. Das Sudetendeutschtum stellt vor aller Welt durch seine Volksführer fest, daß es bis zum letzten Augenblick um eine friedliche Lösung bemüht gewesen ist. Die tschechoslowakische Regierung lehnte jedoch alle Forderungen Konrad Henleins ab. Bei diesen Zuständen im tschechoslowakischen Staatsgebiet ist es selbstverständlich, daß jeder Sudetendeutsche sein Leben und das seiner Familie mit allen Mitteln vor den mordenden und plündernden Horden verteidigt.«

Die SdP-Führung riskierte das Leben ihrer Landsleute und mißbrauchte die berechtigten Forderungen der Sudetendeutschen, um Hitlers Auftrag zu erfüllen und den Beweis zu erbringen, daß Deutsche und Tschechen nicht in einem tschechischen Staat zusammenleben könnten. Ein Sudetendeutsches Freikorps wurde, verstärkt mit deutschen SA- und SS-Männern, mit österreichischen Waffen ausgerüstet. Das Ziel war weniger der Schutz der Sudetendeutschen als vielmehr, weiter Unruhen zu stiften und Zusammenstöße zu provozieren. Den Höhepunkt bildete schließlich eine Rundfunkansprache Konrad Henleins:

»Wir wollen als freie Menschen leben! Wir wollen wieder Friede und Arbeit in unserer Heimat! Wir wollen heim ins Reich! Gott segne uns und unseren gerechten Kampf!«

Die Regierung in Prag erließ daraufhin Haftbefehl gegen den Führer der SdP, dem sie einen Angriff auf die Staatssicherheit vorwarf.

Das Sudetenland stand auf. Hitler und seine Helfershelfer hatten die Lunte an das Pulverfaß gelegt. Es mußte etwas geschehen. Der Sommer, der so ruhig begonnen hatte, war vorbei.

»Im Hinblick auf die kritische Lage«
Chamberlains Mission nach Berchtesgaden

Am Abend des 13. September klingelte in Downing Street Nr. 10 das Telefon des britischen Premierministers. Am Apparat war der französische Ministerpräsident Daladier. Sein Außenminister Bonnet hatte London schon seit Tagen zur Einberufung einer internationalen Konferenz gedrängt. Jetzt griff Daladier persönlich ein. Ohne die üblichen Floskeln kam er sofort auf den Punkt: Die Lage in Mitteleuropa habe sich dramatisch zugespitzt, ein deutscher Einmarsch ins Sudetenland müsse aber um jeden Preis verhindert werden. Sonst sehe sich Frankreich »gezwungen«, seine vertraglichen Verpflichtungen einzuhalten, mit anderen Worten: Deutschland anzugreifen. Daladier schlug dem Premierminister vor, Hitler sofort zu einer Konferenz einzuladen. Chamberlains Antwort war eher zurückhaltend:

»Vor einiger Zeit bin ich zu einem Entschluß gekommen. Ich glaube, er wird nützlich sein. Ich kann Ihnen noch nichts sagen, ich werde Sie aber bald näher unterrichten.«

Sprach da das Orakel von Delphi oder der Regierungschef einer Weltmacht? Schon vor dem Anruf Daladiers war Chamberlein entschlossen gewesen, die Initiative zu ergreifen. Seit Monaten bereits war in ihm die Idee einer persönlichen Begegnung mit Hitler herangereift. Für einen Briten seiner Herkunft, seines Denkens und vor allem seiner Erziehung war der deutsche Diktator ein politischer Emporkömmling, ein monströses Unikum, das er mit einer Mischung aus Verachtung, Furcht, Respekt und

Sorge ansah. Doch er wiegte sich in dem Glauben, er und nur er
sei dazu berufen, das wilde Tier zu zähmen und den Frieden in
Europa zu bewahren. Und so fragte er weder sein Kabinett noch
den französischen Verbündeten, sondern telegrafierte noch am
Abend des 13. September an Hitler:

»Im Hinblick auf die zunehmende kritische Lage schlage ich
vor, Sie sofort aufzusuchen, um den Versuch zu machen, eine
friedliche Lösung zu finden. Ich könnte mich auf dem Luftwege
zu Ihnen begeben und bin morgen abreisebereit. Teilen Sie mir
bitte den frühesten Zeitpunkt mit, zu dem Sie mich empfangen
können, und geben Sie mir den Ort der Zusammenkunft an. Ich
wäre für eine baldige Antwort dankbar. N. Ch.«

Diese Nachricht schlug in Deutschland wie eine Bombe ein:
»Ich fiel aus allen Wolken«, erzählte Hitler später über den Moment, als er das Telegramm gelesen hatte. Noch Monate darauf
gestand er, daß Chamberlain ihn »in gewissem Sinne überrumpelt habe«. Dem polnischen Außenminister Beck erklärte er im
Januar 1939, sein Plan einer völligen Zerschlagung der Tschechoslowakei sei durch den Besuch Chamberlains sehr erschwert
worden, weil er nun »vor der Welt nur noch die ethnographische
Lösung vertreten« konnte. Auf ein Gespräch unter vier Augen
war Hitler nicht vorbereitet. Diese Art der Konfliktlösung stand
nicht auf seinem Eroberungs-Fahrplan. Andererseits konnte er
das Angebot nicht ablehnen, ohne vor der Welt als der Allein-
schuldige dazustehen. Er war nicht nur verblüfft, sondern regelrecht unsicher: Sollte er, als jüngerer von beiden, dem britischen
Premierminister entgegenreisen? Würde ihm das im Propagandakrieg wichtige Pluspunkte sichern? Doch Bequemlichkeit und
Dünkel siegten: »Der Brite will doch etwas vom Führer, also soll
er kommen«, warnte Ribbentrop. Immerhin, Hitler wollte Chamberlain »in würdigem Rahmen« empfangen. Die Wahl fiel auf
den Berghof bei Berchtesgaden. Am Nachmittag des 14. September erhielt Chamberlain die erhoffte Antwort: Der »Führer« und

Reichskanzler stehe dem Premier zur Verfügung, er wolle ihn am Mittag des folgenden Tages in Berchtesgaden treffen. Um den privaten Charakter dieses Treffens noch zu unterstreichen, fragte Hitler, ob die Gattin des Premiers ihm denn die Freude machen wolle, ihren Mann zu begleiten? Mrs. Chamberlain war gut beraten, dankend abzulehnen.

Nicht nur Berlin, ganz Europa war von Chamberlains Bereitschaft überrascht. In Großbritannien erzeugte die Nachricht von der Reise eine Woge dankbarer Begeisterung. Menschen im Regierungsviertel Londons weinten auf der Straße vor Erleichterung und Freude. Hunderte von Briten strömten in die Downing Street und sangen, nicht ganz passend, *Rule Britannia*. Hitlers Bündnispartner Mussolini sah die Sache skeptischer. Seinem Schwiegersohn Graf Ciano gestand er: »Es wird keinen Krieg geben, aber das ist die Liquidierung des englischen Prestiges.«

Weit härtere Worte hörte man in Prag. Die Zeitungsverkäufer kündigten tschechische Extrablätter mit den Worten an: »… lesen Sie, wie der mächtige Regierungschef des britischen Weltreichs zu Hitler betteln geht.«

Auch in Berlin interpretierten die Paladine des Regimes die Offerte Chamberlains eher als Schwäche. Im Kreis seiner Claqueure deutete Hitler die Reise als Angst der Briten vor einer neuen Erstarkung Deutschlands. Wenn sich die Engländer in dieser Form einmischten, dann sei das der Beweis, daß Englands Rüstung noch nicht abgeschlossen sei und London nicht in einen europäischen Konflikt eingreifen könne. Das war zwar machtpolitisch durchaus richtig, doch der tiefere Aspekt im britischen Verhalten war für Hitler überhaupt nicht nachvollziehbar. Gewiß, Chamberlain demütigte sich. Aber war der Frieden es nicht wert, gedemütigt zu werden?

Der distinguierte ältere Herr mit dem Regenschirm unter dem Arm, der am 15. September um 8 Uhr 3o auf dem Flughafen in Heston erschien, war freilich keineswegs bereit, sich von Hitler

Bedingungen diktieren zu lassen. Kurz bevor der Premierminister die zweimotorige Lockheed Electra der British Airways bestieg, formulierte er noch einmal das Ziel seiner Reise:

»Meine Politik ist es immer gewesen, den Frieden zu sichern. Die sofortige Annahme meines Vorschlags ermutigt mich zu der Hoffnung, daß mein heutiger Besuch nicht ergebnislos verlaufen wird.«

Es war das erste Mal, daß Chamberlain in einem Flugzeug saß. Über dem Kanal schien noch die Sonne, doch über dem Rheintal geriet die Maschine in einen Sturm, der dem prominenten Passagier gehörig zusetzte. Der 69jährige hielt sich tapfer.

»Ich habe den Flug recht gut überstanden, obgleich wir unterwegs zum Teil schlechtes Wetter hatten und ich noch nie in meinem Leben in einem Flugzeug gesessen habe. Aber ich bin zäh und borstig«, beschied er Ribbentrop, der ihn auf dem Münchener Flughafen empfing. Ganz konnte er es sich freilich nicht verkneifen, auf die Unbequemlichkeiten hinzuweisen, die er um des Friedens willen auf sich genommen habe. Doch Ribbentrop war nicht der Mann, um Opfer zu würdigen, die andere für den Weltfrieden auf sich nahmen. Statt dessen ärgerte er sich zunächst einmal, daß die Münchner Bevölkerung den englischen »Friedensengel« freundlich und hoffnungsvoll begrüßte. Die Fahrt im offenen Auto vom Flughafen zum Bahnhof wurde ein Triumphzug für Chamberlain – ein Empfang, der ehrlicher gemeint war als der Jubel für Mussolini ein Jahr zuvor.

Im Sonderzug von München nach Berchtesgaden überreichte Ribbentrop dem britischen Premier einen Aufruf, den Konrad Henlein gerade über Rundfunk verbreitet hatte: »Heim ins Reich.« Zum ersten Mal wurde Chamberlain mit dieser Forderung der Sudetendeutschen konfrontiert – ein Vorgeschmack auf das, was ihn auf Hitlers Berghof erwartete. Auch der Blick aus dem fahrenden Zug konnte den Staatsgast kaum beruhigen. Militärkolonnen, Geschütze, Munitionstransporte – drei Stunden lang hatte es den Anschein, als habe sich die gesamte Wehrmacht zur Truppenparade zwischen München und Berchtesgaden versammelt. Nichts konnte besser demonstrieren, wie notwendig die britische Mission zu sein schien, als die in den oberbayrischen Himmel ragenden Geschützrohre des Hauses Krupp.

Gegen 16 Uhr 30 erreichte der Sonderzug Berchtesgaden. Chamberlain war jetzt fast acht Stunden unterwegs. Für eine Ruhepause blieb jedoch keine Zeit, es ging sofort im Auto vom Hotel zum Konferenzort auf dem Obersalzberg. Den Reiz der Landschaft konnte der Gast nicht wahrnehmen, Nebel und Nieselregen schufen eine eher triste Atmosphäre.

Vor dem Berghof empfing eine Ehrenwache der SS den britischen Premier. Der Hausherr kam seinem Gast auf der großen Treppe nur auf halbem Wege entgegen. Dem Protokoll entsprach das nicht. Dem labilen Selbstbewußtsein Hitlers war jedes Mittel recht, um vermeintliche Überlegenheit zu demonstrieren.

Der Nachmittagstee schien sich endlos hinzuziehen, da fragte Hitler plötzlich, wie sich Chamberlain die Konferenz denn vorstelle: allein oder in Gegenwart der Mitarbeiter? Der Premierminister hatte außer einem Sicherheitsbeamten nur zwei Berater mitgebracht. Er schlug ein Gespräch unter vier Augen vor, nur Paul Schmidt, der Chefdolmetscher, sollte zugezogen werden. Ribbentrop wurde blaß. Wieder einmal fühlte sich der deutsche Ex-Botschafter in London von Engländern düpiert. Als Hitler und Chamberlain in das »Arbeitszimmer des Führers« zum ersten Stock hinaufstiegen, blieb ein beleidigter Außenminister zurück.

Das Gespräch begann mit dem üblichen Monolog Hitlers: das Unrecht von Versailles, der Aufstieg der Partei, die Einkreisung Deutschlands. Er legte Chamberlain eine schier endlose Liste von »Übergriffen der Tschechen« vor. Der Premierminister hörte eine detaillierte Schilderung des Unrechts, unter dem die Sudetendeutschen seit Versailles zu leiden hätten. Auch Klagen über die britische Presse, deren Kritik an Deutschland von Hitler als »Einmischung« zurückgewiesen wurde, fehlten nicht.

Ruhig wies Chamberlain auf die in seinem Land geltende Pressefreiheit hin. Doch gerade diese ruhige Antwort stachelte Hitler erst recht an. Allmählich redete er sich in Rage: Immer wieder attackierte er die tschechische Politik, wüste Beschimpfungen richteten sich vor allem gegen Benesch, den tschechischen Staatschef, den Hitler als Hauptverantwortlichen hinstellte. Der Premierminister bewahrte weiter Ruhe, erklärte aber seine Bereitschaft, alle deutschen Beschwerdepunkte zu prüfen und nach Lösungen zu suchen. Voraussetzung sei, daß unter allen Umständen Gewaltanwendung ausgeschlossen bleiben müsse.

Mittlerweile war draußen Sturm aufgezogen. Drinnen steuerte das Gespräch auf Konfliktkurs. Hitler fuhr auf:

»Gewalt, wer spricht von Gewalt? Herr Benesch wendet diese Gewalt gegen meine Landsleute im Sudetenland an. Herr Benesch hat im Mai mobilisiert und nicht ich. Ich lasse mir das nicht länger bieten. Ich werde in kürzester Frist diese Frage – so oder so – aus eigener Initiative regeln.«

»So oder so« – zum ersten Mal benutzte Hitler diese Formel einem ausländischen Staatsmann gegenüber. Dolmetscher Schmidt übersetzte völlig korrekt, sein »one way or another« gab die Warnung aber nur unvollständig wieder. »So oder so«, das war ein Fehdehandschuh, denn es hieß: entweder – oder. Entweder gaben die Tschechen nach und erfüllten freiwillig alle Forderungen, oder es drohte die gewaltsame Lösung: der Einmarsch. Krieg oder Kapitulation, das hieß »so oder so«. Chamberlain hatte die Drohung bemerkt:

»Wenn ich Sie richtig verstanden habe, dann sind Sie entschlossen, auf jeden Fall gegen die Tschechoslowakei vorzugehen?«

Nach einer fast endlos scheinenden Pause gab er die Antwort auf diese rhetorische Frage selbst:

»Wenn das Ihre Absicht ist, warum haben Sie mich dann überhaupt erst nach Berchtesgaden kommen lassen? Unter diesen Umständen ist es das beste, wenn ich gleich wieder abreise. Es hat ja anscheinend doch alles keinen Zweck mehr.«

Hitler zögerte einen Augenblick. In diesem Moment ging es tatsächlich, wie Ribbentrops Staatssekretär von Weizsäcker auf der Fahrt nach Berchtesgaden zu Schmidt gesagt hatte, »um Krieg oder Frieden«. Wenn Hitler es tatsächlich zum Krieg kommen lassen wollte, dann war jetzt die günstige Gelegenheit gekommen.

Doch das Erstaunliche geschah. Der Hasardeur Hitler wechselte abrupt vom hysterischen Aufbrausen zur völligen Ruhe, vom aufgeregten Schreien zu einer beherrschten Antwort:

»Wenn Sie für die Behandlung der Sudetenfrage den Grundsatz des Selbstbestimmungsrechtes der Völker anerkennen können, dann können wir uns anschließend darüber unterhalten, wie dieser Grundsatz in die Praxis umgesetzt werden kann.«

Chamberlain hatte offensichtlich den richtigen Ton getroffen, sein Gegenüber wich zurück. Es gibt manche Theorien, warum Hitler es in Berchtesgaden nicht zum Äußersten kommen ließ. Mußte man dem »großen Führer« also nur energisch genug entgegentreten, um ihn zur Vernunft zu bringen? So sahen und sehen es zumindest die Gegner der *Appeasement*-Politik. Feigheit oder Friedensliebe, Unentschlossenheit oder gar Angst? Solche Interpretationen führen in die Irre. Es war viel einfacher: In Berchtesgaden hatten sogar die in dieser Hinsicht sehr erfinderischen Nationalsozialisten keinen Grund gefunden, der vor der Weltöffentlichkeit als Rechtfertigung für den Einmarsch in die Tschechoslowakei hätte benutzt werden können. Nicht, daß Hitler auf die öffentliche Meinung besonderen Wert gelegt hätte – aber auch bei anderen Gelegenheiten, von der »Erledigung der Rest-Tschechei« bis hin zum Angriff auf Polen, gab es doch zumindest ansatzweise den Versuch einer Legitimation. Wie aber hätte man

nach Berchtesgaden eine militärische Aktion rechtfertigen können? Der britische Premier war doch gerade gekommen, um das
zu verhindern. Und einen Anlaß, ihn für das Scheitern seiner Mission verantwortlich zu machen, hatte er nicht gegeben. Und diese
Situation nutzte Chamberlain. Der Regierungschef Seiner Majestät, in zahlreichen Unterhausschlachten gestählt, setzte sofort
nach und ging zum Gegenangriff über:

»Wenn in Anwendung des Selbstbestimmungsrechtes in der
Tschechoslowakei eine Volksabstimmung unter den Sudetendeutschen abgehalten würde, wären die Schwierigkeiten unge-
heuer.«

Hitler blieb ruhig, obwohl ihn diese Feststellung Chamberlains
noch einmal provozierte. Der Premierminister fuhr, noch selbst-
bewußter werdend, fort:

»Wenn ich Ihnen eine Antwort auf die Frage des Selbstbestim-
mungsrechts geben soll, muß ich mich erst mit meinen Kabi-
nettskollegen in England beraten. Ich schlage daher vor, daß wir
unsere Unterhaltung an diesem Punkt abbrechen und ich sofort
nach England zurückkehre, um diese Rücksprache zu halten und
mich dann erneut mit Ihnen zu treffen.«

Abbruch der Gespräche? Hitler wurde unruhig. Erst als er
hörte, daß Chamberlain sich nur mit seinem Kabinett beraten
wollte, entspannte er sich wieder. Der Premierminister hatte
durchblicken lassen, daß er einer Abtretung des Sudetengebiets
wohlwollend gegenüberstehe. Wenn man also jetzt nicht zu
einem Ergebnis kommen konnte und ein weiteres Treffen notwendig wurde, so lag das wieder einmal nur an der Schwäche dieses parlamentarischen Systems, in dem der Regierungschef nicht
entscheiden durfte, ohne die Zustimmung anderer einzuholen.
Dem bedauernswerten Chamberlain konnte man auch noch zusagen, daß von deutscher Seite in der Zwischenzeit keine Gewalt
gegen die Tschechen angewandt werde, es sei denn – ein kleines
Schlupfloch wollte Hitler sich doch offenhalten –, daß es zu »be-

sonders unerhörten Zwischenfällen« von tschechischer Seite komme.

Die Stimmung des »Führers« hatte sich gebessert, er kam dem Premier in einem weiteren Punkt im wahrsten Sinne entgegen: Um Chamberlain die weite Reise zu ersparen, schlug Hitler Bad Godesberg als nächsten Verhandlungsort vor – das »Rheinhotel Dreesen«.

Das Gespräch endete nach fast drei Stunden in einer, den Verhältnissen entsprechend, relativ harmonischen Atmosphäre. Für den einzigen Eklat sorgte Ribbentrop, der verärgert in der Halle zurückgeblieben war. Seine Rache kam am nächsten Tag: Es zählte zur diplomatischen Praxis, daß der Dolmetscher ein Protokoll der Verhandlungen anfertigte und den Gesprächspartnern vorlegte, die sich dann nach einigen Änderungen mit dem Text einverstanden erklärten. Entsprechend wollte Schmidt auch nach diesem Gespräch verfahren. Doch hatte er die Rechnung ohne den Minister gemacht. Der in seiner Eitelkeit gekränkte Ribbentrop verbot dem überraschten Schmidt, daß Chamberlain eine Abschrift des Protokolls ausgehändigt wurde:

»Sie glauben wohl, Sie sind noch in Genf, wo jeder jedem alle geheimen Papiere übergeben konnte, wo alles *frère et cochon* war, so etwas gibt es im nationalsozialistischen Deutschland nicht mehr, diese Aufzeichnungen sind ausschließlich für den Führer bestimmt, merken Sie sich das bitte.«

Botschafter Henderson, der schon beim Diktieren des Protokolls immer wieder nachgefragt hatte, weil Chamberlain möglichst bald nach London zurückkehren wollte, mußte unverrichteter Dinge abziehen. Dabei blieb es Schmidt überlassen, ihm zu erklären, daß er den Bericht nicht aushändigen dürfe, weil, so die wenig überzeugende offizielle Version, eine schriftliche Fixierung der Unterhaltung den Charakter einer persönlichen Aussprache von Mann zu Mann nehmen würde.

Die britische Delegation war verärgert. Chamberlain hatte sich darauf verlassen, eine Mitschrift des Gesprächsverlaufs zu erhalten. Eine entsprechende Gedächtnisstütze benötigte er vor allem, um bei den nun anstehenden Verhandlungen im britischen Kabinett auch auf Einzelheiten eingehen zu können. Erst am 21. September, zu einem Zeitpunkt, als sich aus deutscher Sicht die Lage grundlegend geändert hatte, bequemte sich Ribbentrop doch noch, Chamberlain das mittlerweile überholte Protokoll nachträglich auszuhändigen. Bei den späteren Treffen nahm Chamberlain Sir Ivone Kirkpatrick – später Großbritanniens Hoher Kommissar in der Anfangszeit der Bundesrepublik – als Dolmetscher mit. Nachdem Hitlers Außenminister gesehen hatte, wie erfolgreich hochrangige ausländische Gesprächspartner durch solche Sticheleien zu verärgern waren, praktizierte er diese Schikane in der Folgezeit noch häufiger. Ob Freund, ob Feind, war dabei von geringerer Bedeutung: Selbst Mussolini mußte einmal der Kopie eines Gesprächs mit Hitler hinterherlaufen.

Der erste Aufenthalt Chamberlains auf deutschem Boden hatte nur knapp vierundzwanzig Stunden gedauert. Am 16. September flog er von München nach London zurück. Sein Empfang war überwältigend. Die schon damals eher spröde »Times« verpflichtete den Dichter John Masefield für ein hymnisches Begrüßungsgedicht:

»As Priam to Achilles for his Son,
So you, into the night, divinely led,
To ask that young men's bodies, not yet dead,
Be given from the battle not begun.«

»Wie Priam zu Achill für seinen Sohn
So fuhrst du durch die Nacht, von Gott geleitet
Zu bitten für das Leben junger Männer, die noch nicht
gefallen waren in der Schlacht,
die uns bis heute ist erspart geblieben.«

Auch Chamberlain war mit sich zufrieden. An seine Schwester schrieb er:

»Es war mir gelungen, ein gewisses Vertrauen herzustellen, und das war meine Absicht gewesen. Auf meiner Seite hatte ich trotz der Härte und Rücksichtslosigkeit, die ich glaubte, in seinem Gesicht zu sehen, den Eindruck, daß man sich auf diesen Mann verlassen könnte, wenn er einem sein Wort gegeben hatte.«

Dies freilich sollte sich als folgenschwerer Irrtum herausstellen, denn Hitler war grundsätzlich bei seiner Absicht geblieben, in Prag einmarschieren zu wollen. Nur wenn unbedingt notwendig, wollte er einstweilen dem Vermittlungsvorschlag Chamberlains zustimmen.

Wie hatte er doch dem Führer der Sudetendeutschen gesagt? Man müsse den Tschechen Bedingungen stellen, die sie einfach nicht annehmen könnten. Und warum sollte das nur für Henlein gelten?

Entsprechende Vorahnungen gab es bei der deutschen Opposition im diplomatischen Korps und im Auswärtigen Amt. Als etwa Erich Kordt von seinem Bruder Theodor, Legationsrat an der deutschen Botschaft in London, über den euphorischen Empfang, den die englische Öffentlichkeit Chamberlain bereitet hatte, informiert wurde, raubte er ihm alle Illusionen: »Ich stelle unser Elternhaus weiter zum Verkauf.« Das war das geheime Codewort der beiden Brüder, um die Gestapo, die Kordts Telefongespräche abhörte, in die Irre zu führen. Der Verkauf des Elternhauses, das hieß: es besteht weiterhin große Kriegsgefahr. Theodor hätte sich mit seiner ersten spontanen Reaktion fast verraten: »Der Kerl kann doch nicht…« Doch, der Kerl konnte, er wartete nur auf den geeigneten Augenblick, auf seine große Stunde – und seine Chancen standen gar nicht schlecht.

Hitler rechnete mit Schwierigkeiten, die Chamberlain zunächst im britischen Kabinett, aber auch beim französischen Bündnispartner und schließlich bei der tschechoslowakischen Regierung haben würde. Und in der Tat, es war keineswegs sicher, daß er die verschiedenen Hürden würde überspringen können. Auf Chamberlain wartete noch eine Menge Arbeit.

Der erste Schritt war dabei noch verhältnismäßig einfach: Der Sonderbotschafter Lord Runciman wurde am 18. September aus Prag zurückgerufen. Er hatte sich vor Ort im Auftrag Chamberlains ein eigenes Bild über die Lage gemacht und ausgiebig mit der tschechoslowakischen Regierung gesprochen. Darüber konnte er nun in London Bericht erstatten. Und der lag ganz auf Chamberlains Linie. Runciman war zu der Auffassung gelangt, daß »die Angliederung der Sudetengebiete an das Reich unvermeidlich zu sein scheint. Es wäre bei dieser Lage das Klügste, wenn die Abtretung der Gebiete ohne große Diskussion und in kürzester Frist erfolgt.«

Dieser Kernsatz hätte auch aus der Feder des britischen Premiers stammen können. Er erfüllte seinen Zweck, das Kabinett, in dem auch Gegner der *Appeasement*-Politik saßen, zu beeindrucken. Die Minister unterstützten nach Lord Runcimans Bericht die Bestrebungen ihres Premiers.

Die nächste Hürde sollte höher sein: Es galt, auch die Franzosen für die Abtretung der Sudetengebiete an Deutschland zu gewinnen. Dazu lud der britische Premier seinen französischen Kollegen und dessen Außenminister zu einer bilateralen Konferenz nach London ein. An eine Teilnahme von Vertretern der Tschechoslowakei, um deren Schicksal es schließlich ging, dachte niemand.

Professor Jacques Bariéty, Frankreich:

Die Bevölkerung in Frankreich stand immer noch unter dem schrecklichen Eindruck der Erinnerungen an den Ersten Weltkrieg und wollte vor allem den Frieden. Sie war dafür bereit, wenn nötig.

Konzessionen zu machen. Andererseits gibt es in Frankreich dann aber auch soziale Spannungen, die noch im November 1938 zu einem Generalstreik führen sollten. Die große Frage war, wohin sollte das Geld? Aufrüsten oder eine bessere Bezahlung für die Staatsbeamten und Angestellten?

Widersprüche gab es auch in politischen Kreisen. Die Regierung selbst war in sich gespalten. Der Regierungschef Daladier war zu der Überzeugung gekommen, daß die Gefahr eines neuen Krieges schon wieder da war und wollte Frankreich politisch, wirtschaftlich und militärisch darauf vorbereiten. In der Regierung aber war auch eine Friedenspartei, deren Chef der Außenminister Bonnet war. Daladier mußte diese Leute in seiner Regierung aus Gründen der parlamentarischen Arithmetik akzeptieren, um eine Mehrheit im Parlament zu haben.

Die französische Armee schließlich hatte damals außer der Marine noch nicht damit angefangen, sich technisch zu modernisieren und für einen neuen Krieg vorzubereiten.

England war natürlich das Land, das Frankreich am nächsten war. Seit dem Ersten Weltkrieg führen Paris und London Gespräche. Aber es gibt kein Bündnis zwischen Frankreich und Großbritannien, kein diplomatisches Abkommen, eben nur Gespräche.

Mit der Tschechoslowakei hat Frankreich seit 1924 ein militärisches Bündnis. Den Bestimmungen dieses Bündnisses nach soll jeder der Kontrahenten, sei es Frankreich oder die Tschechoslowakei, sofort in den Krieg eintreten, wenn eines der beiden Länder angegriffen werden sollte. Im Laufe der tschechoslowakischen Krise haben Paris und London weiterhin Gespräche geführt. Aber die englische Regierung hat dabei ihre eigene Politik geführt und einen eigenen Vorstoß in Richtung Deutschland gemacht. Immer erst danach hat sie die französische Regierung darüber informiert, was sie schon unternommen hat.

Am 18. September, gegen Mittag, trafen sich Daladier und Bonnet in Downing Street Nr. 10 mit Chamberlain und einigen Kabinettsmitgliedern. Auch enge Berater des Premiers nahmen an der Sitzung teil. Die Besprechung begann mit einem kurzen Bericht Chamberlains über seine Reise nach Berchtesgaden und die Mission Runcimans in Prag. Beide Reiseberichte endeten mit der Empfehlung, das Sudetenland an Deutschland abzutreten. Die deutsche Parole: »Heim ins Reich« hatten Briten und Franzosen mittlerweile schon innerlich akzeptiert. Grundsätzlich waren sich Daladier und Chamberlain zwar darin einig, daß den Sudetendeutschen das Selbstbestimmungsrecht zugestanden werden sollte, aber die tschechische Regierung hatte bislang immer abgelehnt, den Deutschen im Sudetenland entgegenzukommen. Damit befanden sich beide Staatsmänner in einer Zwickmühle: Die Franzosen hatten in einem Beistandspakt der Tschechoslowakei Unterstützung für den Fall eines deutschen Angriffs zugesichert. Wenn sich Prag nun weiterhin weigerte, die Forderungen Henleins und Hitlers zu erfüllen, dann würde über kurz oder lang die deutsche Wehrmacht einmarschieren. Die Franzosen wären dann gezwungen, den Tschechen zu Hilfe eilen oder vertragsbrüchig werden zu müssen. Aber auch London durfte sich nicht den Schwarzen Peter zuschieben lassen, wenn Paris möglicherweise Prag im Regen stehen ließ. Beide Seiten hatten also ein Interesse daran, daß Frankreich seinen Vertrag mit der Tschechoslowakei aufkündigen oder sogar brechen könnte.

Chamberlain versuchte, Daladier eine goldene Brücke zu bauen: Die französische Beistandsverpflichtung gelte nur für einen unprovozierten Angriff. Wenn Prag die Sudetengebiete freiwillig abtrete, stelle sich diese Frage doch gar nicht. Sowohl London als auch Paris könnten das Gesicht wahren, wenn man Prag dazu bringen würde, einen Teil des Staatsgebietes an Hitler abzutreten. Hier sei Überzeugungsarbeit zu leisten. Überzeugen könne man durch Argumente. Im Fall der tschechischen Regierung schien es Daladier jedoch noch aussichtsreicher, die angestrebte Überzeugung durch »freundschaftlichen Druck« herbeizuführen. Sein Außenminister erklärte später im französischen Kabinett, daß es darauf ankomme, »den französisch-tschechischen Vertrag zu ›interpretieren‹«.

Zur Entlastung der Briten und Franzosen ist jedoch ein wichtiges Ereignis zu erwähnen, das es Chamberlain erleichtert und Daladier vielleicht sogar erst ermöglicht hatte, leichten Herzens auf staatsmännischen Anstand zu verzichten: Unter dem Einfluß der Chamberlain-Reise hatte Benesch seine Haltung geändert. Am 17. September ließ er nacheinander den britischen und den französischen Botschafter zu sich bitten und teilte ihnen »vertraulich« mit, daß er unter gewissen Umständen auf einen Teil der Gebiete mit deutscher Bevölkerung verzichten wolle. Eine kleine Ecke von Böhmen, den Glatzer Zipfel im Süden, den Saum zur schlesischen Grenze und ein kleines Stück im Nordosten – das könne Hitler haben.

Beide Botschafter unterrichteten daraufhin sofort ihre Regierungen. Wenn man einer ausländischen Regierung etwas Wichtiges mitteilen will und auf eine sofortige Unterrichtung Wert legt, dann gehört es zu den wirkungsvollsten Mitteln, seine Nachricht als »vertraulich« einzustufen. Man kann dann davon ausgehen, daß die Mitteilung den Adressaten unverzüglich erreicht. Diese diplomatischen Gebräuche waren natürlich auch Benesch bekannt.

Um ganz sicher zu gehen, schob er eine zusätzliche Meldung nach. Über seinen Gesundheitsminister Necas ließ er, ebenfalls am 17. September, Leon Blum und Daladier in Paris eine Karte überreichen, in die mit Rotstift die abzutretenden Gebiete eingezeichnet waren. In einem sechsseitigen Schriftstück, das auf einer Schreibmaschine geschrieben und mit zusätzlichen handschriftlichen Bemerkungen Beneschs versehen war, erläuterte er seine ausdrückliche Bereitschaft zu einer friedlichen Lösung.

Eine entsprechende Nachricht ließ er später auch in London zustellen. Beide Male vergaß er nicht, darauf hinzuweisen, daß er schließlich von Anfang an kompromißbereit gewesen sei. Schon in Versailles habe er angeboten, einige Teile des der Tschechoslowakei zugeschlagenen Sudetenlandes dem Deutschen Reich zu geben.

Hier schien das Erinnerungsvermögen Beneschs nach fast zwanzig Jahren freilich doch etwas getrübt. Auch jetzt war das Angebot keineswegs so weitreichend, wie der Präsident dies glauben machen wollte: Denn die drei von ihm genannten Landesteile lagen alle vor dem eigentlichen Verteidigungswall, den die Tschechen im Sudetengebiet zur Abwehr eines deutschen Angriffs errichtet hatten; und außerdem gab es auch in anderen Gebieten, die Benesch weiter bei der Republik belassen wollte, einen ebenso hohen deutschen Bevölkerungsanteil. Dieses Zugeständnis war für die Sudetendeutschen also kein besonderer Anreiz. Dennoch markiert das Angebot einen grundlegenden Wandel in der Haltung der Prager Regierung: Benesch lehnte eine Gebietsabtretung nicht mehr kategorisch ab! Dieser Entschluß war zwar nicht freiwillig gefaßt worden, aber Benesch war klug genug zu sehen, wie sich die Dinge entwickelten. Mehr der Not gehorchend als dem eigenen Triebe, versuchte er zu retten, was zu retten war. Allerdings kamen diese Zugeständnisse nicht mehr rechtzeitig. Der Zeitpunkt, zu dem man hoffen konnte, Hitler durch solche »Kleinigkeiten« zufriedenzustellen, war längst vorbei. Für Benesch hatte die zu späte Einsicht jedoch zwei recht negative Folgen: Briten und Franzosen wurde es erleichtert, Hitlers Vorschlägen zuzustimmen. Wenn schon die Tschechen selbst auf einen Teil ihres bisherigen Staatsgebietes verzichten wollten, warum hätten sich London und Paris weiter für Prag engagieren sollen? *Mourir pour les Sudetes? – Non.* (»Für die Sudetendeutschen sterben? – Nein.«) Die Dämme waren gebrochen. Alles andere war nur noch eine Frage von Quadratkilometern. Benesch hatte das Gegenteil von dem erreicht, was in seinen Absichten lag.

Aber es sollte für ihn, wenn auch erst sieben Jahre später, noch schlimmer kommen. Im Lauf des Krieges war das Dokument, in dem Benesch den Gebietsabtritt angeboten hatte, in die Hände Stalins geraten. Benesch, der im Exil nach Neugründung der tschechoslowakischen Republik vollmundig erklärt hatte, nie freiwillig den nationalsozialistischen Forderungen nachgegeben und jeden Zentimeter gegen die Deutschen verteidigt zu haben, war mit den sechs Schreibmaschinenseiten erpreßbar geworden. Und Stalin war der letzte, der sich eine solche Gelegenheit hätte entgehen lassen. Er machte davon nach 1945 regen Gebrauch. Das trug mit bei zu Beneschs Ende.

Zunächst waren aber erst einmal Chamberlain und Daladier dabei, reinen Tisch zu machen und das Sudetenproblem »ein für allemal zu lösen«. Dazu war es notwendig – und darauf wies Chamberlain ausdrücklich hin –, dem Deutschen Reich nach Möglichkeit alle Gebiete zuzuschlagen, in denen der deutsche Bevölkerungsanteil über 50 Prozent lag. Um jedoch nicht völlig das Gesicht zu verlieren, versuchten die Franzosen, sich wenigstens in zwei Punkten durchzusetzen: Daladier wollte Chamberlain die Idee einer Volksabstimmung ausreden und London für eine Garantie der neuen Grenzen des tschechischen Staates gewinnen. Die Briten hatten gegen eine Volksabstimmung grundsätzlich nichts einzuwenden, aber Daladier und Benesch fürchteten diese Lösung. An sich lag der Gedanke einer Volksabstimmung nahe, hatte doch der Westen den Ersten Weltkrieg für das Selbstbestimmungsrecht der Völker geführt. Hitler war es gelungen, den britisch-französischen Verrat an diesem Prinzip anzuprangern und für die Sudetendeutschen die Einhaltung des Rechts auf Selbstbestimmung zu fordern. Dem konnte Daladier jedoch im Interesse der Tschechoslowakei nicht zustimmen. Die

Sudetendeutschen waren nicht die einzige nicht-tschechische
Volksgruppe im tschechischen Staatsgebiet. Eine Volksabstimmung hätte auch von anderen unzufriedenen Minderheiten beansprucht werden können. Und unzufriedene Minderheiten gab
es in diesem kleinen Staat genug: Ungarn, Polen, Ruthenen,
Ukrainer, auch Slowaken – es war ein buntes Gemisch, das sich
auf dem Gebiet der Tschechoslowakei zusammengefunden hatte.
Ein konsequent angewandtes Selbstbestimmungsrecht hätte eine
Lawine losgetreten und das Ende des Staates bedeutet. Neue,
kleinere Nationalstaaten würden sich gegenüber den mächtigen
Nachbarn aber nicht lange halten können. An einer solchen Zerstückelung konnte Frankreich nicht gelegen sein. Selbstbestimmungsrecht hin oder her – im Interesse der französischen Sicherheit mußten politische Prinzipien zurückstehen, nicht zum
ersten und auch nicht zum letzten Male.

Auch im zweiten Punkt konnte Daladier sich durchsetzen.
Nach zähen Beratungen hatte sich die britische Regierung dazu
durchgerungen, die neu zu ziehenden Grenzen zwischen dem
Deutschen Reich und der Tschechoslowakei zu garantieren. Für
britische Verhältnisse war das ein ungewohntes Engagement auf
dem Kontinent.

Beides, der Verzicht auf die Volksabstimmung und die britische Grenzgarantie, sollten der Zucker sein, mit dem den Tschechen der bittere Geschmack erzwungener Gebietsverluste ver-
süßt werden konnte. Und dann war da natürlich auch noch die
diplomatische Formulierungskunst: Wie man einem Todesurteil
sprachlich geschickt den Anstrich ewigen Lebens gibt – dafür
waren die beiden Noten, die London und Paris am Nachmittag
des 19. September nach Prag absandten, ein Lehrbeispiel. Die
acht Punkte, in denen beide Mächte die Ergebnisse der Minister-
besprechung zusammengefaßt hatten, begannen mit einem Hinweis auf die Reisen Chamberlains und Runcimans. Man sei nun
überzeugt, daß »das weitere Verbleiben der hauptsächlich von

Sudetendeutschen bewohnten Bezirke innerhalb der Grenzen des tschechoslowakischen Staates tatsächlich nicht mehr ohne eine Gefährdung der Interessen der Tschechoslowakei selber und des europäischen Friedens möglich ist«.

Um keine Interpretationsspielräume durch unterschiedliche Formulierungen zu ermöglichen, waren beide Noten gleichlautend abgefaßt worden. Der Kernsatz lautete:

»Im Lichte dieser Erwägungen sind beide Regierungen zu der Schlußfolgerung veranlaßt worden, daß die Aufrechterhaltung des Friedens und der eigenen Lebensinteressen der Tschechoslowakei nur dann wirksam gesichert werden können, wenn diese Gebiete jetzt an das Reich abgetreten werden.«

Nicht nur im Interesse des Friedens, sondern auch aus eigenem Lebensinteresse sollte die Tschechoslowakei nun definitiv auf die Gebiete verzichten, in denen über 50 Prozent Deutsche lebten.

Direkte Gebietsabtretungen hätten einen großen Vorzug: Sie könnten als Sonderfälle behandelt werden, während Volksabstimmungen auch von anderen Minderheiten beansprucht werden würden. Die Grenzziehung sollte durch eine internationale Kommission erfolgen, in der auch die Tschechoslowakei vertreten sein würde. Bei der schon beschlossenen Amputation durfte also der Betroffene selbst mit Hand anlegen.

Ein »Bevölkerungsaustausch« könne vorgenommen werden: Diese Vokabel muß die tschechische Regierung besonders nachhaltig beeindruckt haben; zumindest erinnerte sie sich nach dem Krieg mit großer Nachdrücklichkeit an diesen Vorschlag.

Dann kam der Zuckerguß für diese bittere Pille, die Briten und Franzosen den Tschechen verordneten: Die Londoner Regierung erklärte sich bereit, »einer internationalen Garantie der neuen Grenzen« gegen einen nicht provozierten Angriff« beizutreten. Das waren die Bedingungen, die für die Westmächte zur »Aufrechterhaltung des Friedens« notwendig waren. Und da es immerhin um den Frieden ging, hatten sie es eilig. Man wollte den deutschen Diktator nicht warten lassen:

»Der Premierminister muß seine Besprechung mit Herrn Hitler spätestens am Mittwoch wieder aufnehmen. Wir bitten Sie daher um eine so frühzeitige Antwort wie möglich.«

Als Georges Bonnet die diplomatische Note in Paris dem tschechischen Gesandten Osusky erläuterte, machte der aus seiner Enttäuschung keinen Hehl. Vor Journalisten, die gespannt vor dem Quai d'Orsay gewartet hatten, brachte er die britisch-französischen Vorschläge auf den Punkt:

»Sie sehen vor sich einen Menschen, der soeben zum Tode verurteilt worden ist, ohne sich verteidigen zu dürfen.«

Auch in Prag, wo es Londons Botschafter Basil Newton übernommen hatte, Benesch von den Ergebnissen der Londoner Besprechung zu informieren, war die Reaktion eindeutig: »Also läßt man die Tschechoslowakei doch im Stich«, äußerte ein deprimierter tschechischer Staatschef. Selbst der britischen Garantiebereitschaft konnte er nichts abgewinnen. Die Garantien, die sein Land bereits besäße, hätten sich als wertlos erwiesen.

Auf die Befürchtung Beneschs, diese Lösung sei nur eine Station auf dem Weg zur vollständigen Eroberung seines Landes durch Hitler, ging der Botschafter nicht ein. Sein größtes Problem war der Zeitplan: Die vorgeschlagenen Vereinbarungen müßten so rasch wie möglich ratifiziert werden, denn Chamberlain wolle die Gespräche mit Hitler in zwei Tagen wieder aufnehmen. Zwei Tage, bis zum 21. September: so lange wollte man den Tschechen eine Galgenfrist gewähren; zwei Tage, aus denen die fünfzig dramatischsten Stunden in der Geschichte der Tschechoslowakei wurden.

Unmittelbar, nachdem die Noten der Westmächte übergeben worden waren, trat das tschechische Kabinett um 14 Uhr zu einer Sondersitzung zusammen. Sie dauerte bis in die frühen Morgenstunden des folgenden Tages. Dann ging man ohne ein konkretes Ergebnis auseinander. Der französische Botschafter de Lacroix schickte um 13 Uhr 30 ein Telegramm an seinen Außenminister:

»Die tschechische Regierung scheint zwischen zwei Lösungen zu schwanken: entweder grundsätzliche Annahme des Planes mit gewissen Einschränkungen; oder Anrufung des Schiedsvertrages zwischen Deutschland und der Tschechoslowakei.«

Der angesprochene Vertrag vom 16. Oktober 1926 sah vor, daß in Streitfällen zwischen dem Deutschen Reich und der tschechoslowakischen Republik ein Schiedsgericht die Probleme regeln sollte. Diese Art der Konfliktlösung war noch von den Politikern der bei den Nazis so verhaßten Weimarer Republik ausgehandelt worden. Zwar hatte Hitler diesen Vertrag nie gekündigt, aber zu diesem Zeitpunkt konnte nicht mehr damit gerechnet werden, daß sich der deutsche Diktator auf ein solches Vorgehen einlassen würde. Auch Bonnet wußte: Wenn sich die Tschechen für diesen Weg entschieden, bedeutete das Krieg. Deshalb wies er de Lacroix an, er müsse Benesch unbedingt von dieser Lösung abbringen und ihm unmißverständlich klarmachen, welche Folgen dies für sein Land habe. Bis 15 Uhr erwarte man eine Entscheidung. Die Frist verstrich, ohne daß aus Prag von einer Entscheidung zu hören war. Beobachter registrierten Truppenbewegungen an der deutsch-tschechischen Grenze. In London und Paris liefen Meldungen ein, daß auf deutscher Seite dreißig Divisionen, zum Teil mit schwerer Bewaffnung, zusammengezogen würden. Noch immer herrschte zwischen Prag und Paris Schweigen. Nicht nur Bonnets Unruhe wuchs.

Die Polen wurden im französischen Außenministerium vorstellig. Sie versuchten, von Hitler angestachelt, sich eine Scheibe aus dem tschechischen Kuchen abzuschneiden. Auch Reden des polnischen Außenministers Beck ließen erkennen, daß Polen die günstige Gelegenheit nutzen wollte, seine langgehegten Ansprüche auf das Gebiet um Teschen zu befriedigen – die Tschechoslowakei als Selbstbedienungsladen. Aus Prag war noch immer nichts zu hören. Dort war erneut das Kabinett zusammengetreten. Von den Beratungen drang jedoch nichts an die Öffentlichkeit.

Um 19 Uhr 30 begann der Fernschreiber zu ticken. Prag an Paris, de Lacroix an Bonnet: Aus gut unterrichteten Kreisen habe er erfahren, daß in Kürze das Ergebnis der Beratungen zu erwarten sei. Die Antwort des tschechischen Kabinetts werde entweder negativ ausfallen oder auf Zeitgewinn ausgerichtet sein. Benesch wolle eine endgültige Entscheidung hinauszögern.

Bonnet war verwirrt: Worauf wartete Prag? Der französische Außenminister überlegte zusammen mit dem britischen Botschafter Phipps weitere Maßnahmen. Man müsse Benesch noch eindeutiger erklären, daß bei Ablehnung der Vorschläge sowohl Frankreich als auch Großbritannien am weiteren Schicksal der Tschechoslowakei desinteressiert sein würden. Dann stünde Prag bei einem deutschen Angriff allein da.

Immer wieder wurde Bonnet zum Telefon gerufen. Daladier, seine Ministerkollegen, hohe Militärs – alle wollten neue Informationen. Bonnet mußte sie enttäuschen, Prag schwieg. Endlich, um 21 Uhr 25, meldete sich de Lacroix. Der tschechische Außenminister habe ihn und seinen englischen Kollegen gegen 20 Uhr zu sich gerufen und ihnen die Entscheidung der Prager Regierung mitgeteilt:

»Im Bewußtsein ihrer Verantwortung ... gibt die tschechoslowakische Regierung ihrer Überzeugung Ausdruck, daß die in dem Bericht enthaltenen Vorschläge nicht dazu angetan sind, das Ziel zu erreichen, das die britische und französische Regierung in ihren großen Bemühungen zur Erhaltung des Friedens anstreben.«

Das war eine glatte Ablehnung. In Paris und London waren die Politiker völlig konsterniert und ratlos. Was war geschehen? Wieso riskierte Prag plötzlich den offenen Konflikt mit England und Frankreich? Waren die westlichen Drohungen nicht deutlich genug?

Der offene Bruch mit den Verbündeten im Westen war keineswegs Ausdruck masochistischer Gesinnung. Des Rätsels Lösung lag im Osten: Prag war in den vergangenen Stunden nicht nur mit Kabinettssitzungen beschäftigt gewesen. Angeregt von einer Rede, die Litwinow, der sowjetische Volkskommissar des Äußeren, in Genf gehalten hatte, streckte Benesch seine Fühler auch nach Moskau aus. Litwinow hatte in Genf betont, daß die Sowjetunion ihren Beistandsvertrag mit der Tschechoslowakei einhalten werde. Dem sowjetischen Botschafter in Prag stellte Benesch daraufhin zwei Fragen: Würde die Sowjetunion ihre vertraglichen Verpflichtungen erfüllen? Würde sie ihrer Beistandspflicht auch dann nachkommen, wenn Frankreich es nicht täte? Gegen 19 Uhr kam aus Moskau die positive Antwort auf beide Fragen. Kurz darauf lehnte die Tschechoslowakei den britisch-französischen Vorschlag ab.

Professor Otto Novak, Tschechoslowakei:

Benesch gründete seine außenpolitische Konzeption auf zwei Verträge. Diese Verträge sind ein Torso der großen Idee von kollektiver Sicherheit in Europa. Dieser Torso entstand im Jahre 1935. Es war dies die Idee des Ostpakts, ein »Ost-Locarno«, ein Dreieck zwischen Paris, Moskau und Prag. Nach dem zweiten Artikel des Vertrages konnte die Tschechoslowakei sowjetische Militärhilfe nur dann bekommen, wenn Frankreich seine Zustimmung gab. Diese Festlegung bedeutete, daß in den Beziehungen zwischen Moskau und Prag der Schlüssel zur Verwirklichung der Militärhilfe in Paris lag. Das war entscheidend. Paris sollte über die mögliche Militärhilfe Moskaus für Prag entscheiden. Benesch war am Westen orientiert. Das war ein Erbe Masaryks. Er hatte klare Kon-

zeptionen für eine Kooperation mit den westlichen Alliierten. Im Jahr 1935 wußte er ganz sicher, daß Gefahr von seiten Deutschlands drohte. Deshalb suchte er eine neue Karte, einen neuen Alliierten. Moskau war vorbereitet. Und so entstand der tschechoslowakisch-sowjetische Vertrag vom Mai 1935 Ich denke, daß dieser Vertrag Zeichen für den Realismus Beneschs war. Er mußte für diesen Vertrag den Widerstand der tschechischen Rechten überwinden – und auch das Mißfallen der Konservativen in Jugoslawien und Rumänien. Denn diese Staaten waren im Rahmen einer eigenen Entente gleichfalls die Verbündeten der Tschechoslowakei.

Anfang September versuchte die Sowjetunion, eine Deklaration für die Tschechoslowakei zu organisieren, eine gemeinsame Garantie Englands, Frankreichs und der Sowjetunion für die Tschechoslowakei. Dann startete die Sowjetunion eine Initiative für Konsultationen des militärischen Stabs der tschechoslowakischen Armee mit den Stäben der französischen Armee und der Roten Armee. Außerdem nutzte Maxim Litwinow, Außenminister der Sowjetunion, eine Möglichkeit, in Genf vor dem Völkerbund Vorschläge zu unterbreiten: Er sprach für die Tschechoslowakei, er sprach gegen die Aggression der Deutschen, er wollte das System der kollektiven Sicherheit aktivieren. Am 21. September wurden 30 sowjetische Divisionen mobilisiert. Sie waren bereit zum Einsatz für die Tschechoslowakei. Der sowjetische Nachrichtendienst war auch vorbereitet. Aber die Frage der sowjetischen Hilfe ergibt sich aus dem Vertrag zwischen der Tschechoslowakei und der Sowjetunion. Danach brauchte die Tschechoslowakei eine Zustimmung Frankreichs, und sie mußte um militärische Hilfe bitten. Der Schlüssel zu der sowjetischen Hilfe lag in Paris. Benesch tendierte mehr zu den westlichen Alliierten. Und so konnte er diese Hilfe nicht ausnutzen.

Diese Antwort wurde von einer weiteren Seite beeinflußt und unterstützt. Auch die *Appeasement*-Gegner schliefen nicht. Winston Churchill versuchte, die Gegner Chamberlains und Daladiers zu sammeln. Mehrmals telefonierte er mit dem französischen Kolonialminister Mandel, der wiederum über gute Beziehungen zu Prag verfügte. Mandel nutzte seine Kontakte und rief Benesch in einem flammenden Appell zum Widerstand auf:

»Sie stehen an der Spitze eines freien und unabhängigen Volkes. Weder Paris noch London haben das Recht, Ihnen Ihre Haltung zu diktieren. Wenn Ihr Gebiet verletzt wird, sollten Sie keine Sekunde zögern, den Befehl an Ihre Armee zu geben, die Heimat zu verteidigen... Die ganze Welt wird Ihnen folgen, und Deutschland wird innerhalb von sechs Monaten ohne Mussolini und innerhalb von drei Monaten mit Mussolini geschlagen.«

Der *Duce* hätte sich kaum gefreut zu hören, wie hoch Mandel die italienische Leistungsfähigkeit einschätzte! Benesch aber hatte aus diesen Äußerungen etwas für ihn sehr viel Wichtigeres herausgehört: Die französische Regierung stand keineswegs geschlossen hinter dem Vorschlag Daladiers. In Prag nährten solche Äußerungen Spekulationen über einen möglichen Sturz des französischen Kabinetts. Die Hoffnung auf Unterstützung aus Moskau und die Aussicht auf eine neue Regierung in Paris, die wieder zur ursprünglichen Politik zurückkehren würde – das waren die beiden Strohhalme, nach denen Benesch griff, als er den britisch-französischen Vorschlag ablehnte.

Es sollte aber bald deutlich werden, daß beide Hoffnungen illusorisch waren, weil sie auf falschen Voraussetzungen beruhten. Das begann schon bei der Geographie: Die UdSSR und die Tschechoslowakei hatten keine gemeinsame Grenze. Eine militärische Unterstützung aus Moskau war nur mit einer Durchmarscherlaubnis der östlichen Nachbarn Prags, also mit Zustimmung Polens oder Rumäniens möglich. Aber Warschau erhob ebenfalls territoriale Ansprüche gegenüber Prag und hatte deshalb wenig Interesse an einer Rettung des ungeliebten Nachbarn. Ähnlich unrealistisch war die Hoffnung auf einen Regierungswechsel in Paris.

Deshalb gab es selbst im tschechischen Kabinett Kräfte, die für eine Annahme des westlichen Vorschlags plädierten. Für den tschechischen Ministerpräsidenten Hodscha war dies die letzte Chance auf eine friedliche Regelung.

Unmittelbar nach der Ablehnung, um 21 Uhr 30, konnte deshalb de Lacroix seinem Außenminister mitteilen, daß die Antwort der tschechischen Regierung nicht endgültig sei und Hodscha einen neuen Vorstoß unternehmen werde. Dieser Vorschlag wurde dann um 21 Uhr 50 nach Paris übermittelt. Frankreich solle, so bat Hodscha de Lacroix, in dieser Nacht »Benesch persönlich erklären, daß es im Falle eines Krieges zwischen Deutschland und der Tschechoslowakei wegen der sudetendeutschen Frage im Hinblick auf seine Vereinbarungen mit England nicht eingreifen werde«. Er, so Hodscha weiter, würde von dieser Erklärung Kenntnis nehmen und das Kabinett zusammenrufen, dessen Mitglieder unter diesen Umständen alle zum Nachgeben bereit wären. Auch Benesch sei über diesen Vorschlag informiert und einverstanden. Die tschechoslowakische Regierung brauche diese Deckung, um den Vorschlag annehmen zu können: »Das wäre die einzige Möglichkeit, den Frieden zu bewahren.« Da er wisse, wie sehr die Zeit dränge, hoffe er auf eine Antwort vor Mitternacht. Eine ähnliche Bitte wurde an die englische Regierung gerichtet.

Prag bat Paris und London, erpreßt zu werden! Es war eine Prestigefrage, man wollte vor der eigenen öffentlichen Meinung zeigen, daß England und Frankreich die Tschechoslowakei allein ließen. Auch wenn es Benesch später brüsk von sich wies: Hier hatte die tschechische Regierung Paris und London gebeten, Druck auszuüben, um die eigenen Hände in vermeintlicher Unschuld waschen zu können.

Seit eineinhalb Tagen wurde nun in den drei europäischen Hauptstädten fast ohne Pause konferiert. Unmittelbar nach der Absage aus Prag waren in London und Paris erneut die Krisenstäbe zusammengetreten. Dort diskutierte man nun den neuen tschechischen Vorschlag. Sollte man den Tschechen die Möglichkeit einer öffentlichen Schuldzuweisung geben? Chamberlain drängte auf eine Entscheidung, eigentlich hatte er schon zu seinem zweiten Gespräch mit Hitler aufbrechen wollen. Aber noch immer wußte der Premierminister nicht, was er dem deutschen »Führer« anbieten konnte. Auch Prag drängte auf eine Antwort. Zweimal erkundigte man sich bei Bonnet in Paris, ob die Entscheidung schon gefallen sei. Aber erst nach Mitternacht war es endlich soweit: London und Paris waren übereingekommen, Prag den Gefallen zu tun. Wenn es dem Frieden diente, waren die Westmächte bereit, einen Schaukampf für die Weltmeinung zu inszenieren.

Nachts, um 2 Uhr 15, wurde Benesch in Prag von Newton und de Lacroix aus dem Bett geholt. Schlaftrunken hörte er Chamberlains Botschaft:

»Der französisch-britische Plan ist das einzige Mittel, den drohenden deutschen Angriff zu verhindern...Wenn nach einer neuen Prüfung der Lage die tschechoslowakische Regierung sich dennoch zur Ablehnung unseres Vorschlags entscheidet, bleibt es ihr natürlich überlassen, alle ihr geeignet erscheinenden Maßnahmen zu ergreifen, um die daraus entstehende Lage zu meistern.«

Wenn wir diese diplomatischen Formulierungen in Klartext übersetzen, bedeuten sie: Entweder ihr macht das, was wir euch vorgeschlagen haben, oder ihr könnt sehen, wie ihr euer Problem löst. Der französische Botschafter legte dann noch einmal nach und drohte mit der Kündigung des französisch-tschechischen Freundschaftsvertrages, wenn Prag seine ablehnende Note vom Vortag nicht zurückzöge und eine positive Antwort gäbe.

Ob Benesch nun tatsächlich in Tränen ausbrach, wie in manchen Berichten geschrieben wurde, sei dahingestellt. Fest steht, daß die Fronten nunmehr klar waren. Der »Schwarze Peter« lag wieder in Prag. Erneut wurde das Kabinett zusammengerufen, erneut wiederholte sich das Hin und Her der vergangenen Tage, erneut gab es widersprüchliche Informationen. Gegen 6 Uhr 30 ließ Hodscha den britischen Botschafter wissen, er sei mit den Vorschlägen einverstanden. Kurz darauf erfuhren die Wartenden in einer Sitzungspause, daß es abermals zu Differenzen im Kabinett gekommen sei. Um 12 Uhr 30 schließlich telefonierte de Lacroix mit Bonnet:

»Die Standpunkte haben sich verhärtet. Aufgrund einiger telefonischer Winke ist die tschechoslowakische Regierung der Meinung, daß die französische Regierung unter dem Druck des Parlaments gezwungen sein würde, ihre Auffassung zu ändern oder vielleicht sogar zurückzutreten.«

Wieder versuchte Prag, eine Entscheidung aufzuschieben. Aber Chamberlain hatte genug, er wollte seinen Flug nach Bad Godesberg, den er bereits um 24 Stunden verschoben hatte, endlich antreten. Über seinen Botschafter ließ er den französischen Außenminister am frühen Nachmittag wissen:

»Die britische Regierung ist sehr erregt über das Schweigen der Prager Regierung. Jede Verzögerung ist unverantwortlich. Sie dürfte auf das in der tschechoslowakischen Hauptstadt umlaufende Gerücht zurückzuführen sein, das von einem möglichen Rücktritt der französischen Regierung spricht.«

Chamberlain vermutete nicht zu Unrecht, daß sein Widersacher Churchill, der gerade in Paris war, hier seine Finger im Spiel hatte. Auch die britischen Linien waren keineswegs geschlossen. Um allen Spekulationen, auch in Prag, ein Ende zu bereiten, ließ der Premierminister von Sir Eric Phipps verbreiten: »In keinem Falle wird London seine Haltung ändern.«

Professor Otto Novak, Tschechoslowakei:

Das war ein Ultimatum der Allierten der Tschechoslowakei. In dieser Situation ist noch eine Sache interessant. Auf diese zweite Note hatte auch der tschechoslowakische Ministerpräsident Hodscha einen Einfluß. Hodscha gehörte zu den rechten Politikern in der Koalition und in der Regierung, und er suchte sehr intensiv ein Alibi für eine mögliche Kapitulation. Die Regierung um Benesch persönlich arbeitete unter einem ständigen Druck der westlichen Alliierten. England und Frankreich entschieden sich für die Aufgabe der Tschechoslowakei. Aber die Mehrheit der Bürger der Tschechoslowakei wollte die tschechoslowakische Demokratie, die tschechoslowakische Republik verteidigen. Für diese Leute war die Tschechoslowakei eine Insel der Demokratie, für diese Bürger war die Tschechoslowakei Heimat.

Ganz sicher ohne Großbritannien, möglicherweise auch ohne Frankreich und mit ungewisser Hilfe aus der UdSSR: Die Prager Regierung sah die Aussichtslosigkeit ihrer Lage ein und gab ihren Widerstand auf. Am späten Nachmittag, nach über 50 Stunden Nervenkrieg, teilte Prags Außenminiser den Botschaftern Frankreichs und Großbritanniens mit:

»Durch die Umstände gezwungen und auf äußerstes Drängen der französischen und britischen Regierung, akzeptiert die Regierung der Tschechoslowakischen Republik mit Bitternis die französisch-englischen Vorschläge in der Annahme, daß beide Regierungen alles tun werden, um bei der Durchführung der erwähnten Vorschläge die Lebensinteressen der Tschechoslowakischen Republik zu sichern.«

Das war eindeutig: Prag war einverstanden, das Sudetengebiet an das Deutsche Reich abzutreten. Als kleinen Hoffnungsfunken hielt Krofta die britische Garantiebereitschaft hoch. Doch schon in einem Kommunique, das Benesch am selben Abend veröf-

fentlichte, wurde deutlich, wie wenig Prag noch auf das Wort
Chamberlains gab:

»Wir haben uns auf die Hilfe verlassen, die unsere Freunde uns
hätten gewähren können. Als sich jedoch die Frage erhob, daß
man uns mit Gewalt zwingen könnte, zeigte es sich, daß die europäische Krise einen zu ernsten Charakter annahm. Da sie nicht
fähig seien, uns zu Hilfe zu kommen, haben Sie uns geraten, Freiheit und Frieden durch ein Opfer zu erkaufen.«

Drei Tage lang hatte sich Prag gesträubt. Tausende von Demonstranten hatten auf dem Wenzelsplatz nach Waffen gerufen.
Tausende hatten die Übernahme der Regierung durch den einäu-
gigen Nationalhelden General Sirovy gefordert, der in der Grün-
derzeit der Republik die von den Bolschewisten freigelassenen
tschechischen Gefangenen nach Wladiwostok und in die Heimat
geführt hatte. Doch alles war vergeblich.

Die Prager Politiker hatten eine bittere Erfahrung machen
müssen: Zwischen Staaten gibt es keine Freundschaft, nur gemeinsame Interessen. Und die gab es zwischen Prag, London und
Paris seit Berchtesgaden nicht mehr. Die Würfel schienen gefallen. Chamberlain konnte dem deutschen »Führer« und Reichskanzler die tschechische Zustimmung zu den Forderungen von
Berchtesgaden im Reisegepäck mitbringen. War damit der
Friede gesichert?

»My dear Reichskanzler«
Das Ultimatum Hitlers

Endlich konnte der Premierminister seine zweite Reise nach Deutschland antreten. Die Voraussetzungen für eine friedliche Lösung der Sudetenfrage schienen ungleich günstiger als noch vor einer Woche. Die tschechische Regierung war mit Hitlers Forderungen, wenn auch widerwillig, einverstanden. Die Gespräche schienen diesmal besser organisiert. Chamberlain nahm seinen eigenen Dolmetscher mit. Sogar das Wetter war besser geworden. Die Sonne über dem Rheintal hatte den Nebel von Berchtesgaden vertrieben. Und so gab sich Chamberlain kurz vor dem Flug am 22. September durchaus optimistisch:

»Eine vollständige Lösung der tschechischen Frage ist eine wesentliche Voraussetzung für bessere Beziehungen zwischen dem britischen und dem deutschen Volk, und das wiederum ist die unleugbare Grundlage für den europäischen Frieden. Der Friede in Europa ist mein Ziel, und ich hoffe, daß diese Reise den Weg dazu eröffnen wird.«

Chamberlain war über Hitlers Terminplan mit seinem magischen Datum, dem 1. Oktober, informiert. Er wußte: In Bad Godesberg ging es um das Schicksal ganz Europas. Die militärischen Aktivitäten waren während der Verhandlungen zwischen Prag, Paris und London nicht unterbrochen worden. In der Tschechoslowakei ging der Kleinkrieg der Sudetendeutschen Freikorps weiter. Schließlich heizte auch der Propagandakrieg des Joseph Goebbels die Stimmung immer weiter auf.

Was Chamberlain erwartete und was von ihm erwartet wurde, formulierte ein Kolumnist der noch nicht völlig gleichgeschalteten »Frankfurter Zeitung« in einem Begrüßungswort am 23. September so: »Das deutsche Volk harrt der Entscheidung so oder so. Der Staat Adolf Hitlers ist für beides gerüstet.« Da war es wieder, das »so oder so«. Und diesmal schien die Drohung sehr viel offener als in Berchtesgaden. Doch auch Chamberlain war gerüstet.

Auf dem Kölner Flughafen wurde er von Ribbentrop und dem Trommelwirbel der Ehrenkompanie empfangen. Eine SS-Kapelle spielte »God save the King«, als der britische Premier in Begleitung von Kirkpatrick, seinem außenpolitischen Berater Wilson und Henderson, dem Botschafter in Berlin, das Protokoll eines Staatsbesuchs über sich ergehen ließ.

In Godesberg gab es die gleichen Szenen wie in München. Auf der Fahrt zur Unterkunft, dem Hotel Petersberg auf der anderen Rheinseite, sah Chamberlain gespannte, aber hoffnungsfrohe Gesichter bei den Tausenden von Zuschauern, die die Route säumten. Auch die Überfahrt des Briten zur ersten Begegnung mit Hitler im Hotel Dreesen war beinahe ein Volksfest.

Das erste Gespräch am Nachmittag begann mit einem ausführlichen Bericht Chamberlains. Er informierte Hitler über seine Besprechungen in England, er schilderte die Zustimmung der Kabinette in London und Paris, er erläuterte den britisch-französischen Plan, wonach die von Sudetendeutschen bewohnten Gebiete an Deutschland übertragen werden sollten. Dann entwickelte er das umfangreiche und komplizierte Vertragssystem mit seinen verhältnismäßig langen Übergabefristen, er erwähnte die Garantie Englands und Frankreichs für die neue deutsch-tschechische Grenze und erinnerte Hitler an den Nichtangriffspakt zwischen dem Deutschen Reich und der Tschechoslowakischen Republik. Was Chamberlain nicht wußte: für Hitler war das nichts Neues. Die deutschen Abwehrspezialisten hatten

gute Arbeit geleistet. Hitler wußte von der tschechischen Zustimmung, er kannte auch die Schwierigkeiten, die es gekostet
hatte, Prag so weit zu bringen. Vor allem aber wußte er, daß England und Frankreich nicht bereit gewesen waren, wegen des Sudetenlandes einen Krieg zu riskieren. So hörte er Chamberlain
eher gelangweilt als gespannt zu. Nach langer Rede lehnte sich
der britische Premier erleichtert zurück, und dem deutschen Dolmetscher Paul Schmidt schien es, als stünde auf Chamberlains
Gesicht die Frage: »Habe ich in diesen fünf Tagen nicht großartig
gearbeitet?«

Hitlers Reaktion traf ihn deshalb völlig überraschend:

»Es tut mir sehr leid, Herr Chamberlain, daß ich auf diese
Dinge jetzt nicht mehr eingehen kann. Nach der Entwicklung der
letzten Tage geht diese Lösung nicht mehr.«

Der Premierminister schien wie vom Donner gerührt. Er war
nicht nur überrascht, sondern regelrecht empört. Sein schöner
Plan zur Sicherung des Weltfriedens sollte wie ein Kartenhaus zu-
sammenfallen? Er verstehe nicht, so seine erste Reaktion, wie
Hitler jetzt so ungerührt erklären könne, daß das einfach nicht
mehr gehe. »Alle Berchtesgadener Forderungen« seien doch erfüllt! Immerhin habe es ihn beträchtliche Mühe gekostet, dafür
die Zustimmung der Tschechen zu erreichen! Und nun solle das
nicht mehr genügen?

Hitler blieb kurz angebunden: »Das alles ist viel zu langwierig
und viel zu kompliziert.« Dann entdeckte er sein Herz für die anderen nationalen Minderheiten in der Tschechoslowakei und
spielte sich als deren Schutzherr auf: Auch Polen und Ungarn hätten Ansprüche gegenüber Prag, die seien in dieser Lösung ja gar
nicht berücksichtigt. Im Sudetenland herrsche der blanke Terror.
Binnen zweier Wochen seien über 100 000 Menschen in das Reich
geflohen. Ganze Ortschaften seien entvölkert! Die Zahl der
Opfer steige von Stunde zu Stunde. Und überhaupt:

»Die Besetzung der abzutretenden Sudetengebiete muß sofort

erfolgen. Die Unterdrückung der Sudetendeutschen und der Terror, den Benesch gegen sie ausübt, dulden keinen Aufschub.«

Deutschland könne nichts dafür, fuhr Hitler fort, wenn die Tschechoslowakei ein ganz und gar unnatürliches Gebilde sei, das unter dem Haß, den das tschechische Joch geweckt habe, nun auseinanderfalle. Den eigentlichen Grund für seinen Meinungsumschwung gab er allerdings nicht preis: Er hatte in Berchtesgaden zu wenig gefordert, weil er angenommen hatte, Chamberlain mit der moralischen Rechtfertigung beeindrucken zu können, er wolle »keinen einzigen Tschechen« haben. Tatsächlich aber hatte er schon nach dem »Anschluß« Österreichs gegenüber Ribbentrops Sekretär Spitzy geäußert, die künftige Grenze des Reiches müsse in gerader Linie zwischen Oberschlesien und der neuen »Ostmark« verlaufen – also unter Einschluß tschechischer Gebiete.

Bestürzt nahm Chamberlain die Karte, die ihm Hitler reichte, in Augenschein. Die rot eingezeichneten und sofort abzutretenden Gebiete reichten weiter als der britisch-französische Vorschlag. Daneben gab es noch grüne Flächen, für die Hitler eine Volksabstimmung forderte. Entschied sich die dort lebende Bevölkerung für Deutschland, was anzunehmen war, dann gab es zwischen den Gebieten Böhmen und Mähren nur noch einen dünnen Verbindungsstreifen von 30 Kilometern Breite.

Chamberlain faßte sich nur mühsam. Das sei eine völlig neue Forderung, hielt er Hitler entgegen: »Sie geht weit über das hinaus, was Sie in Berchtesgaden verlangt haben.« Er sei »dissatisfied and puzzled«. Das Gespräch endete mit einem schweren Mißklang. Der Premierminister kehrte aufgebracht in sein Hotel zurück. Sollte er die Gespräche nun endgültig abbrechen? Er hatte auf Hitlers Wort vertraut und fühlte sich nicht nur verraten, sondern überdies von seinem Gesprächspartner gedemütigt. Was war das für ein Mann? War er überhaupt berechenbar? Oder stand Hitler am Rand des Wahnsinns?

Der britische Premier war nicht der einzige, der sich diese Frage stellte. Auch andere Beobachter zweifelten, ob Hitler noch normal sei. Unter den Journalisten im Hotel Dreesen machte das Gerücht die Runde, Hitler sei über die Ereignisse so erregt gewesen, daß er sich auf den Boden geworfen und in den Teppich gebissen habe. Die Meldung entpuppte sich jedoch als Mißverständnis, das von einem Adjutanten Hitlers ausgelöst wurde. Dieser hatte, um die Wut des »Führers« zu charakterisieren, im Gespräch mit einem Journalisten eine entsprechende ironische Bemerkung gemacht. In der gespannten Atmosphäre kam diese Art von Humor allerdings nicht an. Alles wurde für bare Münze genommen.

Tatsächlich mußte man sich fragen, was Hitlers plötzlichen Meinungsumschwung verursacht hatte. Warum wurden von deutscher Seite plötzlich weitere Forderungen erhoben? Nach NS-Diktion war die sofortige Abtretung des Sudetengebietes wegen des »tschechischen Terrors« notwendig, dieser lasse keine weiteren Verzögerungen zu. Das war aber nicht einmal die halbe Wahrheit. Hitler kannte die Schwierigkeiten beim Zustandekommen des britisch-französischen Plans, er wußte, daß der Westen wegen der Sudeten keinen Krieg riskieren würde. Deshalb konnte er ungestraft mehr fordern als in Berchtesgaden. Außerdem hatte Mussolini inzwischen eine Volksabstimmung für alle Minderheiten in der Tschechoslowakei gefordert. Und der deutsche »Führer« wollte natürlich nicht hinter dem italienischen *Duce* zurückstehen. Deshalb spielte er sich nun zum Verteidiger auch polnischer und ungarischer Interessen auf.

Hitler wollte testen, wie weit die westliche Konzessionsbereitschaft gehen würde. Das Oberkommando der Wehrmacht hatte Weisung erhalten, den Einmarsch in das Sudetengebiet vorzubereiten, friedlich oder mit Gewalt, »so oder so«. Er war bereit, die Entscheidung lag nun bei Chamberlain.

Es gibt in der Geschichte Großbritannins wohl nur wenige

Tage, an denen das Land so gedemütigt worden ist wie am 23. September 1938. Am Morgen dieses Tages erschien der britische Premierminister nicht zu dem verabredeten Treffen. Statt dessen erhielt Hitler einen Brief:

»My dear Reichskanzler!

Ich glaube, Sie sind sich nicht klar darüber geworden, daß es für mich unmöglich ist, einen Plan zu befürworten, von dem ich nicht weiß, ob er von der öffentlichen Meinung in England, Frankreich und der Welt im allgemeinen dahingehend aufgefaßt wird, daß er die Grundsätze, über die bereits Einigung besteht, ordnungsmäßig und ohne Gewaltandrohung zur Anwendung bringt. Wenn die deutschen Truppen, so wie Sie es vorschlagen, in das Sudetenland einrücken, so besteht für mich nicht der geringste Zweifel darüber, daß der tschechoslowakischen Regierung nichts weiter übrigbleiben wird, als ihren Streitkräften den Befehl zum Widerstand zu erteilen.«

Den Brief erhielt Hitler, als er gerade in der Hotelhalle mit den umherstehenden Beratern, Militärs und Diplomaten plauderte. Die Stimmung war nervös und gespannt. Alle warteten auf einen seiner berüchtigten Ausbrüche. Oberst Bodenschatz, Görings Adjutant, erklärte einem britischen Journalisten in seiner offenen Art: »Schad' um das schöne Prag, daß mir unsere neue Waffe grad' dort ausprobieren müssen!« Offenkundig meinte er die neuen »Sturzkampfbomber«.

Hitler hatte den Brief inzwischen gelesen, er stand auf und ging nach oben. Auf dem Treppenabsatz drehte er sich um und rief nach einem seiner Mitarbeiter. Der in der Halle wartende »Reichssendeleiter« Hadamowsky glaubte, er sei gemeint und stürzte ihm nach. Der Reichssendeleiter beim »Führer«? Das schien das Startsignal zu sein, alle erwarteten die Losung: »Über alle Sender – es geht los!« Doch Hadamowksy war zu voreilig. Schon nach kurzer Zeit kam er wieder die Treppe herunter. Hitler hatte nicht ihn, sondern eine seiner Sekretärinnen gerufen:

Frau Daranowsky. Bei diesen »germanischen« Namen waren Verwechslungen mitunter unvermeidlich.

Die Spannung löste sich: »Er schreibt – es geht weiter.« Was Hitler dann diktierte, war freilich kein Brief, sondern ein Pamphlet:

»Wenn Sie mir mitteilen, Exzellenz, daß die Übertragung des Sudetengebietes an das Reich grundsätzlich anerkannt worden ist, so muß ich Ihnen leider darauf anworten, daß die theoretische Anerkennung von Grundsätzen Deutschland gegenüber auch schon früher ausgesprochen wurde.«

Gemeint waren die 14 Punkte Wilsons, deren Versprechungen »in der schändlichsten Weise« gebrochen worden wären. Hitler drohte ultimativ:

»Was mich interessiert, Exzellenz, ist nicht die Anerkennung des Grundsatzes, sondern einzig und allein seine Verwirklichung, und zwar in der Weise, daß durch sie in kürzester Zeit den Leiden der unglücklichen Opfer der tschechischen Tyrannei ein Ende bereitet und gleichzeitig der Würde einer Großmacht Rechnung getragen wird.«

Es blieb offen, ob er mit »Großmacht« England oder das Deutsche Reich meinte. Da die Zeit für eine Übersetzung nicht mehr reichte, steckte er den Brief in einen braunen Umschlag und beauftragte seinen Dolmetscher Paul Schmidt, die Antwort zu überbringen.

Schmidt überquerte auf einer Motorfähre unter den gespannten Augen der wartenden Journalisten den Rhein. »Bringen Sie Krieg oder Frieden in Ihrem Umschlag?« Diese Frage eines amerikanischen Reporters interessierte alle Anwesenden. Doch Schmidt zuckte die Achseln, eilte in den ersten Stock des Hotels Petersberg und übergab dem britischen Premier die Botschaft des »Führers«. Chamberlain hatte den ganzen Morgen im Wintergarten des Hotels gewartet, zahlreiche Tassen Kaffee und gelegentlich einen Brandy getrunken. Der Premierminister Seiner

Majestät kam sich wie ein Bittsteller vor, wie ein Vasall im Lande seines Herrn. Es war eine unwürdige Situation.

Jetzt aber hatte der alte Herr genug: »Morgen früh reise ich ab«, erklärte er Schmidt. Doch noch einmal schrieb er an »My dear Reichskanzler« und erbat eine Landkarte mit den deutschen Forderungen, die er der Prager Regierung alsbald zugehen lassen wolle. Im übrigen betrachte er seine Aufgabe in Godesberg als beendet: »Ich schlage Ihnen deshalb vor, daß ich nach England zurückkehre. Ihr sehr ergebener Chamberlain.«

In Rom erklärte Mussolini, der Briefverkehr über den Rhein hinweg sei die vorletzte Stufe vor dem Kriegsausbruch:

»Wenn man erst einmal anfängt, schriftlich zu verkehren, betrachtet man die Lage als so hoffnungslos, daß man nur noch vor der Geschichte gut dastehen will.«

In London meldeten die Zeitungen, daß die Verhandlungen nun endgültig abgebrochen seien.

Doch es kam anders. Henderson und Wilson, die ins Hotel Dreesen gefahren waren, stellten fest, daß dort wegen Chamberlains Abreisedrohung Beunruhigung zu spüren war. Abends um halb elf Uhr, als die Würfel schon gefallen schienen, erklärte Hitler plötzlich, daß er Chamberlain sofort zu sprechen wünsche. Der Premierminister machte sich so eilig auf den Weg, daß sein Auto schon die Serpentinen vom Petersberg hinunterfuhr, als die Ehrenwache noch dabei war, anzutreten.

Die entscheidende Sitzung begann gegen 23 Uhr im Festsaal des Dreesen. Diesmal war es kein Gespräch unter vier Augen. »Alles, was gut und teuer war, ist geladen«, unkte ein Gast. Die deutsche Delegation hatte inzwischen ein Memorandum aufgesetzt, das Paul Schmidt nun übersetzte. Es war eine ausführliche Auflistung der Forderungen Hitlers vom Vortag, die er schon in seinem Brief an Chamberlain wiederholt hatte. »Die Lage für das Sudetendeutschtum«, so begann das Memorandum, sei völlig unerträglich. Dies sei »zu einer Gefahr für den europäischen Frieden geworden«. Deshalb müsse sich »die gesamte tschechische Wehrmacht aus dem auf einer Karte bezeichneten Gebiet zurückziehen«. Dies war Hitlers Hauptforderung. Dann kamen seine Zeitvorstellungen: Die Räumung des betreffenden Gebietes habe am 26. 9. zu beginnen, das Gebiet sei im »derzeitigen Zustand« spätestens am 28. 9. an Deutschland zu übergeben. Ferner müßten alle wegen politischer Vergehen inhaftierten deutschstämmigen Gefangenen entlassen werden. Die Tschechen dürften das Gebiet verlassen, wenn sie nichts von ihrer Habe mitnähmen. All ihr Besitz falle an das Reich.

Die Wirkung der Übersetzung auf die britische Delegation war verheerend. »Das ist ja ein Ultimatum«, stöhnte Chamberlain. Henderson, der gerne unter Beweis stellte, daß er Deutsch verstand, erinnerte an Versailles: Dieses Memorandum sei »ein Diktat«. Hitler verstand die ganze Aufregung nicht: »Das ist kein Diktat, sehen sie doch nur, über dem Dokument steht das Wort Memorandum.«

Der Premierminister war nicht bereit, ein derartiges Papier nach Prag weiterzuleiten:

»Mit großer Enttäuschung und tiefem Bedauern muß ich feststellen, Herr Reichskanzler, daß Sie mich in meinen Bemühungen um die Erhaltung des Friedens auch nicht im geringsten unterstützt haben.«

Hitler verlor nun die Geduld. Die Krise werde sich ohnehin nicht mehr lange hinziehen. »Lieber ein Ende mit Schrecken als ein Schrecken ohne Ende.« Die Denkschrift sei sein letztes Wort, »so oder so«.

Chamberlain gab sich nicht geschlagen. Er könne nicht glauben, daß »der Führer, nur um ein paar Tage Zeit zu gewinnen, alle Chancen für die Zusammenarbeit zwischen Deutschland und England… aufs Spiel setzen will«.

Nun war der tote Punkt erreicht. Um dem Ganzen die Krone

aufzusetzen, unterbrach ein Adjutant Hitlers hackenschlagend
die Besprechung und überreichte seinem Chef ein Telegramm.
Als Hitler mit steinernem Gesicht die Nachricht gelesen hatte,
gab er den Zettel an seinen Dolmetscher weiter: »Lesen Sie
Herrn Chamberlain die Meldung vor!« Schmidt übersetzte:

»Um 22 Uhr 30 hat Benesch über den Rundfunk die allgemeine Mobilmachung in der Tschechoslowakei verkündet.« Alle
Anwesenden schwiegen. Dolmetscher Schmidt dachte: Jetzt ist
der Krieg unvermeidlich.

Hitler fing sich als erster. Damit sei ja wohl »die ganze Angelegenheit erledigt«. Doch Chamberlain gab noch nicht auf. Das
dürfe man nicht dramatisieren, meinte er. Die Mobilisierung
könne »als reine Defensivmaßnahme betrachtet werden«. Hitler
wurde ärgerlich. Worauf wollte sein Gegenüber hinaus? Die Mobilisierung zwinge zu »gewissen militärischen Maßnahmen«.
Chamberlain fragte, ob darunter »der Einmarsch der deutschen
Truppen in die Tschechoslowakei« zu verstehen sei. Hitlers Antwort kam prompt:

»Meine Zusage, daß ich während der Verhandlungen nicht gegen die Tschechoslowakei vorgehen werde, halte ich trotz dieser
unerhörten Provokation selbstverständlich aufrecht, zum mindesten, solange Sie, Herr Chamberlain, sich noch auf deutschem Boden befinden.«

Es war kurios, daß ausgerechnet nach dieser seltsamen Erklärung, die das Ultimatum ja nur bis zum Morgen verlängerte,
augenblicklich Entspannung eintrat. Die ärgste Gefahr schien
überwunden. Nach dem Fortissimo des Paukenschlags wechselte
das Gespräch nach einigen Takten Pause zum Piano, fast zum Pia-
nissimo. Hitler gab sich plötzlich kompromißbereit:

»Ihnen zuliebe, Herr Chamberlain, will ich in der Zeitfrage
eine Konzession machen. Sie sind einer der wenigen Menschen,
denen gegenüber ich das jemals gemacht habe.«

Eigenhändig änderte er den betreffenden Passus um: Nicht am

28. September, sondern erst am 1. Oktober sollte das Sudetengebiet an Deutschland abgetreten werden. Der 1. Oktober: Hitler
kam damit auf seinen ursprünglichen Termin zurück, den er
schon im Mai nach der Wochenendkrise festgelegt hatte. Mit im
Saal war General Keitel, der Chef des OKW. Er wußte, daß Hitler ohnedies nie etwas anderes beabsichtigt hatte. Alle Befehle
zum »Fall Grün« gingen vom 1. Oktober aus. Von einer Vorverle-
gung war nie die Rede gewesen. Hitlers Kompromißvorschlag
war reine Komödie.

Der Premierminister erklärte sich bereit, die neue Fassung
nach Prag zu übermitteln. Nachts um 1 Uhr 30 war das Treffen
zu Ende. Wie in Berchtesgaden, gingen die Politiker in einer beinahe freundschaftlichen Stimmung auseinander. Hitler versprach
Chamberlain, keine weiteren territorialen Forderungen mehr zu
stellen. Der Premier verabschiedete sich mit »Auf Wiedersehen«,
er hatte inzwischen Deutsch gelernt.

Nie war ein britischer Premierminister so düpiert worden. Um
Hitler zu beeindrucken, hätte es wohl sicher eines Politikers vom
Schlage Churchills bedurft. Chamberlain wirkte viel zu höflich,
anständig, zurückhaltend. Seine gewählte Ausdrucksweise, sein
typisches »Understatement« waren nicht die Sprache, die Hitler
verstand. Höflichkeit und schonungsvolle Sätze, das waren für
ihn Schwächezeichen.

Am nächsten Morgen kehrte Chamberlain nach London
zurück. Die Gedanken, die ihm auf dem Heimflug durch den
Kopf schossen, schrieb er in einem Brief an seine Schwester nieder:

»Ich fragte mich, wie wir die Tausende von Familien schützen
könnten, deren Häuser ich unter mir liegen sah, und ich hatte das
Gefühl, wir seien nicht in der Lage, einen Krieg zu rechtfertigen,
den wir heute führen müßten, um einen späteren Krieg zu verhindern.«

Immerhin hatte er Hitlers Methoden mittlerweile durch-

schaut. Bei allem stoischen Gleichmut sah er, wie sein Gegenspieler Tricks und Bluffs ganz nach Belieben einsetzte. Er nannte
ihn »den ordinärsten kleinen Hund«, dem er je begegnet sei.

Im Kabinett stieß Chamberlain mit seinem Reisebericht jedoch auf heftigen Widerstand. Der Marineminister Duff Cooper
wollte mobilmachen. Auch andere Kabinettsmitglieder waren
über den offensichtlichen Wortbruch Hitlers entrüstet. Chamberlain selbst erklärte später vor dem Unterhaus:

»Man denke nicht, Hitler habe mich absichtlich getäuscht – ich
selbst glaube das nicht einen Augenblick lang…«

Ob er noch immer nicht wahrhaben wollte, daß Hitler, wie ein
Erpresser, seine Forderungen immer höher schraubte? Wenn er
zur gleichen Zeit in Berlin bei Ribbentrop gewesen wäre, hätte
der ihn eines besseren belehren können: »Die Annahme des Memorandums wäre das Peinlichste, was uns passieren könnte.« Mit
dieser Äußerung gab der Außenminister die Linie wieder, die
Hitler schon vor Godesberg in einem Gespräch mit ungarischen
Ministern festgelegt hatte. Er werde die deutschen Forderungen
gegenüber Chamberlain »brutal vertreten. Es besteht aber die
Gefahr, daß die Tschechen alles annehmen.« Die einzige befrie-
digende Lösung sei »ein militärisches Vorgehen«.

Darauf lief Hitlers Planung also hinaus. Schon am 21. und
22. September hatte er eine Abteilung der SS-Totenkopfver-
bände mit schweren Waffen ausrüsten lassen. Im Ernstfall sollten
sie in den Ascher Zipfel einmarschieren. Das Oberkommando
der Wehrmacht hatte er angewiesen, sowohl auf eine friedliche
Besetzung als auch auf ein gewaltsames Vorgehen vorbereitet zu
sein.

Inzwischen hatte das *Foreign Office* die Regierungen in Paris
und Prag über das deutsche Memorandum informiert. In einer
Eilmission überbrachte Mason MacFarlane, britischer Militärattaché in Berlin, das deutsche Memorandum und die Landkarte

mit der Godesberger Demarkationslinie nach Prag. Die tschechoslowakische Grenze mußte er zu Fuß überschreiten. Hier sah
es aus wie an der Front.

In der tschechoslowakischen Hauptstadt rissen die Unruhen
nicht ab. Demonstranten hatten schon am 21. September eine Mi-
litärdiktatur unter General Sirovy verlangt und den Rücktritt der
Regierung gefordert. Klement Gottwald, Führer der Kommunistischen Partei, veröffentlichte einen Aufruf:

»Unser Vaterland ist in Gefahr! Wir werden es nur retten,
wenn wir eine Regierung der nationalen Verteidigung bilden.«

Tatsächlich bildete sich nun ein neues Kabinett unter General
Sirovy. Der entscheidende Mann im Hintergrund blieb allerdings
noch immer Präsident Benesch. Am Abend des 22. September
hielt er eine lang erwartete Rundfunkrede:

»Ich betrachte diese Entwicklung mit Festigkeit und ohne
Furcht. Wir wünschen die Verständigung. Unser Volk ist vernünftig und realistisch. Wenn es notwendig sein wird, zu kämpfen, werden wir es tun. Ich wiederhole: ich sehe die Dinge klar,
ich habe meinen Plan.«

Welchen Plan er hatte, sagte er nicht. Überhaupt war es eine
ausgesprochen nichtssagende Rede. Die tschechische Öffentlichkeit erfuhr nichts von dem Gespräch, das Benesch inzwischen
mit General Sirovy geführt hatte. Beide wollten das Gebiet um
Teschen an Polen abtreten und sich dadurch die Zustimmung
Warschaus zum Durchmarsch der sowjetischen Armee durch
Polen erkaufen. Ein entsprechendes Schreiben richtete Benesch
an Polens Präsident Moscicki.

Am nächsten Tag, dem 23. September, verkündete Prag um
22 Uhr 20 die allgemeine Mobilmachung. Inzwischen war der
tschechoslowakischen Regierung die Lage ziemlich klar: Einmal
hatte man sich dem britisch-französischen Druck gebeugt, ein
zweites Mal würde Prag nicht zu Kreuze kriechen. Am 25. September überreichte der tschechische Botschafter in London,

Masaryk, dem britischen Premier die Anwortnote seiner Regierung:

»Meine Regierung ist bestürzt über den Inhalt. Meine Regierung wünscht zu erklären, daß Herrn Hitlers Forderungen in ihrer gegenwärtigen Form absolut und bedingungslos unannehmbar sind. Die Nation von St. Wenzeslaus, Johan Hus und Masaryk will keine Nation von Sklaven sein. Wir verlassen uns auf die beiden großen westlichen Demokratien, deren Wünschen wir gegen unser eigenes Urteil gefolgt sind, daß sie uns in diesen Schicksalsstunden beistehen.«

Das »de-facto-Ultimatum« beraube die Tschechoslowakei jeder Möglichkeit, ihre nationale Existenz zu sichern.

»Meine Regierung fühlt sich verpflichtet, gegen diese neuen und grausamen Forderungen den äußersten Widerstand zu leisten, und wir werden das mit Gottes Hilfe tun.«

Prag rechnete nach wie vor mit Hilfe aus Moskau. Unterstützung fand Benesch auch bei Churchill, der die *Appeasement*-Politik der britischen Regierung zu torpedieren versuchte, wo er nur konnte. Chamberlains großer innenpolitischer Widersacher versuchte, eine britisch-französisch-sowjetische Einheitsfront gegen Hitler zustande zu bringen, um Prag bei einem deutschen Angriff beistehen zu können. Nachfragen britischer Diplomaten bei Litwinow am 23. 9. über Art und Umfang der russischen Hilfe an die Tschechoslowakei wurden jedoch ausweichend beantwortet: Er könne über den Umfang der sowjetischen Mobilisierung nichts sagen, ließ Litwinow mitteilen. Damit war, zumindest in den Augen Chamberlains, der Weg zu einer west-östlichen Anti-Hitler-Koalition verstellt. Von dieser Seite war keine Hilfe zu erwarten. Der britische Premier, dem »Bolschewismus« ohnehin abgeneigt, war darüber jedoch weit weniger unglücklich als etwa Churchill. Nun ergriff Neville Chamberlain erneut die Initiative. Er bat Edouard Daladier um eine weitere Konferenz. Gegen 17 Uhr am 25. September landete der französische Ministerpräsident in London. Im Reisegepäck hatte er unangenehme Nachrichten für Chamberlain. Frankreich, so teilte Daladier seinem britischen Kollegen mit, betrachte die neuen Forderungen Hitlers als »maßlos«. Er könne der Tschechoslowakei nicht empfehlen, diese Forderungen anzunehmen. »Wenn Deutschland einmarschiert, wird Frankreich Prag sofort unterstützen.«

Daladier empfand Hitlers Verhalten in Godesberg als Brüskierung und wollte seine Weigerung, Prag zu unterstützen, nun offensichtlich zurücknehmen. So leicht jedoch gab Chamberlain sich nicht geschlagen. Welcher Art die militärische Unterstützung denn sein solle, wollte er wissen. Daladier wurde verlegen. Der Zustand der französischen Rüstung war natürlich ungenügend. Ein Mitglied der französischen Delegation wollte den Besuch in London nutzen, Gasmasken zu beschaffen. Selbst hier gab es offensichtlich große Mängel in Paris. Auch London konnte den Franzosen nicht aus dieser Notlage helfen. Die britischen Bestände reichten nicht einmal, den eigenen Bedarf zu decken.

Chamberlain fragte nach der Richtigkeit »höchst alarmierender Nachrichten« über den Stand der französischen Luftrüstung. Es stehe der britischen Regierung zwar nicht zu, »eine Meinung darüber zu äußern, was Frankreich tun sollte«, aber nach seinen Informationen über die französische Rüstungssituation sei Frankreich bei einer militärischen Aktion wohl nicht in der Lage, »seinen Widerstand aufrechtzuerhalten«.

Daladier widersprach nicht, aber er versuchte, die Gefahren aufzuzeigen, die entstünden, wenn Hitler der »Herr Europas« würde. Dem müsse man rechtzeitig vorbeugen. Ohne England aber könne Frankreich nicht helfen. Ob London Druck auf Prag ausüben werde, wollte Daladier wissen. Dazu habe man, so Chamberlain, keine Mittel. Schließlich zog sich der britische Premierminister auf den Standpunkt zurück, es sei Sache der tschechoslowakischen Regierung, das Memorandum anzunehmen oder abzulehnen. Die Besprechung endete gegen 3 Uhr morgens

ohne jedes Ergebnis. Die öffentlich nach wie vor zur Schau ge-
tragene Einigkeit der britisch-französischen Politik schien tatsächlich nicht mehr zu bestehen.

Alle Zeichen standen nun auf Sturm. Die tschechoslowakische
Regierung hatte Hitlers Memorandum abgelehnt und ihre Truppen mobilisiert. Im Sudetenland hörten die Tumulte, geschürt
von Hitzköpfen auf beiden Seiten, nicht mehr auf. Polen pochte
weiterhin auf seine Rechte im Gebiet von Teschen, die Sowjets
warteten ab, Briten und Franzosen waren sich uneins.

Der britische Premier unternahm einen letzten Versuch. Dem
Kabinett teilte er mit:

»Ich bin nicht bereit, die geringste Chance zur Vermeidung des
Krieges ungenutzt zu lassen und schlage deshalb vor, daß ich –
ausgehend von meinem Gespräch mit Herrn Hitler – ihm einen
persönlichen Brief schreibe.«

Sofort nach Ende der Gespräche zwischen Chamberlain und
Daladier ging in Berlin ein Telegramm der Deutschen Botschaft
London ein. Der britische Premier bitte um die Weitergabe einer
»streng vertraulichen Mitteilung«. Sein Berater Wilson werde in
Berlin einen persönlichen Brief Chamberlains überbringen, der
»Führer« solle das Ergebnis dieser Mission abwarten, denn die
Nachricht über die Ablehnung des deutschen Memorandums
durch die tschechische Regierung sei »nicht das letzte Wort«
Prags.

Am 26. September gegen 17 Uhr wurde Wilson, begleitet von
Henderson und Kirkpatrick, in der Reichskanzlei von Hitler
empfangen. Sofort trug er den Brief des Premierministers vor.
Chamberlain begann mit einer ausführlichen Schilderung der
Reaktionen, die das deutsche Memorandum in der britischen
und französischen Öffentlichkeit ausgelöst hatte. Schon diese
Einleitung langweilte Hitler. Gespräche dieser Art waren ihm zu-

wider. Sein Mißvergnügen wuchs, als Schmidt, der wiederum als Dolmetscher zugegegen war, die Entscheidung der tschechischen Regierung übersetzte:

»Die Tschechoslowakische Regierung hat mir jetzt mitgeteilt«, so schrieb Chamberlain, »daß sie zwar bei ihrer Annahme der Vorschläge bezüglich der Übertragung der sudetendeutsche Gebiete verbleibt, aber den in Ihrem Memorandum enthaltenen Vorschlag als ganz unannehmbar ansieht.«

Hitler sprang auf und schrie: »Es hat überhaupt keinen Zweck, noch irgendwie weiterzuverhandeln.« Dann rannte er zur Tür und wollte das Arbeitszimmer verlassen. Den britischen Besuchern, Diplomaten alter Schule, waren solche Verhaltensweisen nicht gerade vertraut. Auch Hitler merkte offensichtlich, wie unmöglich sein Benehmen war. Kurz vor der Tür machte er halt und kehrte auf seinen Platz zurück.

Etwas indigniert setzte Wilson seinen Vortrag fort. Da die Streitfrage »nur eine der Form, nicht aber eine des Prinzips« sei, solle man weiter verhandeln und keine Gewalt anwenden. Wegen einer »bloßen Verschiedenheit der Methoden« dürfe man nicht »die tragischen Folgen eines Konfliktes« heraufbeschwören. Chamberlain schlug Hitler vor, »einer Zusammenkunft von Vertretern Deutschlands und der Tschechoslowakischen Regierung zur sofortigen Erörterung der augenblicklichen Lage mit dem Ziele zuzustimmen, durch eine Vereinbarung den Weg festzulegen, auf dem das Gebiet zu übergeben ist.« Er selbst sei bereit, als Vermittler teilzunehmen.

Schmidt hatte diesen Vorschlag kaum übersetzt, da tobte Hitler wieder los. Selbst die anwesenden Deutschen saßen wie versteinert da. Ziel der Tiraden war wieder einmal Benesch, dieser »Terrorist, der hinter den Übergriffen der tschechischen Kriegstreiber« stehe. Schmidt beschrieb den folgenden Wortwechsel als »ungeregelte Diskussion«. Das war eine charmante Untertreibung. Häufig redeten oder brüllten sämtliche Gesprächspart-

ner durcheinander. Die beiden Dolmetscher hatten Mühe, die in-
haltlichen Vorschläge in dem Durcheinander zu sortieren. Hitler,
soviel war aus dem Geschrei herauszuhören, war zwar bereit, die
Vertreter Prags zu empfangen, er hatte aber keine Lust, über
irgendwelche Modifikationen zu diskutieren. Die Tschechen sollten sein Memorandum gefälligst annehmen. Wenn er das Gebiet
nicht bekäme, würde er es sich eben holen.

»So oder so« – wieder einmal fiel diese Formulierung. Wieder
einmal nannte er auch den 1. Oktober. Dann stellte er ein »letztes« Ultimatum: »In zwei Tagen, am 28. September um 14 Uhr.«
Bis dahin wolle er eine endgültige Antwort. Ob durch Verhandlungen oder durch Gewalt, am 1. Oktober sei das Sudetengebiet
in seinen Händen, »so oder so«. Damit war die Unterredung für
Hitler beendet.

Henderson informierte sofort das *Foreign Office* über diese
»sehr erregte Stunde« und bat um neue Weisungen. Er selbst
empfahl, die Tschechoslowakei zu sofortigen Verhandlungen mit
Hitler zu drängen und, als Zeichen guten Willens, die Tschechen
aus dem Egerland zu evakuieren. Das Ultimatum lief.

Derart aufgebracht, nahm Hitler wenige Stunden später an einer
Veranstaltung im Berliner Sportpalast teil. Goebbels hatte die
Atmosphäre entsprechend aufgeheizt und begrüßte Hitler mit
den Worten: »Führer befiehl, wir folgen.« Der war zwar immer
noch erregt, begann aber dennoch, wie üblich, verhalten und
lobte die Bemühungen des britischen Premiers. Doch bald schon
redete er sich in Rage. Aus seinen Worten sprach der blanke Haß
gegen Benesch:

»In diesem Namen vereinigt sich all' das, was Millionen Menschen heute bewegt, was sie verzweifeln läßt oder mit einem fa-
natischen Entschluß erfüllt.«

Er steigerte sich in einen Zornesrausch. Benesch habe sein
Wort gebrochen. »Das ist jetzt der Punkt, an dem das Spiel auf-

hört!« Dann wiederholte er sein Ultimatum, nicht ohne der eskalierenden Krise das lockende Traumbild eines endlich befriedeten Erdteils entgegenzusetzen:

»Und nun steht vor uns das letzte Problem, das gelöst werden muß und gelöst werden wird. Es ist die letzte territoriale Forderung, die ich Europa zu stellen habe. Aber es ist die Forderung, von der ich nicht abgehe, und die ich, so Gott will, erfüllen werde.«

Er schüttete Kaskaden von Spott über Anspruch und Wirklichkeit des Vielvölkerstaates aus, verzichtete in der Beschreibung des Krisenablaufs nicht auf die effektvolle Rolle des Beleidigten, malte jenseits aller Wirklichkeiten Terrorbilder aus und ließ sich bei den Flüchtlingszahlen von seinem schon gewohnten Zahlenrausch hinwegtragen:

»Wir sehen die grauenhaften Ziffern: an einem Tag 10000 Flüchtlinge, am nächsten 20000, einen Tag später schon 37000, wieder zwei Tage später 41000, dann 62000, dann 78000, jetzt sind es 90000, 107000, 137000 und heute 214000. Ganze Landstriche werden entvölkert, mit Granaten und Gas versucht man, die Deutschen auszuräuchern. Benesch aber sitzt ist Prag und ist überzeugt: Mir kann nichts passieren. Am Ende stehen hinter mir England und Frankreich. Und nun, meine Volksgenossen, glaube ich, daß der Zeitpunkt gekommen ist, an dem nun Fraktur geredet werden muß... Er wird am 1. Oktober uns dieses Gebiet übergeben müssen... Er hat jetzt die Entscheidung in seiner Hand! Frieden oder Krieg!«

Noch einmal schwor er, die Tschechoslowakei nie und nimmer auslöschen zu wollen. »Wir wollen gar keine Tschechen!« rief er emphatisch und steigerte sich am Ende in einen Zustand exaltierter Hysterie, wie es ihm nur selten gelang:

»Und so bitte ich dich, mein deutsches Volk, tritt jetzt hinter mich, Mann für Mann, Frau für Frau... Wir sind entschlossen! Herr Benesch mag jetzt wählen!«

Minutenlange Beifallsstürme folgten dieser Rede, und während Hitler mit entrücktem Blick zu seinem Platz ging, sprang Goebbels auf das Podium: »Niemals wird sich bei uns ein November 1918 wiederholen!« rief er in den aufgepeitschten Saal. Der US-Korrespondent William Shirer sah von der Galerie aus, wie Hitler daraufhin wieder aufsprang und mit einem unvergleichlichen Fanatismus in den Augen in die Menge schrie: »Ja!« Dann sank er ausgepumpt auf seinen Stuhl zurück. An diesem Abend wurde die fatale Formel: »Führer befiehl, wir folgen« populär. Beim Auszug Hitlers und der Paladine sang die Menge: »Der Gott, der Eisen wachsen ließ . . .«

Über die Ausfälle Hitlers schrieb der preußische Finanzminister Popitz:

»Jeden anständigen Menschen packt der physische Ekel, wenn er Reden hört wie die letzte pöbelhafte Rede von Hitler im Sportpalast.«

Auch Chamberlain, der die Rede in London mitgehört hatte, schien dieser Meinung zu sein:

»Nach der heftigen Attacke auf Benesch wissen wir, daß es zwecklos ist, die tschechische Regierung zu bitten, den Deutschen neue Angebote zu machen.« Aber noch immer gab er nicht auf. Öffentlich erklärte er, es sei für ihn undenkbar, wenn »die Völker Europas, die keinen Krieg miteinander wünschen, in einen blutigen Kampf wegen einer Frage gestürzt werden sollten, über die ein Übereinkommen bereits weitgehend erzielt worden ist.«

Gewiß hatte er recht, es ging nur um Lappalien. Ob das Sudetengebiet nun ein oder zwei Tage früher an die Deutschen übergeben wurde oder nicht – sollte das tatsächlich der Grund für einen europäischen Krieg sein? Erneut appellierte Chamberlain an die deutsche Regierung, »einer Regelung der Übergabe durch Erörterungen und nicht durch Gewalt zuzustimmen«.

Es hatte freilich nicht den Anschein, als würde Hitler dieser

Aufforderung nachkommen. Englands Vertreter in Berlin meldete dem *Foreign Office*, daß Generalfeldmarschall Göring ihm in einem Gespräch nach Hitlers Rede im Sportpalast noch einmal nachdrücklich versichert habe, daß die Deutschen am 28. September um 14 Uhr nach Ablauf des Ultimatums eine allgemeine Mobilmachung verkünden und mit der Besetzung des Sudetengebietes beginnen würden. Göring rechnete damit, daß Italien, Ungarn und auch Polen hinter dem deutschen Vorgehen stünden.

Mit Spannung warteten die englischen Unterhändler darauf, erneut beim »Führer« vorgelassen zu werden. Die Audienz war für den 27. September um 12 Uhr 15 vereinbart worden.

Das Gespräch begann sehr viel ruhiger als am Tag zuvor. Trotz der Ausbrüche Hitlers am Vorabend raffte sich Wilson zu einigen Höflichkeitsfloskeln auf, die die wenigen Friedenszeichen der Rede würdigten. Chamberlain hatte ihn eigens darum gebeten. Eigentlich hatte Wilson nichts Neues mitzuteilen, er überbrachte eine Garantie Chamberlains: Wenn Hitler von einem Einmarsch absehe, werde er versuchen, die Tschechoslowakei zu bewegen, sich an die schon gemachten Zugeständnisse zu halten. Dafür übernehme er die »moralische Verantwortung«.

Hitler wiederholte stur sein Ultimatum vom Vortag: Es gebe nur die Annahme oder Ablehnung des deutschen Memorandums.

»Ich danke lediglich dem Premierminister für alle seine Bemühungen. Die Tschechen haben sich zu entscheiden, das Memorandum anzunehmen oder es abzulehnen. Ich erwarte die Antwort bis morgen vor 14 Uhr... Wenn die Tschechen nicht bis Mittwoch, den 28. September, 2 Uhr mittags, meine Forderungen angenommen haben, marschiere ich am 1. Oktober mit der deutschen Armee in das Sudetengebiet ein.«

Was dann folgen würde, darüber ließ Hitler Henderson und

Wilson nicht im unklaren:»Ich werde die Tschechen zer-r-r-schla-gen«, verkündete er mit einem noch länger als üblich rollenden »R«.

Das Gespräch verlief zwar ruhiger als das letzte, inhaltlich aber hatte sich nichts geändert. Deshalb nahm Wilson weisungsgemäß den zweiten Umschlag, den ihm Chamberlain mitgegeben hatte.

»Unter diesen Umständen habe ich mich noch eines weiteren Auftrages des britischen Premierministers zu entledigen. Ich bitte Sie, Herr Reichskanzler, folgende Mitteilung zur Kenntnis zu nehmen.«

Langsam verlas Wilson den kurzen, aber inhaltsschweren Satz, den der englische Premier für den äußersten Notfall vorgesehen hatte. Langsam, Wort für Wort betonend, übersetzte Schmidt:

»Sollte Frankreich in Verfolgung seiner vertraglichen Ver-pflichtungen in die Feindseligkeiten gegen Deutschland aktiv verwickelt werden, so würde sich das Vereinigte Königreich ge-zwungen sehen, Frankreich beizustehen.«

Hitler schien nicht überrascht:»Ich nehme die Mitteilung zur Kenntnis. Sie bedeutet, daß, wenn es Frankreich für richtig hält, Deutschland anzugreifen, England sich verpflichtet fühlt, Deutschland ebenfalls anzugreifen. Wenn Frankreich und Eng-land losschlagen wollen, dann sollen sie es nur tun. Mir ist das vollständig gleichgültig. Ich bin auf alle Eventualitäten vorberei-tet. Heute ist Dienstag, und am nächsten Montag werden wir alle Krieg führen. Dann werden wir uns eben alle miteinander in der nächsten Woche im Kriege befinden.«

Die Würfel schienen gefallen. Kurz nach dem Gespräch mit Wilson befahl Hitler um 13 Uhr das Einrücken der Sturmabtei-lungen aus ihren Übungsräumen in die Ausgangsstellungen. Sie-ben Divisionen standen bereit, die Aktion »Grün« durchzu-führen. Hitler hatte die Zeichen auf Sturm gestellt.

»Auf des Messers Schneide«

Der Weg nach München

»Die Lage ist völlig klar.« So begann das Telegramm, in dem der Botschafter Seiner Majestät den britischen Regierungschef über das Gespräch mit Hitler informierte. Nach dessen neuem Ultimatum brachte Henderson die Lage auf den Punkt:

»Wenn Prag bis morgen, 28. September 14 Uhr, nicht das deutsche Memorandum annimmt oder seine Truppen aus dem Sudetenland zurückzieht, wird Hitler die allgemeine Mobilmachung anordnen und Frankreich ebenfalls. Wenn die britische Nation wünscht, sich in einen Krieg einzulassen, ist nichts zu machen, als sich auf ihn vorzubereiten.«

Die Vermittlungsmission Wilsons hatte nicht den gewünschten Erfolg gebracht. Im Gegenteil, die Situation hatte sich weiter verschärft. Mit einem einzigen Satz hatte Hitler die Welt an den Rand eines Krieges getrieben. Und dies war keine leere Drohung: Deutsche Stoßtruppen hatten den Befehl erhalten, Stellung zu beziehen. Die Luftwaffe stand in Bereitschaft. Nur besseres Wetter schien noch notwendig, um Prag zu bombardieren.

Auch im Westen wurden Vorbereitungen getroffen. Hitler ordnete die Mobilmachung von fünf Divisionen an. Bei einem ernsthaften Angriff der Franzosen wären diese Kräfte allerdings zerrieben worden. Doch die Franzosen dachten gar nicht daran, anzugreifen.

In Prag, so schien es, hatte der Belagerungszustand schon begonnen. Alle Telefonverbindungen nach Deutschland waren gekappt. Gerüchte sprachen von einer unmittelbar bevorstehenden Bombardierung durch die deutsche Luftwaffe. Benesch hatte eine Botschaft aus London erhalten, in der Chamberlain ihn darüber informierte, daß »die deutschen Truppen Befehl haben, die tschechische Grenze fast unmittelbar zu überschreiten, wenn nicht bis 2 Uhr morgen nachmittag die tschechoslowakische Regierung die deutschen Bedingungen anerkennt. Die Regierung Seiner Majestät kann nicht die Verantwortung übernehmen, Ihnen anzuraten, was zu tun ist ...«

Die Stimmung in der tschechischen Bevölkerung war geprägt von trotzigem Durchhaltewillen, kaum einer war bereit, sich weiter erpressen zu lassen. Man schien bereit zu kämpfen.

Auch in London rechneten die Menschen mit dem Schlimmsten. Viele verließen die Hauptstadt. Wer konnte, schickte seine Kinder aufs Land. Die zurückblieben, bereiteten sich auf Luftangriffe vor. Gräben wurden ausgehoben, die Krankenhäuser richteten zusätzliche Betten ein. Chamberlain hatte den Alarmzustand für die Marine befohlen. Die Unruhe wuchs, geriet fast schon zur Hysterie. Einige Pedanten überprüften die Funktionsfähigkeit und den richtigen Sitz ihrer Gasmasken in der Backröhre des Gasherds. Sie waren die ersten Opfer des »Krieges ohne Waffen«.

Am Abend des 21. September hielt Chamberlain seine mit Spannung erwartete Rundfunkrede an die britische Nation. Er äußerte »Verständnis für Hitlers Verteidigung der sudetendeutschen Interessen«, aber auch für die Ablehnung deutscher Forderungen seitens der Prager Regierung. Dann sprach er aus, was viele seiner Landsleute dachten:

»Wie schrecklich, phantastisch und unglaublich ist es, daß wir hier Gräben ausheben, Gasmasken ausprobieren wegen eines

Streites in einem fernliegenden Land zwischen Menschen, von denen wir nichts wissen. Es scheint noch unmöglicher, daß eine Auseinandersetzung, die im Prinzip bereits beigelegt ist, Gegenstand eines Krieges sein soll.«

Chamberlain erwähnte den Alarmbefehl für die Flotte, betonte aber auch den vorläufigen Charakter seiner Anweisung. Er wollte noch immer nicht aufgeben und bot erneut seine Vermittlerdienste an:

»Ich bin bereit alles zu unternehmen, um den Frieden zu retten. Ich bin sogar bereit, zum dritten Male nach Deutschland zu fahren.«

Dem Angebot an Hitler folgte eine unverhohlene Drohung an die Adresse Beneschs:

»Wie sehr auch immer unsere Sympathien auf der Seite einer kleinen Nation sein mögen, die sich einem mächtigen Nachbarn gegenübersieht, so steht doch außer Frage, das britische Weltreich unter allen Umständen nicht in einen Krieg für diese kleine Nation zu verwickeln. Wenn wir kämpfen müssen, so muß es um wichtigere Fragen gehen.«

Zur Bekräftigung seiner Warnung ließ Chamberlain über den tschechischen Botschafter Dr. Krofta zwei Mitteilungen an die Regierung in Prag übermitteln. Darin machte er unmißverständlich klar: ob die Sudetengebiete nun einige Tage früher oder später an die Deutschen abgetreten würden, wegen solcher Kleinigkeiten würde Großbritannien sich nicht in einen Krieg hineinziehen lassen.

Als Chamberlain nach seiner Rundfunkrede ins Büro zurückkehrte, fand er einen Brief des deutschen Kanzlers vor. Der britische Premier hatte Hitlers Ausfälle bei der Sportpalast-Rede noch im Ohr, auch Wilsons Schilderung der Hitlerschen Tobsuchtsanfälle. Welche neuen Forderungen würden ihn nun erwarten? Um so angenehmer war nun die Lektüre des Briefes. Zwar hatte Hitler keiner seiner Forderungen zurückgenommen, auch das Versprechen war nicht neu, daß er an den »Tschechen kein Interesse« mehr habe, sobald die Sudetengebiete an das Reich gegliedert seien; der Inhalt gab also keinen Anlaß zu neuen Hoffnungen. Doch der Ton brachte neue Akkorde: Für NS-Verhältnisse war er sehr gemäßigt, fast schon konstruktiv. Der deutsche »Führer« wollte eigentlich nur wissen, ob Chamberlain bereit sei, weiterhin zwischen dem Deutschen Reich und der Tschechoslowakei zu vermitteln. Der britische Premier glaubte, einen neuen Hoffnungsschimmer zu erkennen. Vielleicht war es ja noch nicht zu spät. Da stand es schwarz auf weiß: Der Reichskanzler war bereit, »unter den von mir angegebenen Voraussetzungen... für den Restbestand der Tschechoslowakei eine förmliche Garantie zu übernehmen«.

Die Tür, die schon zugeschlagen schien, stand plötzlich wieder offen. Hitler wollte, so erschien es nun dem Optimisten Chamberlain, doch eine friedliche Lösung.

Sollten die Verfechter einer *Appeasement*-Politik also Recht behalten? Wollte Hitler tatsächlich keinen Krieg? Oder war es nur ein neuer Trick? Was stand hinter diesem außerordentlich plötzlichen Stimmungswandel?

Nachdem die britische Delegation um Wilson die Reichskanzlei verlassen hatte, wollte Hitler ein besonderes Zeichen setzen: Eine motorisierte Division in Kampfausrüstung sollte durch die Reichshauptstadt fahren! Den Diplomaten in der Britischen Botschaft, die der Militärkonvoi passieren mußte, ja der gesamten Welt wollte er die Macht und Kampfbereitschaft Deutschlands demonstrieren. Er wollte zeigen: Wir sind bereit. Vom Balkon der Reichskanzlei würde er sich den begeisterten Anhängern dann als Triumphator zeigen.

Bei trübem Herbstwetter zog eine schier endlose Kolonne motorisierter Geschütze, Militärfahrzeuge mit Soldaten, Kradfahrer und anderer Einheiten durch Berlin. Erich Kordt dachte zunächst an einen Staatsstreich:

»Einen Augenblick durchzuckte mich der Gedanke: ... das Regierungsviertel wird besetzt. Aber die Kraftwagen fuhren in südlicher Richtung weiter. Also Truppen, die zur Front fahren.«

Er und die anderen Augenzeugen des Schauspiels sahen, wie der Konvoi die Reichskanzlei passierte, wie sich die Soldaten von ihren Sitzen erhoben, wie die Offiziere Haltung annahmen und vor ihrem obersten Befehlshaber salutierten, der am Fenster erschienen war.

Doch Hitler hatte falsch kalkuliert: Die Blicke der Soldaten, die den Grund der überraschend angesetzten Übungsfahrt nicht kannten, hatten nichts gemein mit denen wild entschlossener, harter Kämpfer, die begeistert in die Schlacht ziehen. Überstunden und Zusatzdienste stießen auch im »Dritten Reich« bei den Betroffenen nicht auf Begeisterung.

Noch schlimmer jedoch traf Hitler die Reaktion der Bevölkerung: Als die Wagenkolonne erschien, herrschte von einem Moment auf den anderen lähmendes Schweigen. Die Jubelrufe, die ausgebrochen waren, als sich Hitler am Fenster gezeigt hatte, verstummten; statt der vom »Führer« erwarteten freudigen Zustimmung herrschte bedrückende Stille. Der Beifall blieb aus.

Hitler war konsterniert. Zu Spitzy, Ribbentrops Adjutanten gewandt, murmelte er betroffen: »Sehen Sie sich die Gesichter der Leute an, die hat das bleiche Entsetzen vor dem Kriege gepackt.«

Der Schreck, den er den Briten mit dieser Machtdemonstration einjagen wollte, war ihm nun selbst in die Glieder gefahren. Hitler zog sich zurück, stellte sich hinter die Gardinen, ließ die Lichter löschen und betrachtete das mißglückte Schauspiel. Es dauerte lange, bis er den Schock überwunden hatte. Nach der Enttäuschung packte ihn die Wut: »Mit diesem Volk kann ich noch keinen Krieg führen.« Begeisterte Aggressionslust hatte er erwartet, beklemmende Angst war nun zu spüren.

Das sahen auch die Adressaten in der Britischen Botschaft, an die sich diese Zurschaustellung militärischer Potenz gerichtet hatte:»Das Bild, das sich bot, glich fast dem eines feindlichen Heeres, das durch eine besetzte Stadt zieht«, schilderte Henderson seinen Eindruck vom kühlen Verhalten der Berliner. Ein Krieg war bei der Bevölkerung der deutschen Hauptstadt also nicht populär.

Das schien auch Hitler zu begreifen. Ob es den Ausschlag gab? Immerhin berichtete von Weizsäcker, Hitler habe nur deshalb die »friedliche Methode« gewählt, weil er Zweifel am Kriegswillen des deutschen Volkes hatte. Auch Goebbels äußerte bei einem Essen in der Reichskanzlei in Gegenwart des »Führers« Bedenken an der Kriegsbereitschaft der Bevölkerung.

Schon am Abend des 27. September rund 20 Stunden vor Ablauf des letzten Ultimatums, deutete sich in Berlin ein Stimmungswandel an.

Die führenden Politiker außerhalb Deutschlands hatten davon freilich keine Ahnung. Sie wußten nur: Die Zeit verrinnt, die Uhr läuft ab. In der Nacht zum Mittwoch schliefen viele Politiker in London und Paris, aber auch in Prag und Rom sehr schlecht. Staatsmänner in Westeuropa und Amerika bemühten sich, den Frieden zu retten.

Chamberlain sah im Schreiben Hitlers eine letzte Chance, den Krieg in Mitteleuropa zu vermeiden. Und er war bereit, nach jedem Strohhalm zu greifen. In der Nacht zum Mittwoch gingen neue Weisungen an den britischen Botschafter in Berlin. London zeigte sich bereit, über neue Fristen bei der Räumung des Sudetenlandes mit sich reden zu lassen.

Zur selben Zeit sandte der amerikanische Präsident Roosevelt eine Botschaft an Hitler:

»Im Namen von 130 Millionen Amerikanern richte ich an Sie den dringenden Appell, die Verhandlungen nicht abzubrechen, sondern eine friedliche Regelung zu suchen. Meine Regierung… beabsichtigt nicht, sich in die gegenwärtigen Verhandlungen einzumischen. Wenn Sie mit den Tschechen nicht zu einer Verständigung kommen können, so müßte es doch möglich sein, eine internationale Konferenz aller interessierten Staaten an einem neutralen Ort in Europa einzuberufen.«

Der Gedanke an eine Gipfelkonferenz wehte wieder über das politische Parkett. In Paris nahm Bonnet die Idee erleichtert auf. Gegen 4 Uhr morgens erteilte er die Weisung an die Botschaft in Berlin, François-Poncet möge um eine dringende Audienz bei Hitler ersuchen und ihm neue Vorschläge der französischen Regierung unterbreiten. Henderson hatte schon in der Nacht im Auswärtigen Amt das gleiche für die Briten versucht. Als François-Poncet gegen 10 Uhr morgens noch immer keinen Termin für eine Unterredung mit Hitler erhalten hatte, wandte er sich nervös an seinen britischen Kollegen. Er habe ähnliche Weisungen erhalten wie der britische Botschafter, leitete er das Gespräch ein. Allerdings habe er noch immer keine positive Antwort: »Ich befürchte das Schlimmste.«

Henderson versuchte nun, seine Verbindungen zu Göring zu nutzen, um auf diesem Weg bei Hitler vorgelassen zu werden. Er schilderte dem Generalfeldmarschall sein Anliegen. Göring, damals zwar keine Taube, verglichen mit den anderen Nazi-Führern aber ein relativ kleiner Falke, fiel Henderson ins Wort: »Sie brauchen nichts weiter zu sagen, ich gehe sofort zum Reichskanzler.«

Im Großen Saal der Reichskanzlei hatten sich an diesem Morgen schon kuriose Szenen abgespielt. Überall standen Minister mit ihren Beratern, saßen Generale bei ihren Adjutanten, tuschelten Sekretäre mit Referenten. Die ganze Szenerie hatte nur wenig mit der Regierungszentrale des mächtigsten Staates in Mitteleuropa gemein. Hitler ging von Gruppe zu Gruppe und hielt gelegentlich einen seiner Monologe. Kurz vor Görings Ankunft hatte Neurath die naive, aber doch recht wesentliche Frage gestellt:

»Mein Führer, wollen Sie eigentlich auf alle Fälle Krieg machen?« Hitlers Antwort wies auf einen Stimmungswandel hin: »Was meinen Sie – auf alle Fälle? Natürlich nicht!«

Nach Görings Ankunft zogen sich die Paladine und ihr Chef zurück. Es folgte ein Durcheinander, das grotesk angemutet hätte, wäre sein Hintergrund nicht so ernst gewesen.

Göring beschuldigte Ribbentrop, zum Krieg zu hetzen: »Wenn's jetzt zum Krieg kommt, dann bin ich derjenige, der dem deutschen Volk erzählt, daß Sie es in den Krieg getrieben haben.«

Ribbentrop giftete zurück, das sei unerhört, er verbitte sich das. Und nun beschimpften und bedrohten sich zwei der höchsten Repräsentanten des »Dritten Reiches«, so ein Augenzeuge, wie »zwei Primadonnen vor der Generalprobe«.

In späteren Wiedergaben des Gesprächs bildeten sich Legenden. So behauptete Göring, er habe dem »Führer« gesagt, daß er keinen Krieg wolle, weil er wisse, was Krieg bedeute. Wenn aber, so fuhr der Generalfeldmarschall fort, der »Führer« den Befehl zum Marschieren geben sollte, »so werde ich mich im ersten und führenden Flugzeug befinden«. Allerdings müsse er darauf bestehen, daß »Ribbentrop an meiner Seite Platz nimmt«. Tatsächlich hatte Göring dies gesagt, allerdings nicht in diesem Gespräch und nicht in Hitlers Gegenwart.

Immerhin gelang es Göring, François-Poncet einen Gesprächstermin bei Hitler zu verschaffen. Einfach war es nicht gewesen. Ribbentrop fragte zynisch: »Warum sollen wir diesen Franzosen überhaupt noch empfangen?« – »Mein Führer«, erklärte Göring, »Sie müssen wissen, was er Ihnen zu sagen hat.« Hitler stimmte zu. Die Zeit drängte, das Ultimatum würde in drei Stunden ablaufen.

Der französische Botschafter wartete noch immer nervös bei seinem britischen Kollegen, der eine neue Botschaft Chamberlains in den Händen hielt. Der britische Premier hatte sich schon wieder bereit erklärt, »sofort nach Berlin zu kommen, um die Ge-

samtfrage mit Hitler, Frankreich und Italien zu besprechen«. Er
könne nicht glauben, so Chamberlain, »daß Sie wegen einer Verzögerung von ein paar Tagen die Veranwortung für den Ausbruch
eines Weltkrieges auf sich laden wollen, der das Ende der Zivili-
sation bedeuten kann.«

Mit diesem Vorschlag im Visier betrat François-Poncet um 11
Uhr 15 das Konferenzzimmer der Reichskanzlei. Hitler war nicht
allein, Ribbentrop saß mit am Tisch. Für den französischen Botschafter war das ein eher ungünstiges Omen. Ribbentrops Quer-
schüsse waren ihm nur zu bekannt. Der deutsche Außenminister
hörte, wie François-Poncet behutsam die französische Position
darstellte:

»Sie täuschen sich, Herr Reichskanzler, wenn Sie etwa glauben, den Konflikt auf die Tschechoslowakei lokalisieren zu können. Wenn Sie dieses Land angreifen, stecken Sie damit ganz
Europa in Brand. Sie sind natürlich überzeugt, den Krieg zu gewinnen, genauso wie wir glauben, Sie besiegen zu können. Aber
warum wollen Sie überhaupt dieses Risiko eingehen, wo Sie doch
ohne Krieg die wesentlichsten Forderungen erfüllt erhalten können?«

Er redete ihm zu »wie einem kranken Schimmel«, so beschrieb
der Dolmetscher Hitlers die Szene. Da François-Poncet ausgezeichnet deutsch sprach, blieb Paul Schmidt fast arbeitslos.

Gespannt beobachtete der französische Botschafter die Reaktion des Reichskanzlers. Der schien recht interessiert, die Argumente anzuhören. Nur mitunter brachen kleine Beschimpfungen
gegen Benesch durch. Immer wieder betonte François-Poncet,
wie gering die Unterschiede zwischen der französischen und der
deutschen Auffassung im Prinzip doch seien, immer seltener hielt
Hitler dagegen. Ribbentrop sah die Aussichten auf die von ihm
favorisierte militärische Lösung schwinden und versuchte, die
Thesen des Botschafters abzuschwächen. Doch François-Poncet
zog einen weiteren Trumpf aus der Tasche: eine Karte, auf der die

Phasen der Räumung einzeln eingezeichnet waren. Hitler war beeindruckt. Später sagte er über dieses Gespräch:

»François-Poncet war der einzige, der einen vernünftigen Vorschlag machte. Man sah dieser Karte sofort an, daß sie von Militärs angefertigt war, die ihr Handwerk verstanden.«

Hitler schwankte, aber er fiel noch nicht. Plötzlich, gegen 11 Uhr 40, unterbrach ein Adjutant die Audienz. Entgegen dem Protokoll wurde Hitler vor die Tür gerufen. Dort stand Attolico, der italienische Botschafter, der aufgeregt erklärte:

»Ich habe eine dringende Botschaft vom *Duce* an Sie zu überbringen, Führer. Soeben hat die britische Regierung in Rom durch ihren Botschafter mitteilen lassen, daß sie eine Vermittlung des *Duce* in der sudetendeutschen Frage annehmen würde. Die Differenzpunkte hat sie als nur gering bezeichnet. Was Sie auch beschließen mögen, Führer, das faschistische Italien steht hinter Ihnen, läßt der *Duce* mitteilen. Der *Duce* ist aber der Ansicht, daß die Annahme dieses englischen Vorschlags günstig wäre und bittet Sie, von einer Mobilisierung abzusehen.«

Der Auftritt Attolicos war das Resultat des hektischen Krisenmanagements in ganz Europa. Chamberlain hatte an den italienischen Außenminister und *Duce*-Schwiegersohn Graf Ciano appelliert, Mussolini möge »das bewährte Freundschaftsverhältnis zum Führer« nutzen und sich für die Erhaltung des Weltfriedens einsetzen. Der Duce sei »der einzige Mann«, der Hitler jetzt noch im Sinne einer friedlichen Lösung beeinflussen könne.

Daraufhin glühten die Telefondrähte zwischen Rom und Berlin. Die Telefonistin, die in Rom die etwa 20 Verbindungen mit Berlin hergestellt hatte, erhielt von Mussolini später eine Belohnung von 2000 Lire. Der italienische Botschafter erkärte seinem britischen Kollegen auf dem Weg nach München:

»Die Kommunisten haben ihre günstige Gelegenheit verpaßt. Hätten sie heute die Telefondrähte zwischen Rom und Berlin zerschnitten, so wäre der Krieg unvermeidlich geworden.«

16 (oben) An den deutsch-tschechischen Grenzübergängen rissen Sudetendeutsche, unterstützt von Zollbeamten, die mit dem tschechoslowakischen Wappen markierten Grenzpfähle aus dem Boden. Am 1. Oktober 1938 war der Weg für die deutschen Truppen frei.

17 (unten) Menschen mit Hakenkreuzen, die Hand zum »Deutschen Gruß« erhoben, säumten, wie hier am 2. Oktober 1938 in Hainspach, die Straßen, auf denen deutsche Truppen ins Sudetenland einmarschierten.

18 (oben) Jubelnd begrüßen Sudetendeutsche die deutschen Soldaten bei ihrem »friedlichen« Einmarsch in das von den Tschechen gesäumte Sudetenland – ein Blumenkrieg.

Rechte Seite:
19 (links oben) Edouard Daladier bestimmte als Ministerpräsident die Politik Frankreichs von 1938 bis 1940.

20 (rechts oben) Joachim von Ribbentrop trat am 4. Februar 1938 die Nachfolge von Konstantin von Neurath als Außenminister des Deutschen Reichs an.

21 (links unten) General Wilhelm Keitel übernahm nach dem Sturz General von Blombergs am 4. Februar 1938 das Oberkommando der Wehrmacht.

22 (rechts unten) Hermann Göring, Oberbefehlshaber der Luftwaffe, Reichstagspräsident, preußischer Ministerpräsident und Hitlers designierter Nachfolger – das waren nur einige der Posten und Ämter des »zweiten Manns im Dritten Reich«.

23 Eduard Benesch war der große Gegenspieler Hitlers in Prag. Er war Außenminister der Tschechoslowakei von 1918 bis 1935, Ministerpräsident von 1921 bis 1922 und schließlich, von 1935 bis 1938, Staatspräsident, danach im Exil.

24 Generaloberst Ludwig Beck war der unumstrittene Kopf des militärisch-konservativen Widerstands gegen Hitler. Aus Protest gegen die Politik Hitlers trat er am 18. August 1938 als Generalstabschef des Heeres zurück.

25 Die nach Plänen von Albert Speer erbaute neue Reichskanzlei, die Adolf Hitler im Januar 1939 bezog.

26 Der Staatspräsident der Tschechoslowakei, Emil Hacha, wurde bei seinem Besuch in Berlin am 14. und 15. März 1939 von Hitler gezwungen, um den »militärischen Schutz« des »Dritten Reichs« zu bitten. Hitler wollte eine Scheinlegitimation, um die »Rest-Tschechei« zu zerschlagen.

27 Der Ministerpräsident der »unabhängigen« Slowakei, Jozef Tiso (Mitte), und sein Außenminister Durczansky bei der Gratulation zu Hitlers 50. Geburtstag am 20. April 1939.

28 Adolf Hitler zeigte sich am 16. März 1939 vom Prager Hradschin einer jubelnden Menschenmenge, als er das »Protektorat Böhmen-Mähren« proklamierte.

29 Wurden den deutschen Soldaten beim Einmarsch ins Sudetenland noch Blumen entgegengestreckt, so waren es beim deutschen Einmarsch in Prag am 15. März 1938 die Fäuste enttäuschter und zorniger Tschechen, die gegen die neuen Besatzer erhoben wurden.

Nach Attolicos Demarche auf dem Korridor kehrte Hitler zu François-Poncet zurück und meinte: »Auch Mussolini bittet mich um Aufschub.«

Der Franzose hakte sofort nach und fragte, ob er Paris informieren solle, daß Deutschland unnachgiebig bleibe. Hitler zögerte. »Sie bekommen meine Antwort am frühen Nachmittag.«

François-Poncet notierte: »Ich habe den Eindruck, seine Entschlossenheit ist erschüttert. An der Tür treffe ich mit Göring und Neurath zusammen, die mich mit Zeichen beruhigen.«

Mittlerweile war auch Henderson bei Hitler eingetroffen, um die Nachricht Chamberlains zu überbringen. Der Brite hielt Eile für geboten, für ihn tickte die Zeitbombe des Ultimatums noch immer. Die Uhr lief weiter, es war inzwischen 12 Uhr 30, nur 90 Minuten vor Ablauf des Ultimatums. Hitler lehnte zwar den neuen britischen Zeitplan für die Räumung kategorisch ab, doch hatte er für Henderson eine angenehme Überraschung:

»Bevor ich Ihnen antworte, muß ich mich mit Mussolini in Verbindung setzen. Ich habe übrigens die deutsche Mobilmachung auf Wunsch meines großen italienischen Freundes und Bundesgenossen um 24 Stunden verschoben.«

Dies war freilich eine weitere Täuschung: Denn tatsächlich waren die deutschen Truppen de facto »mobilgemacht«, sie hätten aus dem Stand angreifen können.

Es war 13 Uhr 10, 50 Minuten vor Ablauf des Ultimatums. Die Gefahr war aber nicht endgültig gebannt, denn die Ursache der Krise war noch nicht behoben. Hitler hatte lediglich das Ultimatum um einen Tag verlängert.

Erneut liefen die Drähte heiß. Berlin – London – Paris – Rom – Berlin: so hießen die Stationen der internationalen Telefonkette. Jetzt ging es um die Einzelheiten einer Gipfelkonferenz. Chamberlain hatte Hitler fünf Staaten vorgeschlagen, damit wäre auch die Tschechoslowakei vertreten gewesen. An einer Teilnahme der verhaßten Tschechen war der Kanzler aber über-

haupt nicht interessiert. Ein Vorschlag Mussolinis gefiel dem
»Führer« besser: Der Duce erklärte seine Bereitschaft zu einem
gemeinsamen Treffen mit Chamberlain, Daladier und dem »Führer«, denn eine solche Konferenz sei »die beste Grundlage für
eine allgemeine Entspannung«. Göring redete Hitler zu:

»Wenn sich vier führende Männer der vier europäischen
Großmächte des Westens in der Mitte treffen würden, so sei doch
schon sehr viel gewonnen.«

Schließlich stimmte Hitler einer Viererkonferenz zu. Auch das
letzte Hindernis, die Frage des Tagungsortes, war schnell gelöst.
Da Mussolini der Weg nach Berlin zu weit war, wurde München
ausgewählt. Die Würfel waren gefallen.

Von dieser Wende wußte in der Öffentlichkeit noch niemand.
Eine halbe Stunde nach Ablauf der von Hitler gesetzten Frist
konnte Henderson dem *Foreign Office* nur mitteilen, daß das
»Ergebnis noch in der Schwebe sei«.

Chamberlain sprach seit 14 Uhr 45 im Unterhaus über den
Verlauf der Krise und seine Bemühungen, eine friedliche Lösung
zu finden. Von den neuesten Entwicklungen in Berlin wußte er
nichts. Er und alle Anwesenden im Saal mußten davon ausgehen,
daß zur gleichen Stunde deutsche Truppen an der Grenze zur
Tschechoslowakei sich auf den Einmarsch vorbereiten würden.
Auf vollbesetzten Rängen warteten die Zuhörer, unter ihnen die
Königin und der Herzog von Kent, gespannt auf Neuigkeiten.
Gleich nebenan, in der Westminsterabtei, beteten Hunderte von
Menschen für den Frieden. Plötzlich entstand Unruhe: Lord
Dunglass, der Privatsekretär Chamberlains, hatte den Saal ver-
lassen und war kurz darauf mit einem Blatt Papier zurückge-
kehrt. War das die Meldung vom Einmarsch der Deutschen?
Viele rechneten mit Krieg. Chamberlain selbst hatte nichts be-
merkt. Er war blaß. Seine Rede war eine einzige Bilanz des Schei-
terns. All seine Hoffnungen, für die er diese ganzen anstrengen-

den Wochen gerungen hatte, waren fehlgeschlagen. England stand am Rande des Krieges. Als ihm sein Schatzkanzler, Sir John Simon, nun den Zettel hinhielt, zeigte er keine Regung und beendete zunächst seinen Redeabschnitt. Erst dann, es war 16 Uhr 20, rang er sich zu einem Lächeln durch:

»Ich habe dem Haus noch etwas weiteres mitzuteilen. Ich bin soeben von Herrn Hitler dahin unterrichtet, daß er mich eingeladen hat, ihn morgen früh in München zu treffen. Er hat auch Signore Mussolini und Monsieur Daladier eingeladen. Signore Mussolini hat angenommen, und ich zweifle nicht, daß Monsieur Daladier ebenfalls annehmen wird. Ich brauche nicht zu sagen, was meine Antwort sein wird. Ich bin sicher, daß das Haus bereit ist, mich jetzt zu entlassen, damit ich gehe und sehe, was ich aus dieser letzten Anstrengung herausholen kann.«

Ein wilder Beifallssturm erhob sich. Er pflanzte sich fort bis in die Bänke der Opposition und wuchs zu einer Ovation. Die Königin weinte vor Freude, und auch gestandene Parlamentarier ließen sich anstecken. Sir John Simon berichtete, »wie Männer, die bis dahin recht abfällig von Chamberlains Bemühungen gesprochen hatten, mit Tränen in den Augen den Gang überquerten und ihm ergriffen die Hand gaben«.

Die Begeisterung im Unterhaus schien anzustecken. In Frankreich wurde Geld gesammelt, um dem passionierten Angler Chamberlain eine luxuriöse Ausrüstung zu schenken. In Straßburg wurde die *Avenue de la Paix* zu Ehren des »Seigneur de la Paix« in *Avenue Neville Chamberlain* umbenannt. Selten war ein britischer Premierminister jenseits des Kanals so beliebt gewesen. Anerkennung erhielt Chamberlain sogar aus Washington, der amerikanische Präsident schickte ein kurzes, aber vielsagendes Telegramm: »Good man.«

Die Freude über die erneuten Verhandlungen war allgemein, diese Tatsache allein wurde schon gefeiert wie ein Sieg, als hätte schon die Einigung auf einen Gesprächstermin die Krise beseitigt. Auf den Straßen des vorsorglich verdunkelten Paris tanzten die Menschen. Die Sache sah aus wie ein erster Erfolg. Und da der Erfolg bekanntlich viele Väter hat, begann der Streit um die Vaterschaft. In Washington reklamierte Präsident Roosevelt die Urheberrechte für sich. Der französische Außenminister Bonnet erklärte sich zum geistigen Vater. Der britische Premierminister war von Anfang an für ein Gipfeltreffen gewesen. Andere »hatten es schon immer gewußt«. Aber erst Mussolini war es gelungen, Hitler für Verhandlungen zu erwärmen und den Konferenzgedanken aus dem Reich unverbindlicher Planspiele auf den Boden der Realität zu holen. Damit half der *Duce* Hitler, das Gesicht zu wahren und das Ultimatum auszusetzen. Der italienische Faschistenführer war, so sah er es selbst, der einzige, dem es gelingen konnte, »die Gegner an einen Tisch zu bringen«. Er war der Vater von »München«.

Zu den wenigen, die sich von der allgemeinen Euphorie nicht anstecken ließen, gehörten Anthony Eden, der wortlos das Parlament verlassen hatte, und Winston Churchill. Ihn interessierte vor allem eine Frage:»Wie steht es mit der Tschechoslowakei? Denkt niemand daran, die Tschechen nach ihrer Meinung zu fragen?«

Nein, niemand dachte daran. So mußten die Tschechen selbst ihre Stimme erheben. Benesch sandte eine lange Botschaft an Chamberlain. Es war ein letzter verzweifelter Hilferuf des Staatspräsidenten, der den Ausverkauf der Tschechoslowakei fürchtete:

»Ich bitte Mr. Chamberlain sehr eindringlich um Hilfe, denn es ist unser aufrichtiger Wunsch, zum Frieden beizutragen. Ich bitte deshalb, daß in München nichts getan wird, ohne daß die Tschechoslowakei angehört worden ist.«

Auch im Deutschen Reich waren nicht alle darüber erfreut, daß es zu erneuten Verhandlungen kommen sollte. Für eine kleine Gruppe deutscher Diplomaten und Militärs war diese Konferenz nur die »zweitbeste Lösung« – so formulierte es Erich Kordt. Wäre ihm und seinen Freunden ein Krieg lieber gewesen? Wohl nicht. Der Opposition kam es darauf an, den Frieden zu bewahren. Und das konnte nach einhelliger Meinung der Beteiligten nur gelingen, wenn sie an der Wurzel ansetzten, bei Hitler, dem entscheidenden Kriegstreiber.

Es hatte in den letzten beiden Jahren zahlreiche Versuche gegeben, Hitler den Krieg auszureden. Doch mit Argumenten der militärischen Logik war da nichts zu machen. Das hatte Generalstabschef Beck zu spüren bekommen, der seine Bedenken gegen eine militärische Lösung der Sudetenkrise in einer Denkschrift zusammengefaßt hatte. Dieser Denkschrift hatten am 4. August bei einer Konferenz der Heeresgeneralität alle anwesenden hohen Militärs zugestimmt, mit zwei Ausnahmen, den Generalen Busch und Reichenau, die als »alte Nazis« einschlägig bekannt waren. Als Hitler vom Inhalt dieser Denkschrift erfuhr, geriet er in Rage: »Defätisten, Feiglinge, Dummköpfe« seien sie, die meisten jedenfalls.

Mit preußisch korrekten Denkschriften war bei Hitler nichts zu erreichen. Er wollte Krieg. Wenn man den Krieg verhindern wollte, mußte man also Hitler ausschalten. Aber wie? Und wer sollte es tun?

»Widerstand« war das im strengen Sinn noch nicht, was sich da 1938 im hohen Offizierskorps und in der Beamtenschaft des Reiches formierte. Eher können wir es »Opposition« nennen. Doch Hitlers Kriegsdrang zwang nun Menschen zum Handeln, die von ihrer Erziehung und ihrem Charakter her auf Staatstreue ausgerichtet waren. Diese Opposition mußte nun also handeln. Es galt vor allem, den noch unentschiedenen Generalen und der Öffentlichkeit die Risiken eines Krieges, den Hitler offenbar vom Zaune brechen wollte, klarzumachen.

Dazu ein klassisches Zitat aus einer Unterhaltung zweier »Widerständler«, General Beck zu Ewald von Kleist-Schmenzin:

»Bringen Sie mir den sicheren Beweis, daß England kämpfen will, wenn wir die Tschechoslowakei angreifen, und ich werde diesem Regime ein Ende bereiten.«

Und wenn England nicht zu einer solch massiven Drohung zu bewegen war? Dann mußte von deutscher Seite sichergestellt werden, daß Großbritannien Hitlers Forderungen nicht nachgeben würde.

Schon im August hatte Kleist-Schmenzin die ersten Fäden gezogen. In Absprache mit dem Chef der Abwehr, Admiral Canaris, reiste er nach London, um die britische Regierung zu einer harten Haltung gegenüber Hitler zu drängen. Am 18. August war er mit einer JU 52 in London angekommen. In den Gesprächen mit dem Unterstaatssekretär im *Foreign Office,* Sir Robert Vansittard, und Politikern der »harten Linie« wie Lord Lloyd und Winston Churchill wurde ihm zwar wohlwollendes Interesse entgegengebracht, doch in der Sache selbst war seine Mission ein Mißerfolg: »Ich habe in London niemanden gefunden, der bereit wäre, einen Präventivkrieg zu wagen.«

Ein Präventivkrieg war nun freilich auch nicht nötig, allein die Drohung hätte möglicherweise einen Krieg verhindert. Dazu hätte London jedoch einen Briten anderen Kalibers auf den Kontinent entsenden müssen – und nicht Chamberlain. Die deutsche Opposition wartete, so Ernst von Weizsäcker, auf einen »undiplomatischen Engländer, etwa einen General, der mit dem Reitstock« bei Hitler auftauchte und diesen auf den Tisch haute! Franz Halder, Becks Nachfolger als Generalstabschef des Heeres, hatte seinem Vorgänger zum Abschied ins Stammbuch geschrieben:

»Sie sehen selbst, wo man hinkommt mit geistreichen Denkschriften und eleganten Rücktritten. Damit kommt man Hitler nicht bei. Wir müssen zu Mitteln greifen, die in unserer früheren Einstellung unmöglich waren.«

Die Creme der deutschen Generalität plante also einen Putsch

gegen Hitler, um das Schlimmste, einen Krieg, zu verhindern!
Zentrale Figur war diesmal Erich Kordt, Chef des Ministerbüros
im Auswärtigen Amt. Sein Mitverschworener, der Canaris-Ver-
traute Hans Oster, brachte im Gespräch mit Kordt die Lage auf
den Punkt:

»Wenn uns die britische Regierung durch eine energische Erklärung Argumente, die auch dem einfachen Mann einleuchten,
in die Hand gibt, so können Sie der britischen Regierung erklären, daß die militärische Fronde alsdann einen Kriegsausbruch zu verhindern wissen wird. Dann wird es keinen Hitler
mehr geben. Verstehen Sie mich?«

Kordt verstand. Er war bereit, über seinen Bruder Theo, der als
Botschaftsrat in London gute Drähte zu Regierungskreisen
hatte, einen neuen Vorstoß zu unternehmen. Theo Kordt hatte
am 5. September eine erste Unterredung mit Sir Horace Wilson.
Für den nächsten Tag war ein weiteres Gespräch beim britischen
Außenminister Lord Halifax vorgesehen. Um die Mission geheim zu halten, betrat Kordt das *Foreign Office* über den Gar-
teneingang. Drinnen begegnete ihm wohlwollendes Interesse,
aber leider auch nicht mehr. Halifax teilte ihm später mit:

»Wir sind nicht imstande gewesen, so freimütig zu Ihnen zu
sein, wie Sie es zu uns waren. In der Zeit, als Sie uns Ihre Botschaft übermittelten, erwogen wir bereits die Entsendung Chamberlains nach Deutschland.«

Es hatte nicht den Anschein, als wäre London bereit, den Krieg
zu riskieren – auch dann nicht, wenn dieser Krieg den Sturz Hitlers bedeutet hätte. Chamberlain wollte eine friedliche Lösung
der Sudetenfrage.

Doch die Generale gaben die Hoffnung noch nicht auf. Die
Hektik in der offiziellen Politik zwischen Großbritannien und
Deutschland, zwischen Frankreich und der Tschechoslowakei im
September 1938 prägte auch die konspirativen Aktivitäten der
deutschen Militäropposition.

In Berlin wurden konkrete Pläne für einen Putsch gegen Hitler erarbeitet. Der »Geisteskranke« und »Blutsäufer«, so Franz Halder über Hitler, sollte keine Gelegenheit haben, Deutschland in den Krieg und damit in den Untergang zu führen. Diesmal »sollte es aufs Ganze gehen«, so General von Witzleben zu Hjalmar Schacht, der ebenfalls informiert war. Die 23. Infanteriedivision des Grafen Brockdorff-Ahlefeld in Potsdam sollte die strategisch wichtigen Punkte in Berlin besetzen und die Hauptstadt abriegeln. Von der Polizei war kein Widerstand zu erwarten, der Polizeipräsident von Berlin, Graf von Helldorf, war schon lange kein Anhänger der Nazis mehr, er hatte zugesichert, daß die Polizei »neutral« bleiben werde. Damit hätte der Staatsstreich von Einheiten des Heeres ungestört vollzogen werden können.

In dieser Phase traf die Meldung von der Reise Chamberlains nach Berchtesgaden ein. Das schien das Ende zu sein, die Verschwörer sahen alle Voraussetzungen des Militärputsches schwinden. Wenn Chamberlain den Forderungen Hitlers nachgab, war ein Staatsstreich undenkbar. Als Hitler dann jedoch in Godesberg die Krise erneut verschärfte, war die alte Lage wieder da. Der Umsturz aber konnte nur beginnen, wenn Hitler als Kriegstreiber vom Ausland bloßgestellt und damit auch in Deutschland bei den vielen unschlüssigen Militärs diskreditiert würde. Wichtig war, daß Hitler in Berlin blieb. Deshalb drängte Oster: »Der Vogel muß zurück in den Käfig.«

Die Opposition blickte nach London: Würde Chamberlain hart bleiben? Wenn Hitler daraufhin den Krieg beginnen würde, könnten die Militärs losschlagen und den dann desavouierten »Führer« absetzen. Sollte der britische Premier jedoch nachgeben, dann wäre ein Putsch aussichtslos. Die Chancen standen gut nach Godesberg, Hitlers Ultimatum lief am 28. September um 14 Uhr aus. Während Oster, Gisevius, Witzleben, Brockdorff, Schulenburg, Heinz und Kordt auf den Moment zum Losschlagen warteten, gelang es Chamberlain, Hitler erneut an den Verhand-

lungstisch zu ziehen. Von der Erleichterung, die weltweit über
»München« herrschte, war bei den Verschwörern nichts zu spüren. Hier herrschte große Niedergeschlagenheit. Alles war um-
sonst gewesen, die erhoffte Unterstützung aus England blieb aus.
Die »schönen Pläne und Ausarbeitungen« zur Rettung des Friedens in Europa waren nicht das Papier wert, auf dem sie geschrieben standen, man konnte sie ins Feuer werfen. Chamberlain hatte nicht nur den Frieden gerettet, sondern auch den
Diktator Hitler.

Es ist heute müßig, davon zu träumen, was geworden wäre,
wenn – wenn Chamberlain hart geblieben wäre, wenn der Putsch
gelungen wäre, wenn …

Statt dessen stand Hitler unanfechtbar an der Spitze des Deutschen Reiches, auf dem Höhepunkt seiner Macht. »München«
war so gesehen nur die »zweitbeste Lösung« – vielleicht war es
sogar die schlechteste.

Die Konferenz von München weckte Hoffnungen bei vielen
und Befürchtungen bei wenigen. Angesetzt war das Treffen für
den 29. September um 12 Uhr. Der deutsche Reichskanzler reiste dem italienischen Bundesgenossen entgegen, er wollte ihm
seine Verhandlungsstrategie erklären. In Kufstein trafen sich die
beiden Diktatoren. Hitler machte deutlich, was für ihn entscheidend war: Er sei nicht bereit, sich in endlose Diskussionen über
Verfahrensfragen einzulassen. Entweder gebe es am selben Tag
eine Lösung oder er »greift zu den Waffen«. Auch sei er nicht bereit, von seinem ursprünglichen Zeitplan abzugehen. Deutsche
Truppen »müssen am 1. Oktober einrücken«. Dieses Datum hatte
er schon am 30. Mai festgelegt, und er sah keinen Grund, warum
er jetzt noch seine Pläne ändern sollte. Das war die Ausgangslage.

»Friede in unserer Zeit«

Die Konferenz von München

Die französische Delegation, geführt von Daladier, erreichte München gegen 11 Uhr 25. Chamberlain traf erst kurz vor 12 Uhr am Konferenzort ein. Auch er hatte, wie sein französischer Kollege, den Außenminister zu Hause gelassen. Beide Politiker wurden nur von wenigen persönlichen Beratern begleitet.

Um 12 Uhr 34 eröffnete Hitler im Führerbau des »Braunen Hauses« die Konferenz. Es war noch keine 19 Jahre her, da hatte er, der Braunhausdemagoge, hier in München mit ein paar Gefolgsleuten einen Putsch versucht, der bald schon kläglich scheiterte. Als Reichskanzler und Oberbefehlshaber der Wehrmacht empfing er nun die Regierungschefs der Siegermächte des Ersten Weltkriegs – entschlossen, ihnen seinen Willen aufzuzwingen.

Der Gesprächsverlauf war äußerst unkonventionell – gelinde gesagt. Es gab keine Tagesordnung, niemand an dem viel zu kleinen runden Tisch führte den Vorsitz. Es sprach, wer gerade sprechen wollte. Oft unterhielten sich mehrere Teilnehmer gleichzeitig. Der deutsche Dolmetscher Paul Schmidt, der alles in die vier Verhandlungssprachen übersetzen mußte, kam sich wie ein Lehrer vor, der eine unruhige Schulklasse zu disziplinieren hatte – mit sprichwörtlichen Folgen: Im Sprachgebrauch des deutschen Auswärtigen Amts galt nach München jede Viererkonferenz als »Schulklasse«. Schmidts Aufgabe war trotzdem sehr viel einfacher als noch in Godesberg. Hitler gab sich stoisch, ruhig und höflich. Außer ihm sprach zuerst nur Chamberlain. Der Duce schritt pathetisch auf und ab und betonte, er habe seinen Sonderzug für Mitternacht bestellen lassen, so oder so werde er dann abreisen. Daladier schwieg meistens. Nur einmal wurde er heftig. Als Hitler wieder einmal gegen Benesch polterte, erklärte er:

»Ich bin gekommen, um der Abtretung des Sudetenlandes zuzustimmen. Aber ich fliege sofort ab, wenn hier die Unabhängigkeit und die Souveränität der Tschechoslowakei in Frage gestellt werden.«

Hitler versicherte, dieser Gedanke liege ihm fern. Wenn er seine Sudetendeutschen habe, könnten ihm die Tschechen ganz gestohlen bleiben.

Die passive Rolle des französischen Ministerpräsidenten brachte Alexis Leger, den Staatssekretär im Außenministerium, so in Rage, daß er ihn, zwar flüsternd, aber doch vor aller Ohren, zu mehr Engagement bewegen wollte. Schmidt gewann den Eindruck, Leger wollte Daladier geradezu »zum Protest auffordern«. Doch dem war kein Erfolg beschieden.

Hitler war das recht. Er zeigte sich zufrieden über seinen Gast aus Frankreich. Zu Mussolini meinte er:

»Mit Daladier kann ich mich sehr gut verständigen, er ist auch Frontsoldat gewesen wie wir, und man kann daher vernünftig mit ihm reden.«

Hitler war von Gesprächspartnern, die ihn reden ließen und kaum widersprachen, stets sehr angetan. Doch diesen Gefallen tat ihm der britische Premier nicht. Er wollte eine ausführliche Diskussion. So interessierte sich der frühere Schatzkanzler insbesondere für die finanziellen Folgen einer Übergabe des Sudetenlandes. Zum Beispiel wollte er von Hitler wissen, wie der sich denn die Entschädigung für regierungseigene Gebäude vorstelle? Oder wieviel Vieh die Tschechen mitnehmen dürften? Da brauste der Diktator auf: »Unsere Zeit ist mir zu schade, um mit derartigen Lappalien vertan zu werden.« Er wolle endlich wissen, wie und wann die Tschechen das Sudetengebiet räumten.

Da gab es nun auf einmal einen Plan, den Mussolini aus der Tasche zog. Dessen Text kam freilich keineswegs aus der Feder des *Duce*. Vielmehr handelte es sich um eine deutsche Schöpfung. Mussolini legte diesen Plan vor, weil er annahm, Hitler wisse von ihm oder habe ihn gar abgesegnet. Es war jedoch keine Idee Hitlers – als geistige Väter firmierten von Weizsäcker, Neurath und Göring, die Ribbentrop vor vollendete Tatsachen stellen wollten. Schmidt hatte diesen Vorschlag am Vortag ins Italienische übersetzt. Dann war er über Attolico dem Duce zugeleitet worden. Nach diesem »italienischen« Papier sollte die Räumung der Sudetengebiete am 1. Oktober beginnen. Gleichzeitig mit dem Abmarsch der Tschechen sollte die etappenweise Besetzung durch die deutschen Truppen stattfinden. Die Tschechen sollten ohne Zerstörung bestehender Einrichtungen bis zum 10. Oktober abziehen. Dann war für eine letzte Zone eine Volksabstimmung vorgesehen, eine internationale Kommission sollte weitere Schritte festlegen.

Daladier begrüßte diesen Plan als »objektiv und realistisch«. Auch Chamberlain war nun auf einmal einverstanden, er habe »eine ganz ähnliche Lösung ins Auge gefaßt«. Kaum jemand schien zu bemerken, daß sich diese Forderungen nur wenig von denen unterschieden, die Hitler schon in Godesberg gestellt hatte. Damals waren sie vom Westen als »Diktat« abgelehnt worden. Sir Horace Wilson erschienen sie nun als »vernünftige Neuformulierung«. Mit diesen frohgestimmten Worten ging man in die Mittagspause. Bis zu seinem Tod hat Chamberlain nicht erfahren, daß das »Kompromißpapier« des *Duce* in Berlin verfaßt worden war.

Am Nachmittag wurden die Gespräche dann in größerem Kreise fortgesetzt. Im Prinzip war alles klar, das Schicksal der Tschechoslowakei entschieden. Nun ging es nur noch um die Frage einer Garantie und um den Zeitplan – kurz: um Feinheiten und Formulierungen. Hitler hielt sich zurück. Er hatte sein großes

Ziel erreicht, die Beschäftigung mit Kleinigkeiten überließ er den eifrig diskutierenden Briten und Italienern.

Als sich die Gespräche immer mehr in Einzelheiten verloren, wurde ein »internationaler Redaktionsausschuß« mit der abschließenden Ausarbeitung beauftragt.

Hitler lud zum großen Abendmahl. Doch weder Chamberlain noch Daladier stand jetzt der Sinn nach einem festlichen Essen. Während *Duce* und »Führer« gemeinsam den Erfolg von »München« feierten, fuhren ihre Verhandlungspartner ins Hotel und hielten Rücksprache mit London und Paris.

Kurz nach 22 Uhr trafen sich die »großen Vier« zu einem letzten Gespräch. Die Ergebnisse der bisherigen Verhandlungsrunden wurden abschließend formuliert. Göring hat das später so beschrieben: »Alles geschah nach Schema F: Weder Chamberlain noch Daladier hatten das geringste Interesse, etwas zu opfern oder gar mehr zu riskieren, um die Tschechei zu retten. Das Schicksal der Tschechei wurde im wesentlichen in drei Stunden besiegelt. Danach diskutierten sie dann noch vier Stunden lang über das Wort Garantie. Chamberlain verhielt sich weiter ausweichend. Daladier paßte überhaupt nicht auf. Er saß nur so da ... Ich war einfach platt, mit welcher Leichtigkeit Hitler alles durchsetzte. Sie wußten doch, daß Skoda usw. Munitionsfabriken im Sudetenland hatte und die Tschechei uns dann auf Gnade und Ungnade ausgeliefert sein würde. Als er vorschlug, gewisse Kriegsausrüstungen, die diesseits der Grenze stationiert waren, auf sudetendeutsches Gebiet zu bringen, sobald wir dieses übernommen hätten, erwartete ich eine Explosion. Aber nein – nicht ein Pieps: Wir erreichten alles, was wir wollten! Einfach so.« Dabei schnippte er mit den Fingern.

Ganz so einfach war das freilich nicht, denn die Regierungschefs von Frankreich und Großbritannien starrten durchaus nicht wie »hypnotisiert« auf Hitler. Vor allem Chamberlain widersprach dem deutschen »Führer« heftig. Bei einigen Formulierungen konnte er Änderungswünsche durchsetzen. Aber im Grundsatz hatte sich Hitler durchgesetzt, insoweit trifft Görings Schilderung zu. Wenn nun nur um Details gerungen wurde, so zeigt dies weniger die nachgiebige Position der Briten und Franzosen, sondern es machte klar, wie nahe sich die Positionen schon vor Konferenzbeginn gekommen waren. Die Abtretung der Sudetengebiete war schon vor München beschlossene Sache, es ging, so François-Poncet, »nur noch um Kleinigkeiten« – etwa um die Frage, ob die Räumung einige Tage früher oder später abgeschlossen sein sollte. Betrachtet man die spannungslose Atmosphäre dieser Konferenz, so ist das Drama ihrer Vorgeschichte geradezu frappierend.

Nach dreizehn Stunden war nun auch die letzte Entscheidung gefallen, der genaue Ablauf für die Übergabe des Sudetenlandes an das Deutsche Reich bestimmt. Nun blieb nur noch die Unterzeichnungszeremonie.

Noch einmal wurde deutlich, wie überstürzt die Konferenz zustande gekommen war. Auf dem Tisch lagen einige zusammengeheftete Schreibmaschinenblätter: das »Münchner Abkommen«. In diesem Dokument, das für die Grenzen zwischen zwei Staaten so große Bedeutung hatte, fehlten – neben der diplomatischen Eingangsformel – der Termin für die Ratifizierung und sämtliche Angaben über die Hinterlegungsstätte der Urkunden. Ein auf die Schnelle zusammengestelltes Stück Papier entschied über das Schicksal von Tschechen und Sudetendeutschen; ein fast formloses Schreiben sicherte, so schien es, den Frieden in Europa.

Als Hitler weit nach Mitternacht seine Unterschrift unter das Papier setzen wollte und den Füller in das prächtige Tintenfaß auf dem Mahagonitisch tauchte, blieb die Feder trocken. Die Tinte fehlte. Eine völlig undeutsche Schlamperei! Nun mußten die vier hohen Herren sich ein letztes Mal gedulden. Dann endlich konnten sie ihre Namenszüge unter das Papier setzen. Hitler hatte die Sudetendeutschen »heim ins Reich« geholt. Mussolini hatte seinen Beitrag als »ehrlicher Makler« gespielt. Die Teilnehmer gratulierten sich zum Konferenzerfolg und stellten sich der Presse: mit großspurigem Eigenlob wie Mussolini, der sich im Ruhm des »Friedensstifters« sonnte; mit Genugtuung wie Hitler, der schließlich erreicht hatte, was er wollte; mit großem Stolz wie Chamberlain, der für sich in Anspruch nahm, den Krieg verhindert zu haben. Nur Daladier kam mit gesenktem Kopf aus dem Verhandlungszimmer. Als ihn ein Reporter fragte: »Monsieur le President, sind Sie mit dem Abkommen zufrieden?«, gab er keine Antwort. Erschöpft und offensichtlich sprachlos verließ er den Raum.

Daladier dachte an seine unangenehmste Aufgabe: die Hauptbetroffenen mußten unterrichtet werden. Hitler hatte dem Vorschlag des französischen Regierungschefs, auch Vertreter der tschechischen Regierung an der Konferenz teilnehmen zu lassen, kategorisch abgelehnt. Während die »großen Vier« im ›Braunen Haus‹ über das Schicksal der Tschechoslowakei diskutierten, saß die Prager Delegation, zum Warten verdammt, im Hotel Regina. Von den Deutschen ignoriert, wurden die Abgesandten Mastny und Krofta in den Verhandlungspausen von Briten oder Franzosen über den letzten Stand der Dinge informiert. Gegen 22 Uhr erhielten sie vom englischen Delegationsmitglied Ashton-Gwatkin erste Andeutungen, was zu erwarten war:

»Ich kann Ihnen noch keine Einzelheiten mitteilen. Aber das Abkommen ist viel härter als der französisch-englische Plan.«

Dann wurden die Tschechen wieder in quälender Ungewißheit zurückgelassen. Konkrete Informationen erhielten sie erst kurz vor der Unterzeichnung. Sir Wilson gab erste Hinweise auf die Bedingungen; damit verbunden war die Warnung Ashton-Gwatkins:

»Wenn Sie das Abkommen nicht annehmen, müssen Sie Ihre Angelegenheiten mit den Deutschen allein regeln. Vielleicht werden Ihnen die Franzosen das etwas freundlicher sagen, aber

Sie können mir glauben: Sie teilen unseren Standpunkt und wollen mit der Angelegenheit nichts mehr zu tun haben.«

Ashton-Gwatkin sollte Recht behalten. Bevor François-Poncet sich auf den Weg in das Hotel der tschechischen Delegation machte, sagte er zu einem Begleiter:

»Ich gehe zu einem Sterbenden, um ihm die letzte Ölung zu verabreichen, aber ich habe nicht einmal Öl dabei, das ich auf seine Wunden gießen könnte.«

Der Rahmen, den Briten und Franzosen wählten, um den Tschechen das fällige Urteil zu verkünden, offenbarte noch einmal, wie wenig ernst die Prager Delegierten inzwischen auch von ihren Freunden genommen wurden: Man ließ sie in Chamberlains Zimmer im »Hotel Regina« rufen, wo der britische Premier mit einer langen Einführung begann. Als Daladier den beiden endlich eine Kopie des Abkommens überreichte, fing der Gentleman aus London an zu gähnen. Der tschechische Botschafter Mastny wollte wissen: »Erwarten Sie eine Antwort oder eine Erklärung?«

Chamberlain und Daladier schwiegen. Schließlich raffte sich ein Mann des zweiten Glieds, Staatssekretär Leger, zu einer Stellungnahme auf:

»Die vier Staatsmänner haben nicht viel Zeit. Sie betrachten das Abkommen als angenommen. Es ist ein Urteil ohne Berufung.«

Dieser Antwort konnte Krofta nur mit einer Mischung aus Resignation und Drohung entgegnen: »Wir sind bestimmt nicht die letzten, nach uns werden andere an die Reihe kommen.«

Damit war die »Audienz« beendet. Deprimiert verließen die Tschechen die traurige Stätte. François-Poncet versuchte, sie zu trösten:

»Glauben Sie mir. Das alles ist nicht endgültig. Es ist nur ein Augenblick in der Geschichte, die anhebt und bald alles in Frage stellen wird.«

Doch solche philosophischen Zukunftsperspektiven halfen wenig. Von diesem Augenblick an war die Tschechoslowakei dazu verurteilt, Teile ihres Staatsgebietes abzugeben. Eine Bewährungsfrist war nicht vorgesehen. Es mußte alles schnell gehen. Chamberlain hatte seinen Botschafter in Prag angewiesen:

»Suchen Sie sofort den Präsidenten Benesch auf und veranlassen Sie ihn, den Plan, der heute zur Vermeidung des Konflikts nach langer Beratung ausgearbeitet worden ist, zu unterzeichnen. Machen Sie ihm klar, daß es keinen Zweck hat, darüber zu verhandeln. Seine Antwort muß in einer klaren und einfachen Annahme bestehen.«

Auch die Deutschen waren nicht untätig. Ihr Botschafter in Prag stand an diesem 30. September besonders früh auf. Um 6 Uhr holte Dr. Hencke den tschechischen Außenminister aus dem Bett und überreichte ihm die Entscheidung der Münchener Konferenz. Die Tschechoslowakei sollte ihre Vertreter für die Überwachungskommission bestimmen, da diese schon um fünf Uhr nachmittags, natürlich in Berlin, zusammentreten sollte. Die Deutschen hatten es eilig.

Der Druck von allen Seiten auf die tschechische Regierung zeigte Wirkung. Nachdem Krofta dem Kabinett über die Ereignisse in München Bericht erstattet hatte, gab es für Prag keinen Entscheidungsspielraum mehr. Um 12 Uhr 30 ließ Krofta die Botschafter Großbritanniens, Frankreichs und Italiens kommen und verlas eine kurze Mitteilung:

»Im Namen des Präsidenten der Republik sowie meiner Regierung erkläre ich, daß wir uns den in München ohne uns und gegen uns getroffenen Entscheidungen unterwerfen. Unser Standpunkt wird Ihnen schriftlich erläutert. Im Augenblick habe ich nichts hinzuzufügen.«

Eine private Bemerkung konnte er sich nun doch nicht verkneifen. Er wiederholte seine Vorahnung von München:

»Ich weiß nicht, ob Ihre Länder von dieser in München getroffenen Entscheidung Vorteile haben werden. Wir sind bestimmt nicht die letzten, nach uns werden andere an die Reihe kommen.«

Auch General Sirovy schlug in einer Rundfunkrede an das tschechische Volk, die um fünf Uhr nachmittags gesendet wurde, in die gleiche Kerbe:

»Wir können nichts anderes tun als nachgeben, indem wir vor dem Angesicht der Welt gegen die uns auferlegte Behandlung protestieren. Wir sind im Stich gelassen worden! Wir sind allein!«

In seinem Tagesbefehl forderte der Oberbefehlshaber General Krejci die tschechische Armee auf, »Disziplin zu bewahren«. Dem Einmarsch deutscher Truppen ins Sudetenland stand nun nichts mehr im Wege.

Professor Otto Novak, Tschechoslowakei:

Für die Tschechen und Slowaken bedeutete das Münchner Abkommen Verrat und Diktat. Verrat, das heißt durch das Verhalten der westlichen Alliierten bei dieser Konferenz. Diktat, das bedeutete Verwirklichung der Aggression des Hitlerschen Regimes gegen die Tschechoslowakei. Konkret bedeutete die Münchner Konferenz den Verlust von mehr als 28 000 Quadratkilometern, aber auch Verlust der Bevölkerung. In dem abgetretenen Gebiet lebten mehr als 3 600 000 Leute, davon 728 000 Tschechen. Im Zusammenhang mit München sind weitere Verluste zu registrieren, auch Gebietsverluste an Polen. Dort lebten 200 000 Leute, davon nur 80 000 Polen. Nach der Wiener Arbitrage im November 1938 wurde auch eine neue Grenze zwischen der Tschechoslowakei und Ungarn bestimmt. Das bedeutete noch mehr Landverluste, insgesamt waren es 41 000 Quadratkilometer.

Außerdem gab es eine große Schwächung unseres militärischen Potentials, das machte die Verteidigung der zweiten Linie fast unmöglich. Wir wissen auch aus ökonomischen statistischen Anga-

ben, daß die Tschechoslowakei 33% ihrer Industrie verlor und zum Beispiel 35% der Eisenbahnlinien. Nach München können wir im öffentlichen Leben der tschechoslowakischen Republik eine tiefe Depression sehen. Aber das änderte sich bald. Die breite Masse der Leute sagte: Wir müssen jetzt die zweite Linie verteidigen.

Die Nachricht, Prag habe die Beschlüsse von München angenommen, löste in Europa weithin Freude und Erleichterung, meist regelrechten Jubel aus. Erleichtert waren viele westliche Beobachter. Henderson schrieb nun in einem Brief an Chamberlain:

»Millionen von Müttern werden heute abend Ihren Namen segnen, weil Sie es waren, der ihre Söhne vor den Schrecken des Krieges bewahrte.«

Ciano notierte in sein Tagebuch: »Alle sind befriedigt«. Der US-Botschafter in Berlin schloß seinen Bericht an Roosevelt über die Konferenz von München mit den Worten:

»Da nicht anzunehmen ist, daß es in naher Zukunft zu einem allgemeinen Krieg in Europa kommen wird, erbitte ich Ihre Erlaubnis, am 5. Oktober Frankreich mit dem Dampfschiff zu verlassen, um nach Hause zu fahren.«

Auch in München dachten alle an den Heimweg. Nur Chamberlain wollte noch eine Aufgabe erledigen, bevor auch er nach London aufbrach, um die Früchte seiner Arbeit zu genießen. Der Premierminister hatte einen kleinen Text aufgesetzt, den er Hitler vorlegen wollte. Mit dieser zusätzlichen Erklärung hoffte er, die in München neu entdeckte britisch-deutsche Freundschaft zu bekräftigen:

»Wir sehen das gestern abend unterzeichnete Abkommen und den deutsch-englischen Flottenvertrag als symbolisch für den Wunsch unserer beiden Völker an, niemals wieder gegeneinander Krieg zu führen. Wir sind entschlossen, auch andere Fragen, die unsere beiden Länder angehen, nach der Methode der Konsultation zu behandeln und uns weiter zu bemühen, etwaige Ursachen von Meinungsverschiedenheiten aus dem Wege zu räumen, um auf diese Weise zur Sicherung des Friedens in Europa beizutragen.«

Mit diesem Text in der Tasche besuchte er Hitler in dessen Privatwohnung in München, Prinzregentenplatz 16. Hier hatte Chamberlain zunächst mit einem Hindernis besonderer Art zu kämpfen: Er blieb im Aufzug stecken. Doch von solchen Fährnissen ließ sich der britische Premier nicht sonderlich beeindrucken. Er nutzte die unplanmäßige Pause, um seinem Staatssekretär die eigentlichen Gründe für den Vorstoß zu erklären:

»Wenn Hitler das unterzeichnet und sich daran hält, schön und gut; wenn er jedoch sein Wort bricht, dann werden die Amerikaner erkennen, was für ein Mann er ist.«

Chamberlain wollte sich also absichern, der alte Fuchs war keineswegs so blauäugig, wie seine Gegner dachten und auch sagten. Nachdem der Fahrstuhl wieder flott gemacht worden war, kam es zum letzten persönlichen Gespräch zwischen dem britischen Premier und dem deutschen Diktator. Chamberlain würdigte noch einmal das Ergebnis des Vortages. Dann legte er seinem Gastgeber die Erklärung vor. Hitler war während des ganzen Gespräches nicht recht bei der Sache. Ohne sonderlichen Enthusiasmus gab er Chamberlain die gewünschte Unterschrift. Vor München hatte er im engsten Kreise seiner Paladine geunkt, der Tag werde kommen, »an dem wir uns vereint gegen England und Frankreich werden schlagen müssen«. Es war kaum anzunehmen, daß er sich dann um ein Blatt Papier kümmern würde. Davon wußte Chamberlain nichts. Er hatte die gewünschte Unterschrift, auch er konnte nun zufrieden seinen Heimweg antreten.

Schon die Fahrt Chamberlains durch München war ein einziger Triumphzug. Zehntausende von Münchnern zeigten sich geradezu beglückt von dem Verhandlungsergebnis und jubelten dem britischen »Friedensengel« zu. Ein Taxifahrer gab Erich Kordt ein untrügliches Stimmungsbild:

»Es hat einen Mordsbierausschank auf der Dult gegeben, als die Leute hörten, daß es keinen Schlamassel geben wird.«

Lange hatten die Münchner keinen so schönen Grund zum Zechen mehr gehabt – es sollte freilich für ein ganzes Jahrzehnt der letzte bleiben.

Die spontane Ovation in München machte ebenso wie die mangelnde Begeisterung bei der mißlungenen Militärparade deutlich: Die Deutschen wollten keinen Krieg. Das begriff auch Hitler. Er, der sonst keinen Anlaß ausließ, sich im Beifall der Menge zu baden, war nahezu betroffen, als die Bevölkerung auch ihn als »Friedensstifter« feierte.

Professor Eberhard Jäckel, Bundesrepublik Deutschland:

Hitlers Absicht war es gewesen, jedes Entgegenkommen zu vereiteln. Er wollte ja im Grunde keine friedliche Lösung, keine Zugeständnisse, sondern die Auslösung eines großen Krieges, und deswegen war seine Taktik gewesen, jedes Zugeständnis zu verhindern, jede Kompromißlösung zu verhindern und außerdem seine Partner unter einen unerhörten Zeitdruck zu setzen. Aber am Ende war es nicht Hitler, der zum Ziele kam, sondern die anderen. Hitler setzte sich im September und Oktober 1938 mit seiner Absicht, den Krieg auszulösen, noch nicht durch. Dabei spielte nicht nur die innere Opposition eine Rolle, die Opposition des Militärs, auch die öffentlich erkennbare Unlust der Bevölkerung, sich in einen Krieg hineinziehen zu lassen. Es war vor allem die überlegene britische Diplomatie, die versuchte, Hitler von seinem Kriegsentschluß abzubringen oder jedenfalls die Auslösung des Krieges noch um ein Jahr zu verzögern, und mit dieser überlegenen Taktik ist es dem britischen Premierminister Chamberlain gelungen, Hitler an den Verhandlungstisch zu zwingen, und als dann auch noch Mussolini

*die britischen Vermittlungsvorschläge unterstützte, blieb Hitler
nichts anderes übrig, als einzulenken.*

Im Gegensatz zu Hitler genoß Benito Mussolini die rauschenden
Ovationen, die ihm seine Italiener auf der Fahrt nach Rom ent-
boten. Wie ein römischer Feldherr nach siegreicher Schlacht genoß er den triumphalen Empfang. Nur die von den Cäsaren in der
Antike mitgeführten Sklaven fehlten.

In Paris säumten 500 000 Menschen die Straße zum Flughafen,
um Daladier einen begeisterten Empfang zu bereiten. Der hatte
eigentlich mit Tomaten und anderen Unfreundlichkeiten gerechnet, hatte Angst, die Linkspresse werde ihm Verrat an einem
Bündnispartner vorwerfen. Doch nichts dergleichen geschah.

Europas Jubel kulminierte in London. Die sonst so nüchterne
»Times« beschrieb den Empfang Chamberlains:

»Kein Eroberer, der siegreich aus der Schlacht zurückgekehrt
ist, ist mit edleren Lorbeeren bedeckt nach Hause gekommen.«

Bekannte und unbekannte Leute dankten dem Premier in
Telegrammen und Briefen. Der deutsche Kronprinz Wilhelm
schrieb, daß Chamberlain »den Frieden gerettet hat«. Königin
Mary sah ihren Premier »vom Himmel inspiriert und von Gott
geleitet«. Der König wollte ihn sofort im Buckingham Palace
sprechen, »damit ich Ihnen persönlich meine herzlichsten Glückwünsche zum Erfolg Ihrer Reise nach München aussprechen
kann«.

Downing Street Nummer 10 ertrank in Geschenken: Blumen,
Gedichte, Regenschirme und, für den passionierten Angler, Dut-
zende von Angelstöcken stapelten sich, holländische Blumen-
züchter sandten Tulpenzwiebeln, der Regenschirm des »Helden
von München« sollte in einer griechischen Kirche als Reliquie
ausgestellt werden. Zahlreiche Ehrungen schlossen sich an, in
manchen Städten wurden Straßen nach Chamberlain benannt.

Als der Premier seinen Regierungssitz erreichte, begrüßte ihn die Menge mit dem Lied *For he's a jolly good fellow*. Es dauerte lange, bis Chamberlain die Nummer 10 betreten konnte. Dann zeigte er sich seinen begeisterten Landsleuten. Aus demselben Fenster, von dem aus Disraeli nach dem »Berliner Kongreß« 1878 zur Bevölkerung gesprochen hatte, sagte er:

»Es ist das zweite Mal in unserer Geschichte, daß ein Friede in Ehren in Deutschland gewonnen und in die Downing Street zurückgebracht worden ist. Ich glaube, es ist der Friede in unserer Zeit.«

Ob man nun Chamberlain im allgemeinen mit Disraeli vergleichen konnte oder nicht – an einer Stelle hinkte der Vergleich auf jeden Fall: Hitler war nicht Bismarck, war kein ehrlicher Makler. Doch in der überschäumenden Begeisterung nahm man es mit solchen lästigen Gegebenheiten nicht so genau. Erst einmal wurde gefeiert: Der Friede schien gerettet.

Professor Wjatscheslaw I. Daschitschew, Sowjetunion:

Stalin hat das Münchner Abkommen als eine rein antisowjetische Verschwörung aufgenommen, und so wurde es später in der sowjetischen Geschichtsschreibung ausgedeutet. Aber ich meine, es wäre falsch, es auf diese Weise einzuschätzen. Dieses Abkommen kam zustande, weil England und Frankreich erstens ein tiefes Mißtrauen gegenüber der Person Stalins hegten, zweitens, weil sie die Kampfkraft der Roten Armee sehr stark unterschätzten und drittens, das waren strategische Gründe, weil England und Frankreich allein ohne das dritte Glied im Osten, die Sowjetunion, einen Krieg gegen Hitler nicht wagen konnten. Das waren die eigentlichen Gründe, und daraus stammt auch die Besänftigungspolitik. Stalin gab dieses Abkommen einen gewichtigen Anlaß, ein Jahr später mit Hitler den Nichtangriffspakt zu schließen. Also man kann sagen, das Abkommen hat das Konzept der kollektiven Sicherheit und der Unteilbarkeit des Friedens in Europa untergraben.

Die wenigen Mahner fanden im allgemeinen Freudentaumel kaum Gehör. Erst als sich die erste Euphorie gelegt hatte, wurden kritischere Stimmen laut. Eine zeitgenössische Postkarte zeigte die »großen Vier« in einer Pokerrunde:

> »Es glaubt die Tschechoslowakei,
> daß sie in diesem Poker-Spiel
> der einzige Verlierer sei...
> Hingegen glaubt der Pessimist,
> daß just bei diesem Poker-Spiel
> ein anderer Verlierer ist...!«

Wer war, neben der Tschechoslowakei, der andere Verlierer dieser Pokerpartie von München?

Für die kommunistische Tageszeitung »L'Humanité«, die als einzige gegen München agitiert hatte, stand fest, daß ihr Ministerpräsident und sein Außenminister zu den Verlierern zählten. *Les hommes de Munich*, so wurden die Veranwortlichen als Verfechter der französischen Variante der *Appeasement*-Politik in den Leitartikeln von »L'Humanité« genannt. Und diese Bezeichnung war, wie auch *Munichois*, nicht als Ehrentitel gemeint. Noch heute gilt dies in Frankreich als Beleidigung: Ein *Munichois* geht angesichts einer Drohung widerstandslos in die Knie; »München« ist zum Synonym für naiven Pazifismus geworden.

Diese Auffassung war schon 1938 zu hören. Als schärfster Kritiker Chamberlains erwies sich Winston Churchill, natürlich. Für ihn war die Sache klar, im Unterhaus stellte er fest:

»Alles ist vorüber. Schweigend, traurig, verlassen und gebrochen zieht sich die Tschechoslowakei ins Dunkel zurück.«

Er wolle dem englischen Volk keine Vorwürfe machen, aber »diese Menschen sollten die Wahrheit wissen. Sie sollten wissen, daß wir ohne Krieg eine schwere Niederlage hingenommen haben... Und glauben Sie nicht, daß dies das Ende sei. Es ist erst der Beginn der Abrechnung ... Versuchen wir nicht, die Augen zu verschließen vor der Tatsache, daß Frankreich und England eine Niederlage erster Ordnung erlitten haben.«

Ähnliche Argumente mußte sich Chamberlain auch im Kabinett gefallen lassen. Der Marineminister Duff Cooper, ein Gegner der *Appeasement*-Politik seines Premiers, zog die Konsequenzen – am 3. Oktober trat er zurück:

»Der Premier hat es für richtig gehalten, Herrn Hitler mit Worten der süßen Vernunft zu reden. Ich bin überzeugt, die Sprache der geballten Faust wäre angemessener gewesen.«

Cooper und Churchill hatten im Prinzip wohl recht. Das Problem war nur: Wie macht man eine Faust, wenn man gerade keine Hand hat? Die Alternative zu München wäre der Krieg gewesen. Auf ihn jedoch, darauf hatte gerade Churchill immer hingewiesen, waren weder England noch Frankreich militärisch und moralisch vorbereitet. Genau auf diesem Punkt bauten die Verteidiger der Politik Chamberlains ihre Argumentation auf. Henderson schrieb gleich nach München in einem Brief an Chamberlain:

»Meere von Tinte werden fließen in nachträglicher Kritik ihrer Handlungsweise ... Es mag ein Tag kommen, an dem wir gezwungen sein werden, wieder gegen Deutschland zu kämpfen. Wenn dies der Fall sein sollte, so hoffe ich zuversichtlich, der Streitfall möge ein solcher sein, daß die moralische Berechtigung unserer Sache unanfechtbar ist.«

Im September 1938 war dies offensichtlich nicht der Fall. Im nachhinein betonte Sir Alex Douglas Home, der Chamberlain als Privatsekretär nach München begleitet hatte, die Abtretung der Sudetengebiete sei »ein großes Opfer für ein kleines Land« gewesen. Aber England habe damals Zeit gebraucht, um wieder verteidigungsfähig zu werden. Durch »München« habe man ein Friedensjahr gewonnen, »das schließlich den Unterschied ausgemacht haben könnte zwischen Sieg und Niederlage im folgenden Krieg«.

Ob da nun versucht wurde, einen Fehler in eine taktische Meisterleistung umzumünzen, oder ob die Niederlage tatsächlich nur ein »kurzfristiges Zurückweichen zugunsten eines langfristigen Erfolges« war – beide Interpretationen weisen auf einen weiteren Verlierer hin. Denn wie Churchill wurde auch ein anderer mit »München« immer unzufriedener: Adolf Hitler.

Der Triumphator ein Verlierer? Der Mann, der ohne einen Schuß abzufeuern das erreicht hatte, was den Politikern der Weimarer Republik versagt geblieben war? So war es. Hitler ärgerte sich über den in München erzielten Kompromiß. Er bereute es, nicht mehr erreicht zu haben. Chamberlain hatte ihm »seinen Krieg«, den er ja eigentlich hatte provozieren wollen, verdorben. Er ärgerte sich ausgiebig über die »verpaßte Gelegenheit«, und diesen Ärger äußerte er auch seinen Paladinen gegenüber, die als »Stimmen ihres Herrn« die Worte Hitlers weiterverbreiteten. Ribbentrop und Himmler brachten zwei Thesen in Umlauf: Man habe die Kriegsfurcht der Westmächte nicht weit genug ausgenutzt, man hätte mehr erreichen können; zudem habe England durch »München« nur Zeit gewonnen, um aufrüsten zu können. Auch Heydrich äußerte sich nach einem Gespräch mit Hitler gegenüber Schellenberg, daß sich »der Führer nicht mit der Abtretung der Sudetengebiete zufriedengeben« werde. Die Bestätigung lieferte Hitler in einer Besprechung mit den Oberbefehlshabern der Wehrmacht:

»Vom ersten Augenblick an war mir klar, daß ich mich nicht mit dem sudetendeutschen Gebiet begnügen könnte. Es war nur eine Teil-Lösung.«

Zwischen Hitler und den Deutschen gab es offenkundig ein frappantes Mißverständnis: Wäre Hitler jetzt, nach München, einem Attentat erlegen, hätten Millionen Deutsche ihn wohl als Vollender ihrer Nationalgeschichte angesehen. Das Reich war nun doch saturiert! Wer konnte ahnen, daß die Einverleibung Österreichs und des Sudetenlandes für Hitler nur ein erster

Schritt war? Denn sein eigentliches Ziel hatte er in öffentlichen Reden bislang stets verschleiert: die Eroberung Osteuropas, die Fiktion vom »Lebensraum im Osten«. Die Sudetenländer waren da nur ein Vorwand, Hitler wollte mehr. Er wollte es gleich, und zwar um jeden Preis. Und dieser Preis hieß: Krieg.

Das hatte er in »Mein Kampf« minuziös beschrieben – doch wer hatte dieses Drehbuch für die Katastrophe wirklich ernstgenommen?

»Führer, wir danken Dir«
Der Anschluß des Sudetenlandes

Es war vollbracht, Hitler hatte die Sudetendeutschen »heim ins Reich« geholt. Mit friedlichen Mitteln, mit Zustimmung der Briten, Franzosen und Italiener – und ohne daß die Tschechen militärisch Widerstand geleistet hätten. Jetzt wollte er die Früchte der Erpressung auch genießen. Die Reise ins Sudetenland geriet zu einem einzigartigen Triumph. Die Freude der Bevölkerung schien grenzenlos.

»Während uns in Österreich nur die Gesichter zujubelten, sahen wir jetzt auch Tränen der Freude«, beschrieb ein Mitglied aus dem Hitler-Troß den Empfang des Reichskanzlers in seinem neuen Herrschaftsgebiet. Transparente mit der Aufschrift »Führer, wir danken Dir« bestimmten das Bild, als Hitler am 4. Oktober in Karlsbad eintraf. In einer leidenschaftlichen Rede, die häufig von stürmischen Beifallskundgebungen unterbrochen wurde, zeigte er sich als Prophet, der »mit eisernem Willen« seine eigenen Voraussagen zu erfüllen wußte:

»Es war ein harter Entschluß, der mich hierhergeführt hat. Hinter dem Entschluß stand der Wille, wenn nötig, auch die Gewalt zu Hilfe zu rufen, um euch frei zu machen. Ich wußte nicht, wie und auf welchem Wege ich einmal hierherkommen würde, aber daß ich einmal hier stehen würde, das habe ich gewußt.«

Auch hier sprach er unmißverständlich aus, daß er einen Krieg in Kauf genommen hätte. Die begeisterten Menschen wollten dies wohl nur als Zeichen unerschrockener Verläßlichkeit und

Handlungsstärke sehen. Hitler aber nutzte die Gelegenheit zu einem Besuch der tschechischen Verteidigungsanlagen. Der Gefreite des Weltkriegs war lange genug Soldat gewesen, um die tschechischen Verteidigungslinien würdigen zu können: »Die Bunker sind geschickt im Gelände verteilt, sie hätten uns im Kampf viel Blut gekostet.«

Einen Teil der deutschen Generalität schien dies weit weniger zu beeindrucken. So äußerte sich ein Mitglied des Generalstabs:

»Mein Führer, ich war heute bei meinem alten Regiment. Die Leute haben geweint, daß sie die tschechischen Bunker nicht angreifen dürfen!«

Hitlers Adjutant Wiedemann berichtet von einer Meldung, besser einem Kotau General von Reichenaus:

»Mein Führer, das Heer bringt Ihnen heute das größte Opfer, das eine Truppe ihrem Obersten Befehlshaber bringen kann, nämlich in Feindesland einzumarschieren, ohne einen Schuß zu tun.«

Das war die Sprache, die Hitler gefiel, so stellte er sich deutsche Soldaten vor: allzeit kampfbereit. Reichenau war nicht grundlos als »Nazi-General« verschrien, er hatte sich als erster hoher Militär zu Hitler bekannt und machte diesem Ruf auch im Sudetenland mit solchen Worten alle Ehre.

Davon bekam die begeisterte Bevölkerung nichts mit. Die meisten Sudetendeutschen freuten sich, nun nicht mehr tschechische, sondern deutsche Bürger zu sein – was sie ja schon seit 1919 wollten. Daß ihr geliebtes Deutsches Reich nun eine Diktatur war, erschien jetzt zweitrangig. Die allgemeine Euphorie schien auch Gebiete anzustecken, in denen nur deutsche Minderheiten lebten. Karlsbad zählte schon zum Reich, Pilsen wollte »zum Führer«, sogar in Budweis, auf das Hitler offiziell bislang nie Anspruch erhoben hatte, wurden Forderungen nach dem »Anschluß« laut.

Natürlich war die nationalsozialistische Propaganda geschickt genug, diese Begeisterung entsprechend auszuschlachten. Zahlreiche Erlebnisberichte, in denen Soldaten »die Befreiung des Sudetenlandes« schilderten, wurden verbreitet. Ergriffen berichtete beispielsweise der Hauptfeldwebel Hans Rödel aus Bautzen, wie – statt Schüssen – ein Lied den Einmarsch in das Sudetenland begleitete:

> »Wir sind des Volkes Ehre,
> Des Führers stolze Heere,
> Durch uns wird sein Wort zur Tat.
> Wir tragen unsre Waffen,
> Den Deutschen Recht zu schaffen,
> Auch euch, ihr Brüder,
> Hier im Sudetenland.
>
> Wie gern wir heute singen,
> Wie stolz die Lieder klingen,
> Es ist ein großer Tag.
> Der Führer hat befohlen
> Euch endlich heimzuholen,
> Euch, deutsche Brüder, Heil
> dir, Sudetenland.
>
> Laßt Freiheitsglocken schallen,
> In alle Welt soll's hallen:
> Sudetenland ist frei!
> Und frei soll's immer bleiben,
> In alle Ewigkeiten
> Wir halten Wache,
> Heil dir, Sudetenland.«

Solche und zahlreiche andere Schilderungen erweckten den Eindruck, als wäre der Einmarsch eher ein Liederfestival gewesen.

Weitere Kostproben gefällig? Ein Teilnehmer berichtet vom Marsch nach Reichenberg, wo auf dem Weg ein Wassergraben zu durchqueren war:

»Da half unser Lied eine Brücke über das Wasser schlagen. Wir jubelten den Vers ›Der Führer hat befohlen, Euch endlich heimzuholen‹. Die Menschen antworteten uns mit dem ›Egerländer‹. Dann aber stieg wie aus einer Kehle auf beiden Seiten das Lied aller Deutschen empor: ›Deutschland, Deutschland über alles.‹«

Während im Sudetenland nun die Begeisterung fast überschäumte, gab sich Ribbentrop in Wien als internationaler Staatsmann. Schloß Belvedere, die Sommerresidenz des Prinzen Eugen, war als Tagungsort eines deutsch-italienischen Schiedsgerichts ausgewählt worden. Hier sollten die Gebietsansprüche, die Ungarn an den Rest der Tschechoslowakei zu stellen hatte, geregelt werden. Auf einem großen runden Tisch war eine Karte ausgebreitet, auf der die Sachverständigen ihre Vorschläge für den neuen Grenzverlauf eingezeichnet hatten. Die beiden Delegationsleiter, Ribbentrop auf der deutschen und Ciano auf der italienischen Seite, betrachteten die neue Grenze zwischen der Tschechoslowakei und Ungarn. Dann nahm Ribbentrop einen Bleistift und korrigierte den Grenzverlauf. Ciano traute seinen Augen nicht: Ribbentrop hatte die Grenze zugunsten der Tschechoslowakei geändert. Verwundert stellte er fest:

»Wenn Sie die tschechischen Interessen weiter so verteidigen, dann werden Sie von Hacha noch einen Orden bekommen.« Dann veränderte er die Linie mit einem dicken Bleistiftstrich zugunsten Ungarns.

»Das geht entschieden zu weit«, protestierte Ribbentrop und zeichnete eine neue Linie. Das »Spielchen« setzte sich fort, immer wieder wurde radiert und korrigiert. Je stumpfer die Bleistifte wurden, desto dicker wurde die Grenzlinie.

»Die Grenzkommission wird es schwer haben, eine genaue Linie festzulegen«, murmelte der deutsche Dolmetscher zu seinem italienischen Kollegen. »In Wirklichkeit sind diese dicken Bleistiftstriche ein paar Kilometer breit.«

Im Gegensatz zu Schmidt machten sich Ciano und Ribbentrop keine Gedanken über die praktischen Auswirkungen ihres Bleistiftkrieges. Wie schon in München, wurde auch in Wien am grünen Tisch über Schicksale ganzer Landstriche entschieden, ohne daß die eigentlich Betroffenen gefragt wurden. Das Ergebnis war der »Erste Wiener Schiedsspruch«, der am 2. November 1938 unterzeichnet, besser: gefällt wurde. Erneut wurde die Tschechoslowakei verkleinert, diesmal zugunsten der Ungarn. Über ethnographische Gegebenheiten setzten sich Deutsche und Italiener hinweg. Warum auch nicht, ließen doch London und Paris dies ohne Widerspruch geschehen. Was hätte es gebracht, jetzt noch wegen einiger Quadratkilometer Widerstand zu leisten?

Doch in Wien stellte sich den Teilnehmern eine ganz andere Frage: Warum entpuppte sich Ribbentrop plötzlich als Verteidiger der tschechischen Interessen? Deutsche Diplomaten vermuteten, daß der deutsche Außenminister den Ungarn die Quittung für ihr passives Verhalten in der Sudetenkrise geben wollte. Die Ungarn hatten nicht »mitkochen« wollen, saßen nun aber am gedeckten Tisch und wollten »mitessen«. Das gleiche galt im übrigen auch für die Polen, die die günstige Gelegenheit genutzt und sich klammheimlich das Gebiet um Teschen einverleibt hatten. Erich Kordt spekulierte sogar, daß Hitler als »ehemaliger Österreicher« die Ungarn ohnehin haßte und Ribbentrop, auch hier die »Stimme seines Herrn«, seine latent schlechte Laune an den Ungarn auslassen wollte.

Ausgeschlossen war das nicht, sicher ist jedoch etwas anderes: Ribbentrop kannte die weiteren Pläne Hitlers. Und die hatten nichts mit Rache an Ungarn zu tun, sondern mit strategischem Kalkül. Schon während seines Besuchs im Sudetenland machte er im engsten Kreis seinem Unmut über »München« Luft und deutete auf das nächste Ziel hin. General Reichenau berichtete: »Der Führer ist entschlossen, in absehbarer Zeit die Lösung der Gesamt-Tschechei herbeizuführen.«

Davon wußte auch Ribbentrop. Wenn er also in Wien den Ungarn einen möglichst kleinen Teil des tschechischen Staatsgebiets zugestehen wollte, so verteidigte er nicht die Interessen Prags, sondern – im Vorgriff auf künftige Entwicklungen – diejenigen Berlins. Wenn das »Dritte Reich« zu seinem nächsten Biß ansetzte, sollte es einen möglichst großen Happen verschlingen können.

Am 23. November gab Hitler vor den Oberbefehlshabern der Wehrmacht die endgültige Bestätigung:

»Vom ersten Augenblick war mir klar, daß ich mich nicht mit dem sudetendeutschen Gebiet begnügen könnte. Es war nur eine Teil-Lösung. «

Der Entschluß zum Einmarsch in Böhmen war gefaßt, die »Erledigung der Rest-Tschechei« längst beschlossen.

Professor Eberhard Jäckel, Bundesrepublik Deutschland:

Möglicherweise hatten sogar die Ausschreitungen gegen die Juden am 9. und 10. November mit der Münchner Konferenz, die ja einige Wochen vorher stattgefunden hatte, zu tun. Denn Hitler befand sich nach dieser Konferenz in einer paradoxen Lage. Nach außen in der deutschen und auch in der ausländischen Öffentlichkeit erschien er als der strahlende Sieger. Wieder hatte er einen Erfolg errungen, ohne Blut zu vergießen. Er hatte den Krieg verhindert. Aber in Wahrheit war die Lage ganz anders. Er hatte den Krieg ja nicht verhindern, sondern auslösen wollen. Und deswegen war die Münchner Konferenz, wie er nach innen ganz offen zugab, eine große Enttäuschung. Er hatte die Schwierigkeiten unterschätzt, einen Krieg auszulösen. Er hatte es zu tun mit der militärischen Opposition, mit dem Widerstand der europäischen

Mächte, nicht zuletzt auch mit der sehr geringen Kriegsbereitschaft
der deutschen Bevölkerung, wie man konstatiert hatte. Und des-
wegen ging Hitler am 10. November vor die Presse und sagte dort
in einer allerdings nicht öffentlichen Rede, er habe leider viele
Jahre immer nur vom Frieden reden müssen, und es gelte jetzt,
diese Stimmung umzuschalten, so daß die Stimme des Volkes, wie
er wörtlich sagte, langsam nach Gewalt zu schreien beginne, und in
diesen Zusammenhang gehört es dann wohl auch, daß er während
der Pogrome im November die Meute seiner Partei auf die Juden
losließ, um mehr gewalttätige Stimmung in Deutschland zu erzeu-
gen.

Doch öffentlich betonte das Regime zunächst einmal seine Friedfertigkeit. Schrittweise sollte wieder der Alltag einkehren. Zwar
leistete sich Hitler die »Saarbrücker Rede«, die das Klima nach
München wieder schlagartig verschlechterte, brachten die Pogrome der »Kristallnacht« Deutschland international moralisch
in Verruf, doch im Sudetenland achtete Hitler auf ein »recht-
mäßiges Vorgehen«. Da es für die Sudetendeutschen nun nicht
mehr notwendig sei, sich gegen tschechische Übergriffe zu verteidigen, gebe es auch keinen Grund mehr, eine eigene Verteidi-
gungsgruppe zu unterhalten. Entsprechend dieser offiziellen
Begründung wurden am 9. Oktober die paramilitärischen Sudetendeutschen Freikorps aufgelöst. Sie hatten ihre Schuldigkeit
getan, der »Führer« brauchte sie nun nicht mehr.
    Der nächste Schritt war das »Gesetz über die Wiedervereini-
gung der Sudetendeutschen Gebiete mit dem Deutschen Reich«
vom 21. Oktober. Auch für eine populistische Bestätigung wurde
gesorgt: Am 4. Dezember 1938 durften die Sudetendeutschen
sich in einem Volksentscheid äußern. 98,9 Prozent billigten den
»Anschluß«. Die 27427 Gegenstimmen konnten nicht von der
tschechischen Minderheit kommen, denn abstimmen durften
ohnehin nur die Deutschen. Das Recht auf Selbstbestimmung,

das Hitler in der Sudetenfrage immer wieder gefordert hatte, wollte er den Tschechen nicht einräumen. Ihr Selbstbestimmungsrecht beschränkte sich auf die Wahl zwischen einer Loyalitätserklärung oder der Auswanderung.

Mittlerweile trieb die Politik des *Appeasement* unaufhaltsam einem weiteren Höhepunkt entgegen. Davon zeugt folgender Text:

»Die deutsche Regierung und die französische Regierung sind übereinstimmend der Überzeugung, daß friedliche und gut nachbarliche Beziehungen zwischen Deutschland und Frankreich die wesentlichsten Elemente der Konsolidierung der Verhältnisse in Europa und der Aufrechterhaltung des allgemeinen Friedens darstellen.«

Mit einer solchen Erklärung hätten Gustav Stresemann und Aristide Briand die deutsch-französische Aussöhnung nach dem Ersten Weltkrieg einleiten können. In diesem Stil ging es auch weiter:

»Beide Regierungen... erkennen feierlich die Grenze zwischen ihren Ländern, wie sie gegenwärtig verläuft, als endgültig an.«

Um alle Mißverständnisse auszuräumen: Hier sprachen weder Stresemann und Briand noch Adenauer und de Gaulle. Diese Erklärung stammt vom 6. Dezember 1938 und wurde von Ribbentrop bei seinem Besuch in Paris unterzeichnet. Dafür hatten Deutsche und Franzosen einen symbolträchtigen Ort ausgesucht: den Uhrensaal im Quai d'Orsay, in dem zehn Jahre zuvor die Außenminister des Deutschen Reiches, Frankreichs und der USA, Stresemann, Briand und Kellog, einen Kriegsächtungspakt unterzeichnet hatten. In diese Fußstapfen traten nun Ribbentrop und Bonnet mit ihrer gemeinsamen Erklärung. Die Schuhe Stresemanns, der für seine Politik mit dem Friedensnobelpreis ausgezeichnet worden war, waren freilich für Ribbentrop um einige

Nummern zu groß. Zwei Ereignisse führten dies deutlich vor
Augen: Das protokollarische Zeremoniell eines solchen Besuches sah vor, daß der Staatsgast einen Kranz am Grab des unbe-
kannten Soldaten am Arc de Triomphe niederlegen sollte. In der
deutschen Delegation hatte man jedoch vergessen, einen Kranz
mit der entsprechenden Schleife zu besorgen. In einer Blitzaktion mußte deshalb eine Hakenkreuzschleife, die natürlich in
Paris nicht aufzutreiben war, aus Berlin mit einem Sonderflugzeug nach Saarbrücken und von dort mit Hilfe der Gestapo nach
Paris gebracht werden. Eine Blamage konnte so gerade noch verhindert werden.

Weitaus gravierender war ein anderer Zwischenfall. In seinen
Gesprächen mit Ribbentrop hatte Bonnet Anlaß für ein Mißverständnis geliefert, als er die Haltung seiner Regierung in der Vergangenheit so erläuterte: »Frankreich hat sich auf der Münchner
Konferenz am Osten desinteressiert gezeigt.«

Er meinte damit allein die Tschechoslowakei. Ribbentrop in-
terpretierte diese Äußerung allerdings weitaus umfassender. Er
berichtete später nach Berlin, Frankreich sei grundsätzlich nicht
am Osten interessiert und bezog die Äußerung Bonnets vor
allem auf Polen. Dabei vergaß er, daß Bonnet im selben Gespräch eine friedliche Einigung über den Korridor und Danzig
empfohlen hatte. Auch übersah der deutsche Außenminister, daß
in München allein vom Sudetenland die Rede gewesen war. Den
»Blankoscheck Frankreichs« für ein Engagement des Deutschen
Reiches in Polen gab es nur in Ribbentrops Phantasie. Er entsprach einer Mischung aus Wunschdenken und Unverständnis.

Professor Jacques Bariéty, Frankreich:

Am 6. Dezember 1938 kam Ribbentrop nach Paris, um mit Bon-
net ein Papier zu unterzeichnen. War das ein Nichtangriffspakt? Ist
das wichtig gewesen? Es war nur ein Stück Papier, das keinen Ein-

fluß auf die französische Politik hatte. Nur hatte Chamberlain früher mit Hitler ein Papier unterzeichnet, nun wollte Bonnet sein eigenes Papier.

Was aber wichtig war, ist die Weisung, die der Regierungschef Daladier dem französischen Generalstabschef General Gamelin im Oktober 1938 gegeben hat, nämlich, die französische Armee ernsthaft für einen neuen Krieg vorzubereiten. Dabei wurde entschieden, daß der Schwerpunkt der französischen Strategie darin liegen müßte, Herr der Lage im westlichen Becken des Mittelmeeres zu bleiben.

Frankreich war damals ein koloniales Imperium. Ein großer Teil der französischen Armee und der französischen Marine waren damals in Afrika stationiert. Deswegen war es hochwichtig für die französische Strategie, die Verbindung zwischen dem Mutterland und Afrika zu behalten. Dabei stellten sich zwei Probleme: Spanien und Italien. Der Spanische Bürgerkrieg näherte sich damals seinem Ende, und man mußte mit dem Sieg Francos rechnen. Heute kann man feststellen, daß sich die französische Regierung im Dezember 1938 entschieden hat, das Franco-Regime anzuerkennen, gegen Francos Versprechen, im Falle eines Krieges neutral zu bleiben.

Bis Ende 1938 hatte die französische Regierung noch nicht jede Hoffnung verloren, daß Italien im Kriegsfalle neutral bleiben würde. Die Sorgen der französischen Regierung waren also Ende 1938 so stark auf das Mittelmeer gerichtet, daß die Frage der Möglichkeit einer östlichen Front im Falle eines Krieges noch gar nicht aufkam. Polen und Sowjetrußland blieben noch außerhalb der großen politischen und militärischen Betrachtungen der französischen Regierung.

Dieses Mißverständnis offenbart aber die eigentlichen Ziele der nationalsozialistischen Führung: Während man nach außen den Wunsch nach friedlicher Zusammenarbeit demonstrierte, zeigte

man nach innen sein wahres Gesicht – es wurde aufgerüstet. Die
deutsche Industrie lieferte Waffen, soviel die Produktion hergab.
Sogar im bislang eher vernachlässigten Schiffsbau zog die nationalsozialistische Führung an. Hitler legte Wert darauf, daß jedes
geplante deutsche Schiff stärker war als das englische Pendant.
Admiral Raeder legte im Januar 1938 den »Plan Z« vor, nach
dem die deutschen Kreuzer zusammen mit U-Booten die englische Seezufuhr stören und die britische Flotte spalten sollten. Die
Möglichkeiten aus dem 1935 mit Großbritannien abgeschlossenen Flottenabkommen sollten voll genutzt werden, ein zusätzliches Bauprogramm für U-Boote wurde aufgelegt, damit die
deutsche Marine die Stärke der englischen U-Boot-Flotte erreichen konnte. Bei der deutschen Marineaufrüstung halfen sogar
die Engländer: Im Dezember 1938 kamen Admiral Cunningham
und Captain Phillips zum Abschluß neuer Abmachungen nach
Berlin.

Natürlich gab es in deutschen Militärkreisen auch kritische
Stimmen. Es war den Generalen nicht verborgen geblieben, daß
Hitler sich nach wie vor auf einen Krieg vorbereitete. Im Winter
1938 versuchte der Generalstab, Hitler die Unzulänglichkeit des
italienischen Kriegspotentials deutlich zu machen, um ihn von
seiner verhängnisvollen Bündnispolitik mit Italien abzubringen.
Argumentationshilfe leistete dabei der deutsche Militärattaché
in Rom, Enno von Rintelen, der in einer Denkschrift auf die relative Schwäche der italienischen Armee hingewiesen hatte. Hitler und sein Adlatus Ribbentrop waren aber nicht bereit, Argumente anzuhören, die nicht in ihr Konzept paßten. Hitler befahl
kurzerhand, die Denkschrift von Rintelens einzustampfen.

Mit ganz anderen Schwierigkeiten hatten deutsche Diplomaten zu kämpfen, die ihren ausländischen Kollegen ein realistisches Bild der Lage im Deutschen Reich vermitteln wollten, um
so auf die weiterhin bestehende Gefahr eines Krieges hinzuweisen. Die deutsche Abwehr hatte inzwischen bei der Dechiffrie-

rung ausländischer Codes eine solche Meisterschaft erreicht, daß
mehr als die Hälfte der Meldungen aus den ausländischen Botschaften entziffert werden konnten. Dies ging so weit, daß Canaris, ein engagierter Gegner des NS-Systems, dem italienischen
Botschafter Attolico empfahl, den Code zu wechseln. Unter diesen Umständen mußten deutsche Diplomaten sehr vorsichtig
sein, wenn sie nicht von der eigenen Spionageabwehr als Infor-
mationsquelle erkannt werden sollten.

Es war zum Verzweifeln, Hitler hatte alle Trümpfe in der Hand.
Seine Position in Deutschland war nach dem Triumph in München unanfechtbar. Das Ausland, so schien es den Kreisen der
deutschen Opposition, wollte die Gefahr, die von Hitler ausging,
nicht erkennen.

Das Jahr 1938 endete mit einer besonderen Würdigung: Vom
amerikanischen Nachrichtenmagazin »Time« wurde Hitler zum
»Mann des Jahres« gewählt. In der Begründung hieß es:
»Wenn sich vier europäische Staatsmänner zusammensetzen,
um Europa neu aufzuteilen, dann ist das fraglos ein historischer
Augenblick. Und weil genau das am 29. September im Führer-
haus in München geschah, muß jene Konferenz als das wichtigste
Ereignis des Jahres 1938 angesehen werden... Ohne Blutvergießen reduzierte Adolf Hitler die Tschechoslowakei zu einem
deutschen Satellitenstaat. Und er erhielt... freie Hand für seine
Politik in Osteuropa. All das machte ihn ohne Zweifel zum Mann
des Jahres 1938... Was Adolf Hitler & Co. in weniger als sechs
Jahren aus Deutschland machten, wurde von den meisten Deutschen wild und verzückt bejubelt. Er heilte die Nation vom De-
fätismus der Nachkriegszeit. Unter dem Hakenkreuz wurde
Deutschland wiedervereinigt... Wer die Ereignisse gegen Ende
des Jahres 1938 beobachtet hat, muß es für mehr als wahrscheinlich halten, daß der Mann des Jahres 1938 das Jahr 1939 zu einem
denkwürdigen Jahr machen könnte.«

Mit den Raketen und Böllern des Silvesterfeuerwerks klang
das Jahr 1938 aus. Es sollte das letzte Mal sein, daß die Menschen
in Mitteleuropa das Knallen der Feuerwerkskörper ohne Furcht
genießen konnten. Der Lärm der nächsten Raketen verbreitete
Angst, er kündete von Tod und Zerstörung. Das letzte Friedensjahr war zu Ende.

»Hitler hat mich hintergangen«
Die Annexion der »Rest-Tschechei«

Das Jahr 1938 hatte für die Nationalsozialisten große Erfolge ge-bracht: Endlich war das verhaßte System von Versailles gefallen, endlich gehörten Österreich und das Sudetenland zum Groß-deutschen Reich. Dies wäre Anlaß genug, so dachten viele, daß Hitler am 30. Januar, dem Jahrestag der »Machtergreifung«, mit Stolz auf die Erfolge des vergangenen Jahres zurückblicken würde.

Hitlers Eigenlob fiel jedoch viel spärlicher aus. Die sogenann-ten Abgeordneten des deutschen Reichstages erwarteten eine Siegesfeier und hörten statt dessen eine kaum verhüllte Kriegs-erklärung. Hitlers Rede war ein einziger Rundumschlag; außer Ribbentrop und Göring schonte er niemanden. Den Briten warf er vor, sich in Dinge einzumischen, »die sie nichts angehen«. Die westlichen Demokratien kritisierte er, weil sie trotz des Versail-ler Vertrages nicht abgerüstet und den Deutschen das Selbst-bestimmungsrecht verweigert hätten. Hitlers Schlußfolgerung lautete: »Ich fühle mich deshalb an den Vertrag nicht mehr ge-bunden.« Wer gelernt hatte, in den Reden des Mannes aus Brau-nau auf Untertöne zu achten, dem wurde klar: Hier braute sich etwas zusammen.

Hitler begann mit Warnungen: er drohte den Kirchen, er kriti-sierte die »konservativen Kreise«, er tadelte besonders die »geist-reichen Schwächlinge«, die wissen sollten, daß »Mut, Tapferkeit und Entschlußfreudigkeit« unabdingbare Voraussetzungen für

die Ausübung öffentlicher Ämter seien, er richtete Vorwürfe an
die Generalität, jene »kleinmütigen Geister«, die ihm in der Sudetenkrise widersprochen hätten. Ihnen hielt er die bedingungs-
lose Ergebenheit französischer Marschälle vor, die Grundlage für
die Erfolge Napoleons gewesen seien. Schließlich warnte er vor
allem die Juden: Sie sollten die Völker »nicht wieder in einen
Weltkrieg stürzen«. Dieser Warnung folgte eine unverhohlene
Drohung: Wenn dies dennoch geschehen sollte, »dann wird das
Ergebnis nicht die Bolschewisierung der Erde und damit der Sieg
des Judentums sein, sondern die Vernichtung der jüdischen Rasse
in Europa.«

Diese Rede war das Startsignal für einen neuen Großangriff
auf einen alten Gegner: die Tschechoslowakei – beziehungsweise
das, was Hitler nach »München« davon übriggelassen hatte. Auch
die Argumente und die Mittel waren alt: Drohung, Zwang, Gewalt.

Schon Anfang Februar erhielt Goebbels den Befehl, mit einer
massiven Propagandakampagne gegen die tschechische Regierung zu beginnen. In vielfältigen Variationen wiederholte er stereotype Vorwürfe: Prag schikaniere noch immer die Sudetendeutschen, konzentriere die Truppen an der Grenze, habe ein
Geheimabkommen mit den Russen geschlossen, unterdrücke die
slowakischen Mitbürger. Hinzu kamen Greuelmeldungen über
Unruhen in Böhmen, bei denen deutsches Blut flösse. Dabei hatten die Berliner Spezialisten für Falschmeldungen und Panikma-
che ihre Phantasie bei weitem nicht im gleichen Maße ange-
strengt wie im September 1938. Die Ironie: Manche Meldungen
vom Vorjahr wurden wortgleich übernommen.

Noch bevor der Propagandaapparat in Gang kam, hatte Hitler
dem Geheimdienst Weisungen erteilt, die slowakischen Autonomiebestrebungen zu unterstützen. Wühlarbeit von innen sollte
die Erledigung der Rest-Tschechei vereinfachen. Diese Taktik
schien vielversprechend. In Preßburg war am 19. Januar der erste

slowakische Landtag zusammengetreten. Nachdem die Sudetendeutschen als Unruhestifter nicht mehr zur Verfügung standen,
sollten nun die Slowaken die Rolle einer fünften Kolonne übernehmen.

Am 12. Februar empfing der deutsche Reichskanzler den Führer der slowakischen Nationalpartei, Vojtech Tuka, in Berlin.
Tuka, der zehn Jahre in tschechischen Gefängnissen verbracht
hatte, war ein Mann so recht nach dem Geschmack des »Führers«: »Ein weiteres Zusammenleben mit den Tschechen ist nicht
mehr möglich«, schwadronierte der Separatist. Die Slowakei verlange völlige Unabhängigkeit: »Sie legt ihr Schicksal vertrauensvoll in Ihre Hände, mein Führer.«

So hatte Hitler es gern. Da wurden keine Fragen mehr gestellt,
da gab es keine Widerworte: Tuka machte das, was man von ihm
erwartete.

Politisch waren nun die Grundsteine für eine endgültige Zerstörung der Tschechoslowakei gelegt. Auch militärisch gab es
Fortschritte, die Aufrüstung lief auf vollen Touren. Nach dem
Gespräch mit Tuka brach Hitler auf, um dem Stapellauf der »Bismarck« beizuwohnen – des größten Schlachtschiffes, das bisher
in Deutschland gebaut worden war. Am 14. Februar, bei einer
Kranzniederlegung in Friedrichsruh, am Grabe Bismarcks, versuchte der »Führer« des »Dritten Reiches« sich auf den Grün-
der des »Zweiten« von 1871 zu berufen. Der eiserne Kanzler
konnte sich nicht mehr gegen Fehlinterpretationen wehren, als
Hitler in deutlicher Anspielung auf die aktuelle Situation Bismarck mit den Worten zitierte: »Wer Böhmen hat, hat Mitteleuropa.«

Derweil schien der britische Botschafter Henderson dies alles
nicht wahrzunehmen oder nicht wahrnehmen zu wollen. Er stand
noch ganz im Banne Münchens. Seine Einschätzung der Lage war
ein Paradestück für politische Naivität:

»Mancherorts heißt es zwar, dies sei nur die Ruhe vor dem

Sturm, doch neige ich derzeit nicht zu einer so pessimistischen Einschätzung.«

Henderson wollte nicht begreifen, daß der Geist von München längst gewichen war. Eigentlich hatte es ihn nie gegeben. Der Wind wehte nun aus anderer Richtung.

Dabei gab es vielfältige Zeichen für einen heraufziehenden Sturm. Beim Jahresbankett, das Hitler am 1. März für das Diplomatische Korps gab, war nichts mehr von den früher üblichen Höflichkeitsgesten gegenüber den ausländischen Missionschefs spürbar. Normalerweise unterhielt sich der deutsche Reichskanzler mit jedem Botschafter einige Minuten. Die Dauer einer solchen Unterhaltung war ein guter Indikator für die Bedeutung, die der »Führer« seinem Gesprächspartner zumaß. Diesmal wurden keine Freundlichkeiten ausgetauscht. Statt dessen sprach Hitler offen davon, daß es nicht Großbritanniens Sache sei, Deutschland »in Mitteleuropa in die Quere zu kommen.«

Die Vorbereitungen für eine endgültige Zerschlagung der Tschechoslowakei wurden derweil an allen Fronten vorangetrieben. Der Sicherheitsdienst Heydrichs lieferte die notwendigen Informationen. Die Zusammenarbeit mit der tschechischen Polizei entlockte dem Reichsführer der SS, Heinrich Himmler, die gönnerhafte Bemerkung: »Ausgezeichnetes Menschenmaterial, ich werde sie alle in die Waffen-SS übernehmen.«

Die tschechoslowakische Regierung spürte, daß der Druck auf Prag zunahm. Sie mußte überdies auch auf die Abspaltungsbestrebungen der Slowaken reagieren. Das Regionalparlament in Preßburg dokumentierte die Teilung des Staates schon in seiner eigenen Schreibweise: Tschecho-Slowakei. Der Bindestrich bedeutete das genaue Gegenteil von Bindung.

Am 9. März löste Staatspräsident Hacha die slowakische Regierung auf und ließ Monsignore Tiso verhaften. Der von Hacha als Nachfolger eingesetzte Carol Sidor hatte freilich trotz des

Kriegsrechts, das am 10. März verhängt wurde, einen schweren Stand. Es kam zu Unruhen, slowakische Separatisten leisteten den tschechischen Soldaten hartnäckigen Widerstand. Unterstützung erhielten die sogenannten »Hlinka-Garden« von Teilen der starken deutschen Minderheit. Hitler war zufrieden: Die Slowaken sorgten dafür, daß sich die Tschechoslowakei von innen her zerstörte.

Prag suchte fieberhaft nach Unterstützung. Am 10. März hatte der sowjetische Diktator Stalin öffentlich an die Adressen Großbritanniens, Frankreichs und der USA festgestellt, er sei nicht bereit, »für den Westen die Kastanien aus dem Feuer zu holen«.

Nun war wieder London in der Schlüsselrolle. Chamberlain hatte einer Gruppe britischer und französischer Journalisten gerade ein optimistisches Bild einer friedlichen internationalen Lage gezeichnet. Als Stalins Aussage bekannt wurde, versuchte Lord Halifax, den Optimismus ein wenig zu dämpfen. Vergebens: Chamberlain blieb bei seinem Vertrauen auf eine friedliche Entwicklung. Von dieser Seite hatte Prag also wenig zu erwarten, zumindest keine tatkräftige Unterstützung. Doch nach »München« neigten die Tschechen ohnehin eher zur Skepsis.

Der deutsche Reichskanzler nahm die Erklärung Chamberlains mit Zufriedenheit zur Kenntnis. Darauf hatte er gehofft, von britischer Seite war also mit keinem ernsthaften Widerstand zu rechnen. Ein Telefongespräch zwischen Henderson und Halifax gab ihm recht. Der britische Botschafter teilte seinem Außenminister mit, er zweifle daran, »daß Herr Hitler schon eine Entscheidung getroffen hat, und ich halte es für äußerst wünschenswert, daß im Ausland über das Wochenende nichts veröffentlicht wird, was ihn zu einer vorschnellen Reaktion veranlassen könnte«.

Das Gegenteil war richtig: Das Wochenende war nach Hitlers Auffassung ein außerordentlich geeigneter Zeitpunkt, getroffene Entscheidungen rasch durchzuführen. Am 11. März 1939, einem

Samstag, dem Lieblingstag für derartige Unternehmungen, ging
Hitler in die Offensive. Zunächst wies er General Keitel an, ein
Ultimatum an die Tschechen aufzusetzen: Sie sollten die Besetzung Böhmens und Mährens einfach hinnehmen. Gleichzeitig
wurden deutsche Agenten in der Tschechoslowakei zu erhöhter
Sabotagetätigkeit aufgefordert. Göring wurde auf Wunsch Hitlers nicht aus seinem Italienurlaub heimbeordert. Auch dies war
eine geschickte Täuschung, denn, so Hitler: »Sein Aufenthalt in
San Remo trägt zur Beruhigung der Gemüter in Italien bei.«

Doch den eigentlichen Grund für diese Entscheidung ver-
schwieg der Kanzler. Warum Göring erst am 15. März von Hitlers
Absicht, die Tschechoslowakei endgültig zu zerschlagen, erfuhr
und sofort seinen Urlaub abbrach, läßt sich aus einem Bericht des
Generalfeldmarschalls erkennen:

»Ich war verärgert, weil die ganze Sache über meinen Kopf
hinweg entschieden worden war. Ich riet zu Geduld und betonte,
eine Verletzung des Münchner Abkommens würde für Chamberlain einen Prestigeverlust bedeuten, der wahrscheinlich
Churchill an die Macht bringen würde. Hitler hörte nicht auf
mich.«

Hitler wollte also offensichtlich vermeiden, daß Göring, wie
schon im Vorfeld in München, für eine friedliche Regelung eintreten konnte.

Schließlich kam der große Auftritt des abgesetzten slowakischen
Ministerpräsidenten Tiso. Er wurde von Hitler für den 13. März
nach Berlin »eingeladen« – das heißt: Er wurde nach Berlin
befohlen. Die »Einladung« überbrachte eine nationalsozialistische Delegation mit Reichsstatthalter Seyß-Inquart, Gauleiter
Bürckel und Minister Keppler, die ohne großes Federlesen in
Preßburg eine Sitzung der Regierung Sidor unterbrachen, um zu
verkünden, daß »der Führer beschlossen hat, die tschechoslowakische Frage ein für allemal zu lösen«.

Der Prälat, von der neuen slowakischen Regierung in einem Kloster unter Hausarrest gestellt, wurde von den Deutschen kurzerhand mitgenommen und in einer Maschine der Luftwaffe nach Berlin gebracht.

So, wie Hitler Tiso nach Berlin »geladen« hatte, so lud er ihn nun ein, »die Unabhängigkeit der Slowakei zu erklären«. Um der Einladung den notwendigen Nachdruck zu verleihen, informierte Hitler seinen Gast:

»Morgen mittag werde ich militärische Maßnahmen gegen die Tschechoslowakei ergreifen. Wenn die Slowakei sich selbständig machen will, werde ich dieses Bestreben unterstützen, sogar garantieren. Wenn sie zögert, so überlasse ich das Schicksal der Slowakei den Ereignissen, für die ich nicht mehr verantwortlich bin.«

Am 15. März um 6 Uhr morgens sollte sich also das Schicksal der Tschechoslowakei entscheiden. Monsignore Tiso stand nur vor der Wahl, deutsche Truppen auch in der slowakischen Hauptstadt Preßburg einmarschieren zu lassen oder einer Unabhängigkeit zuzustimmen, die nicht das Papier wert war, auf dem sie geschrieben stand. Den Tag Bedenkzeit, den ihm Hitler für seine Entscheidung großzügig eingeräumt hatte, nahm Tiso nicht in Anspruch. Er ließ sich sofort mit dem slowakischen Kabinett in Preßburg verbinden und gab Anweisung, für den nächsten Tag eine Parlamentssitzung einzuberufen. Der abgesetzte Ministerpräsident, der keinerlei Befehlsbefugnisse hatte, verlieh seiner Anweisung auf besondere Weise Nachdruck: Er spreche aus dem Arbeitszimmer des »Führers«, ließ er seine Gesprächspartner in Preßburg wissen. Das genügte: Des »Führers« Wort hatte schon vor der angeblichen Unabhängigkeit in Preßburg Gewicht, ihm konnte die slowakische Regierung nicht widersprechen. Der Rest war reine Formsache.

Tiso ließ sich die Unabhängigkeitserklärung aushändigen, die Ribbentrop inzwischen sinnigerweise aufgesetzt hatte, und verabschiedete sich. In Preßburg trat er am nächsten Tag vor die versammelten Abgeordneten, die ihre Sonntagsruhe unterbrochen hatten, und forderte sie auf, einen unabhängigen slowakischen Staat zu proklamieren. Dazu legte er die von Ribbentrop formulierte Erklärung vor. Versuche, über diese Proklamation zu diskutieren, wurden im Keim erstickt. So erhoben sich alle Anwesenden zum Zeichen der Zustimmung von ihren Plätzen – ein neuer Staat war entstanden. Tiso wurde zum Regierungschef gewählt. In seiner ersten Amtshandlung stellte er die Slowakei unter den Schutz des »Führers«. Hitler hatte ihn in Berlin vor die Wahl gestellt: »Die Frage ist die, will die Slowakei ihr Eigenleben leben oder nicht.« Natürlich wollte sie, die Frage war nur, ob sie es auf diese Art bekommen konnte.

In der Zwischenzeit war nun sogar dem gutgläubigen Henderson aufgefallen, daß Hitler mit der Hilfe der slowakischen Separatisten die Tschechoslowakei auslöschen wollte. Besorgt wandte er sich an den Staatssekretär im Auswärtigen Amt und beschwor ihn, Berlin solle »nichts tun, was München verletzt oder den Stanley-Hudson-Besuch gefährdet«.

Die Vorbereitungen für den Besuch der beiden britischen Minister war ins Stocken geraten. Weizsäckers Antwort ließ erahnen, daß am Vortag eine wichtige Entscheidung gefallen war: »Was auch geschieht, es wird auf anständige Weise ablaufen.«

Diese Andeutung ließ Schlimmes befürchten. Um das Ärgste zu verhindern, wandte sich Henderson noch am selben Tag an den tschechischen Gesandten in Berlin und riet ihm, den direkten Kontakt mit den Deutschen zu suchen. Am besten sei es, so Henderson, wenn der tschechoslowakische Außenminister Chvalkovski nach Berlin komme, um die Situation zu retten. Chvalkovski war schon mehrmals mit Hitler zusammengetroffen. Er gehörte zu den Politikern, die nach dem Abtreten Beneschs den Ausgleich mit den Deutschen gesucht hatten. Äußerungen wie: »Was Deutschland in München gefordert und bekommen hat, war gerecht. Die Tschechen hätten längst von sich aus die logische Folgerung aus den Tatsachen ziehen sollen«, kennzeichneten die neue tschechische Politik, die darauf abzielte, sich das Wohlwollen des »Dritten Reiches« zu sichern. Der Vorschlag Hendersons, gerade Chvalkovski solle bei Hitler vorsprechen, war deshalb folgerichtig und im Prinzip nicht chancenlos.

Inzwischen hatte sich die Situation für die Tschechoslowakei weiter verschlechtert. Es brodelte an allen Ecken des kleinen Staates. Ungarn hatte die Regierung in Prag ultimativ aufgefordert, binnen vierundzwanzig Stunden die Karpato-Ukraine zu räumen. Die Slowakei hatte gleichzeitig ihre Unabhängigkeit erklärt. Die immer noch starke deutsche Minderheit in der Tschechoslowakei fühlte sich weiter unterdrückt. Hunderte Deutsche zogen in Prag, Hakenkreuzfahnen schwenkend und »Sieg Heil« rufend, über den Wenzelsplatz. Es kam zu Zusammenstößen mit der tschechischen Polizei und Gegendemonstranten.

Mit dem Mut der Verzweiflung unternahm Hacha einen letzten Vorstoß. Nicht der Außenminister, nein, der höchste Repräsentant des tschechischen Staates sollte nach Berlin fahren. Wenigstens Böhmen und Mähren, die tschechischen Kernlande, ein kleiner Rest der ehemals stolzen Tschechoslowakei, sollten als eigenständiger Staat erhalten bleiben – darum wollte er Hitler bitten.

Am 14. März brach der greise Hacha, begleitet von seiner Tochter und dem tschechischen Außenminister, nach Berlin auf. Der Staatspräsident wäre, weil die Zeit drängte, am liebsten geflogen, seine Herzschwäche ließ dies jedoch nicht zu. Noch im Zug erfuhr Hacha, daß deutsche Truppen Mährisch-Ostrau besetzt und an der Grenze nach Böhmen und Mähren Stellung bezogen hatten.

Am späten Abend des 14. März traf er mit einem Sonderzug am Anhalter Bahnhof in der Reichshauptstadt ein. Das deutsche

Protokoll sah einen Empfang mit allen Ehren vor, die einem Staatsoberhaupt zustehen. Ribbentrop empfing die kleine tschechische Delegation und schritt mit Hacha die Ehrenfront der Wachkompanie ab, die im Ehrenhof der Neuen, Speerschen Reichskanzlei angetreten war. Trotz des einwandfreien offiziellen Zeremoniells wurde Hacha sehr bald deutlich gemacht, daß er als Bittsteller nach Berlin gekommen war. Stundenlang mußte er warten, bis er endlich zur Audienz bei Hitler vorgelassen wurde. Es war schon ein Uhr nachts, als Hacha in der Reichskanzlei in einen neuen Raum mit braunen Teppichen und einer braunen Wandtäfelung geführt wurde. Der Raum war abgedunkelt, es herrschte eine düstere Atmosphäre – ganz dem Anlaß entsprechend.

Dem Beobachter bot sich ein entwürdigendes Bild. Auf der einen Seite stand ein alter, kranker Mann, der verzweifelt versuchte, für sein Land wenigstens einen Rest von Eigenständigkeit zu bewahren – ein Mann, der sich selbst demütigte, bis zur Selbstaufgabe erniedrigte, zu Kreuze kroch, um Mitleid bat, weil er darin die einzige Chance sah, die Tschechoslowakei vor deutscher Besetzung zu retten. Auf der anderen Seite stand ein Diktator, der sich zum Triumphator aufspielte – ein Mann, der es genoß, Hacha zu demütigen, auf ihn herabzublicken, ein Sadist, der sich daran ergötzte, den erschöpften Greis immer weiter in die Ecke zu treiben. Mitleid kannte Hitler nicht. Das Schauspiel war erbärmlich.

Hacha war bereit, dem mächtigen Nachbarn entgegenzukommen, ja sogar, sich ihm zu unterwerfen:

»Ich bin überzeugt, daß das Schicksal der Tschechoslowakei in den Händen des Führers liegt, und ich glaube, daß das Schicksal in den Händen des Führers gut aufgehoben ist.«

Er hoffe gerade auf Hitlers Verständnis, wenn die Tschechoslowakei ein nationales Leben leben wolle. Hacha unterbreitete unterwürfig seine Vorschläge: auf wirtschaftlichem Gebiet könne er sich eine Zollunion vorstellen. Zu Ribbentrop gewandt, äußerte er: »…und außenpolitisch möchten wir uns an Sie anlehnen, Herr Reichsminister, wenn Sie gestatten.«

Ribbentrop und Hitler gestatteten nicht. Statt dessen mußte sich Hacha das gesammelte Sündenregister der Tschechen anhören. Hitler nannte zahllose Untaten und angebliche Verbrechen, die den Deutschen in der Tschechoslowakei seit Masaryk und Benesch zugefügt worden seien und stellte unbeeindruckt von Hachas Unterwürfigkeit fest: »Die Tschechen haben sich seit München nicht geändert.«

Er habe geglaubt, daß ein Zusammenleben möglich sei, aber leider seien die Tendenzen Beneschs nicht verschwunden. »So sind bei mir am letzten Sonntag die Würfel gefallen.« Deshalb habe er den Befehl zum Einmarsch deutscher Truppen und zur Eingliederung der Tschechoslowakei in das Deutsche Reich gegeben:

»Es ist zum Schutz des Reiches notwendig, daß ich das Protektorat über die Rest-Tschechei übernehme, um selbst nach dem Rechten sehen zu können.«

Hacha und Chvalkovski saßen wie versteinert, als Hitler ihnen mitteilte, daß er das Ende der Tschechoslowakei beschlossen habe. »Nur an den Augen konnte man erkennen«, so berichtete der Dolmetscher Schmidt, »daß es sich um lebende Menschen handelte.«

Es sollte noch schlimmer kommen. Nicht nur, daß Hitler sie gerufen hatte, um mitzuteilen, daß er ihrem Staat den Todesstoß versetzen wollte! Jetzt stellte er es auch noch als Gnadenakt dar, für den sie gefälligst dankbar sein sollten: »Diese Einladung ist der letzte gute Dienst, den ich dem tschechischen Volk erweisen kann…«

Der tschechische Staatspräsident saß regungslos da. Hitler erklärte ungerührt:

»Der Einmarsch der deutschen Truppen ist unabwendbar.

Wenn Sie Blutvergießen verhindern wollen, dann telefonieren
Sie am besten sofort mit Prag und geben Weisung an ihren
Kriegsminister, daß kein Widerstand von den tschechischen
Truppen geleistet wird.«

Hacha erkannte, wie aussichtslos die Situation war, wie entschlossen Hitler sein Ziel der Zerschlagung des tschechischen
Staates verfolgte. Jetzt konnte es für das tschechische Staatsoberhaupt nur noch darum gehen, unnötige und sinnlose Opfer
seiner Mitbürger zu verhindern: »Wie kann ich in nur vier Stunden dafür Sorge tragen, daß das tschechische Volk keinen Widerstand leistet?«

Hacha, so der deutsche Reichskanzler, müsse sich sofort telefonisch mit Prag in Verbindung setzen und dafür sorgen, »daß
sich der Einmarsch der deutschen Truppen in erträglicher Form
abspielt. Dann werde ich bei der Neugestaltung des tschechischen Lebens der Tschechoslowakei ein großzügiges Eigenleben,
eine Autonomie und eine gewisse nationale Freiheit geben. Es sei
ein großer Entschluß, aber ich sehe die Möglichkeit für eine lange
Friedensperiode zwischen den beiden Völkern dämmern. Würde
der Entschluß anders sein, so sehe ich die Vernichtung der Tschechoslowakei.«

Hitler hatte Hacha da, wo er ihn haben wollte. Es ging ihm
nicht darum, unnötiges Blutvergießen zu vermeiden oder die
Zahl der Opfer gering zu halten. Nein, jetzt hatte er die Chance,
mit diesem Argument Hacha zu zwingen, sein eigenes verbre-
cherisches Handeln zu legitimieren.

In fieberhafter Eile – es waren kaum mehr vier Stunden, bis
sich die deutsche Militärmaschine in Gang setzen würde – versuchte die Berliner Telefonzentrale, eine Verbindung mit Prag
herzustellen. Die Qualität der Leitung war sehr schlecht, ständig
riß die Verbindung ab. Der deutsche Außenminister schäumte
vor Wut über die angebliche Schlamperei. Er verlangte, den Post-
minister zu sprechen und drohte:

»Wenn Sie die Verbindung nicht binnen einer Stunde zustande bringen, wird die Telefonzentrale mitsamt ihrem Leiter sofort entlassen.«

Endlich gelang es, eine stabile Verbindung herzustellen. Doch plötzlich gab es eine neue Schwierigkeit. Göring – mittlerweile aus dem Urlaub heimgekehrt – stürzte ins Zimmer und rief: »Hacha hat einen Schwächeanfall bekommen.« Die Erniedrigungen der letzten Stunden waren für den greisen Staatsmann doch zu viel gewesen. Hitlers Plan schien in letzter Minute gefährdet.

»Wenn Hacha nun stirbt, dann sagt morgen die ganze Welt, er sei hier in der Nacht in der Reichskanzlei umgebracht worden«, beschreibt Schmidt die Befürchtungen der Anwesenden.

Der Leibarzt Hitlers, Dr. Morell, rettete die Situation. Er injizierte Hacha eine Vitaminspritze, die den erschöpften Präsidenten wieder auf die Beine brachte. Nach einer weiteren Injektion konnte Hacha endlich telefonieren und sein Kabinett in Prag über Hitlers Forderungen unterrichten. Er riet zur Kapitulation.

In späteren Berichten kam das Gerücht auf, Hitler habe Hacha unter Drogen setzen lassen, um ihn gefügig zu machen. Es war jedoch nicht nötig, auf diese Art Druck auszuüben. Die Drohung mit Gewalt reichte völlig aus, um Hachas Widerstand zu brechen.

Und solche Drohungen gab es in der Reichskanzlei zwischen ein und vier Uhr nachts genügend. Hitler war mit der mündlichen Kapitulation noch nicht zufrieden. Er verlangte, daß Hacha seine Unterschrift unter das Todesurteil für die Tschechoslowakei setzte. Göring und Ribbentrop überboten sich förmlich in drastischen Schilderungen, was »gewiß« geschehen würde, wenn Hacha sich weigere, diese Unterschrift »freiwillig« zu leisten:

»Prag wird innerhalb von zwei Stunden in Schutt und Asche liegen.«

»Hunderte von Bombern warten auf den Startbefehl, der um 6 Uhr früh hinausgeht, wenn die Unterschriften nicht geleistet werden.«

»Es täte mir leid, wenn ich das schöne Prag bombardieren müßte.«

Dies waren drei Variationen ein und desselben Themas: Vernichtung. Später gestand Hitler:

»Hätte ich die Drohungen wahrmachen müssen, ich hätte das Gesicht verloren, denn zu der genannten Stunde lag so dichter Nebel über unseren Flughäfen, daß kein einziges Flugzeug hätte aufsteigen können.«

Davon konnte Hacha nichts ahnen, er mußte davon ausgehen, daß es sich um ernstgemeinte Drohungen handelte. Und deshalb gab er schließlich auf. Erschöpft und deprimiert unterschrieb er schließlich die Erklärung, die ihm Hitler vorlegte:

»Der Führer und Reichskanzler hat... den tschechoslowakischen Staatspräsidenten Dr. Hacha und den Außenminister Chvalkovski auf deren Wunsch in Berlin empfangen. Bei der Zusammenkunft ist die durch die Vorgänge der letzten Wochen auf dem bisherigen tschechoslowakischen Staatsgebiet entstandene ernste Lage in voller Offenheit einer Prüfung unterzogen worden. Auf beiden Seiten ist übereinstimmend die Überzeugung zum Ausdruck gebracht worden, daß das Ziel aller Bemühungen die Sicherung von Ruhe, Ordnung und Frieden in diesem Teil Mitteleuropas sein müsse. Der tschechoslowakische Staatspräsident hat erklärt, daß er, um diesem Ziel zu dienen und um eine endgültige Befriedung zu erreichen, das Schicksal des tschechischen Volkes und Landes vertrauensvoll in die Hände des Führers des Deutschen Reiches legt. Der Führer hat diese Erklärung angenommen und seinem Entschluß Ausdruck gegeben, daß er das tschechische Volk unter den Schutz des Deutschen Reiches nehmen und ihm eine seiner Eigenart gemäße autonome Entwicklung seines völkischen Lebens gewährleisten wird.«

Es war 3 Uhr 55 am Morgen des 15. März, als dieser Text von Hitler, Hacha, Ribbentrop und Chvalkovski unterzeichnet wurde. Das Ende der Tschechoslowakei war besiegelt. Hitler hatte sich seinen Gewaltakt sogar noch legitimieren lassen. Der »böhmische Gefreite« versuchte, den Anschein von Gesetzmäßigkeit zu wahren und seinem unrechtmäßigen Handeln den Schimmer von Rechtmäßigkeit zu geben. Doch Hacha hatte unter Druck gehandelt. Eine Mischung von Drohung und Lockung, verbunden mit einer militärischen Erpressung, hatte den tschechischen Präsidenten dazu gebracht, Hitlers Marsch auf Prag eine scheinrechtliche Legitimation zu geben.

Während die Tschechen die Stätte ihrer Niederlage mit hängenden Köpfen verließen, feierten die Deutschen ihren Triumph. Gleich nach der Unterzeichnung stürzte Hitler aus seinem Arbeitszimmer in das Vorzimmer, wo er die beiden Sekretärinnen aufforderte:

»Kinder, jetzt gebt mir mal jede da und da einen Kuß. Hacha hat unterschrieben. Das ist der größte Triumph meines Lebens. Ich werde als der größte Deutsche in die Geschichte eingehen.«

Die Früchte dieser Erpressung ernteten zur selben Zeit die deutschen Truppen: Um 6 Uhr am Morgen des 15. März 1939 marschierten sie in Böhmen und Mähren ein. Sie überschritten die bisherige Grenze zur Tschechoslowakei, die seit der Unterschrift Hachas vor nur zwei Stunden faktisch nicht mehr existierte. Die deutschen Truppen trafen auf keinen Widerstand.

»Der Einmarsch ist rein friedensmäßig verlaufen, das tschechische Heer ist nicht zu sehen.« So lautete der Bericht General Hoepners. Ohne Blutvergießen übernahm die Wehrmacht die wichtige Rüstungsindustrie der Skoda-Werke, ohne Verluste erbeutete sie das riesige Waffen- und Munitionsarsenal der tschechischen Armee. Größere Schwierigkeiten hatten die Truppen nur mit dem einbrechenden Winter: Schnee und Glatteis verzögerten den deutschen Vormarsch. Aber auch die miserablen Witterungsbedingungen konnten nicht verhindern, daß schon um 9 Uhr, drei Stunden nach Beginn des Einmarsches, die erste deutsche Einheit die Hauptstadt der Tschechoslowakei erreichte.

Zum ersten Mal wurden deutsche Soldaten ohne Begeisterung empfangen: kein »Blumenkrieg«, keine überschäumende Freude, wie sie den Landsern im Sudetenland entgegengeschlagen, kein Jubel, wie er in Österreich zu hören gewesen war. Diesmal waren es der Haß und die ohnmächtige Wut der tschechischen Bevölkerung, die den Deutschen begegneten. Zwar fielen keine Schüsse, doch geballte Fäuste und Schimpfworte machten deutlich, daß Hitlers Truppen in Prag nicht als Befreier begrüßt wurden.

Am späten Abend erreichte die Wagenkolonne des Reichskanzlers die Goldene Stadt an der Moldau. Hitler war begierig, vom Hradschin aus einen Blick auf seine neueste Eroberung zu werfen. Endlich hatte er das, was ihm in München verwehrt worden war! Ohne auf das Schneetreiben Rücksicht zu nehmen, hielt er seinen Fahrer zur Eile an.

Das deutsche Vorkommando, das den Schutz des Kanzlers übernehmen sollte, hatte nicht genügend Vorbereitungszeit gehabt. Nichts war fertig, als der »Führer« in Prag eintraf. Nur die Führerstandarte wehte schon über dem Hradschin. Auf der Prager Burg, ehemals Sitz der böhmischen Könige, empfing der geschaßte ehemalige Staatspräsident der Tschechoslowakei, Hacha, den deutschen Kanzler und bat ihn »um ein paar Ampullen« der Morellschen Medizin, die ihm tags zuvor in Berlin geholfen hatte, seinen Schwächeanfall zu überstehen. Hitler versprach es und entließ den alten Herrn. Dann wandte er sich wichtigeren Dingen zu. Am nächsten Tag wollte er das »Protektorat Böhmen und Mähren« proklamieren. Es galt, die Präambel des entsprechenden Erlasses zu diktieren:

»Ein Jahrtausend lang gehörten zum Lebensraum des deutschen Volkes die böhmisch-mährischen Länder. Der tschechoslowakische Staat hat seine innere Lebensunfähigkeit bewiesen und ist deshalb nunmehr auch der tatsächlichen Auflösung verfallen. Es entspricht dem Gebot der Selbsterhaltung, wenn das Deutsche Reich entschlossen ist, zur Wiederherstellung der Grundlagen einer vernünftigen mitteleuropäischen Ordnung entscheidend einzugreifen und die sich daraus ergebenden Anordnungen zu treffen.«

Diese Aufgabe im neuen »Protektorat Böhmen und Mähren« fiel dem von Hitler zum »Reichsprotektor« ernannten Freiherrn von Neurath zu. Der eigentliche Herr war freilich Karl Hermann Frank, einer der Führer der ehemaligen Sudetendeutschen Partei, der nun als Chef der Polizei im Protektorat mit Terror und Gewalt dafür sorgte, daß die Tschechen von der Autonomie und Selbstverwaltung, die ihnen offiziell zugestanden wurde, keinen Gebrauch machen konnten.

Hitlers Begleitung war begeistert: »Es ist doch etwas Einmaliges, daß der Führer, kaum einen Tag, nachdem er ein fremdes Land besetzt hat, vom Amtssitz des früheren Staatsoberhauptes einem fremden Volke eine Verfassung diktiert.«

Einmalig – genau das war es, allerdings in einem anderen Sinn: Hitler hatte zum ersten Mal ein fremdes Land besetzt. Zum ersten Mal geschah der Einmarsch deutscher Truppen gegen den Willen der Bevölkerung. Der Einmarsch ins entmilitarisierte Rheinland 1935, der Anschluß Österreichs und des Sudetenlandes 1938 – immer hatte Hitler sich auf das Selbstbestimmungsrecht des deutschen Volkes berufen können, stets erfüllte er den Wunsch des Großteils der Bevölkerung, in allen Fällen hatte er zumindest ansatzweise eine moralische Legitimation. Bis zum März 1939 konnte Hitlers Politik als Revision des Versailler Vertrages interpretiert werden – eine Revision, wie sie auch schon in der Weimarer Republik von vielen Politikern gefordert und betrieben worden war.

Mit der Besetzung Prags war dies zu Ende, die »Erledigung der Rest-Tschechei« hatte eine neue Qualität: Zum ersten Mal versuchte Hitler, seine Herrschaft auch auf Staaten auszudehnen, in denen keine deutschen Volksgruppen lebten. Der Nationalsozialismus verließ die Schranken der Nation. Das Selbstbestimmungsrecht der Völker, bislang stets als Rechtfertigung für territoriale Forderungen angeführt, wurde nun mit Füßen getreten. Mit dem Einmarsch setzte sich Hitler moralisch ins Unrecht und zerstörte die internationale Geschäftsgrundlage, die in München vereinbart worden war. Er kümmerte sich nicht länger um die Zusagen, die er Chamberlain gegeben hatte. Die Sudeten sollten seine »letzte Forderung« gewesen sein, hatte er der Weltöffentlichkeit versprochen. Jetzt hatte er sich selbst desavouiert.

Selbst Großbritanniens Botschafter Henderson, ein entschiedener Verfechter der *Appeasement*-Politik, der bisher Hitlers Versprechungen geglaubt hatte, begriff, aus welcher Richtung der Wind nun wehte:

»Die Annexion Böhmens und Mährens stellt ein Unrecht dar, das immer nach Wiedergutmachung rufen wird. Seiner Majestät Regierung wird fraglos in Erwägung ziehen, welche Haltung sie gegenüber einer Regierung einzunehmen gedenkt, die sich als unfähig erwiesen hat, einen Vertrag nicht einmal sechs Monate lang einzuhalten.«

Im Unterhaus gab es wütende Fragen an Chamberlain, die Opposition erinnerte daran, daß der britische Regierungschef die Grenzen der tschechischen Republik garantiert hatte. Chamberlain verteidigte sich, ebenso erregt, daß die Garantie nur für den Fall eines unprovozierten Angriffs gelte: »Und ein solcher Angriff hat nicht stattgefunden.« So blieb es vorerst bei einer schwachen Protestnote:

»Seiner Majestät Regierung hat nicht den Wunsch, sich mehr als nötig in eine Angelegenheit einzumischen, die andere Regierungen direkter betrifft... Sie ist jedoch tief besorgt um den Erfolg aller Bemühungen, in Europa das Vertrauen wiederherzustellen und eine Entspannung herbeizuführen. Sie würde jedes Vorgehen in Mitteleuropa bedauern, das einen Rückschlag in der Entwicklung dieses allgemeinen Vertrauens verursachen würde.«

Ribbentrop lehnte es grundsätzlich ab, Proteste für die Reichsregierung entgegenzunehmen. Henderson erhielt keinen persönlichen Termin. Der neue französische Botschafter Coulondre versuchte, die Protestnote seiner Regierung dem deutschen Staatssekretär von Weizsäcker auszuhändigen. Dieser aber mußte, auf Anweisung Ribbentrops, die Note ungeöffnet auf dem Tisch liegen lassen. Beide Botschafter wurden anschließend von ihren Regierungen zur Berichterstattung zurückgerufen. Dies war der letzte Schritt vor dem Abbruch der Beziehungen.

In Prag wurde Hitler über die internationalen Reaktionen informiert. In Italien hatte man die Nachricht vom Einmarsch der Deutschen in Prag äußerst frostig aufgenommen. Mussolini, der sich als Vater des Münchner Abkommens fühlte, war wiederum nicht informiert worden. Doch das kümmerte Hitler kaum. Viel mehr interessierten ihn die Reaktionen in London und Paris. Würden Chamberlain und Daladier Prag zu Hilfe kommen?

Als Hitler erfuhr, daß Großbritannien und Frankreich nicht mobil gemacht hatten, triumphierte er: »Ich habe es gewußt. In vierzehn Tagen spricht kein Mensch mehr davon.« Dies aber war höchst voreilig, denn tatsächlich hatte sich die Stimmung in Europa entscheidend verändert.

Am 17. März hielt Chamberlain in Birmingham eine ernste Rede, die den Stimmungswandel deutlich machte:

»In Godesberg hat mir Herr Hitler mit großem Ernst wiederholt, was er bereits in Berchtesgaden erklärt hatte – nämlich, daß dies die letzte seiner territorialen Ambitionen in Europa sei, und daß er nicht beabsichtige, Angehörige anderer Rassen als der deutschen in das Reich einzubeziehen. Herr Hitler hat diese Darstellung des Gesprächs selbst in seiner Sportpalastrede bestätigt.«

Der britische Premier verwies auf das Münchner Abkommen

und vor allem auf die deutsch-englische Erklärung, die auf seine, Chamberlains Initiative zurückginge. Er fragte:

»Kann man, nachdem sich Hitler derartig über so feierlich und so wiederholt abgegebene Zusicherungen hinweggesetzt hat, irgendwelchen weiteren Versprechungen, die er macht, noch Glauben schenken?«

In Paris beschwerte sich Daladier beim deutschen Botschafter: »Hitler hat mich hintergangen, er hat mich lächerlich gemacht.« Und dann gab er die Antwort auf Chamberlains Frage: »Die Zeit zum Reden ist vorbei«, erklärte er in der Kammer. Die Deputierten stimmten ihm zu. Daladier erhielt Sondervollmachten zum Ausbau der Landesverteidigung.

Europa war in Bewegung geraten. Der Wind hatte sich gedreht. Die Saat des Krieges war gesät.

Harald Schott

Der
erzwungene Krieg

»Es geht nicht um Danzig«
Polen heißt das neue Ziel

»Danzig ist deutsch, wird stets deutsch bleiben und früher oder später wieder zu Deutschland kommen.« Mit diesem Satz läutete Hitler im Januar 1939 eine neue Runde in seinem Revisionsprogramm ein. Er saß mit dem polnischen Außenminister, Oberst Jozef Beck, auf dem Obersalzberg und referierte mit der ihm eigenen ausufernden Beredsamkeit über die Problematik der deutsch-polnischen Beziehungen. Das Verhältnis war bislang eigentlich recht freundlich gewesen: Der »Führer« wünschte sich Polen als Partner, und als Bollwerk gegen die Sowjetunion. So war es auch das erste Land, mit dem er schon 1934 einen Nichtangriffspakt schloß. Einziger Streitpunkt zwischen den beiden Ländern war die Situation in und um Danzig – vielleicht die schwierigste Hypothek aus den unglückseligen Verträgen von 1919. Danzig selbst war damals zum Freistaat erklärt worden, in dem die Polen gewisse wirtschaftliche Privilegien besaßen. Die Bevölkerung bestand zu über 9o% aus Deutschen, die meisten von ihnen waren inzwischen Anhänger der NSDAP. Westlich von Danzig erhielt Polen einen Landstrich bis zur Ostsee zugesprochen, der ihm einen eigenen Zugang zum Meer garantierte. Dieser sogenannte »Korridor« trennte nun Danzig, vor allem aber auch Ostpreußen vom Reich.

Um hier zu einer befriedigenden Lösung zu kommen, hatte Ribbentrop schon im vergangenen Herbst den Polen ein Angebot gemacht, das Hitler heute vor Beck wiederholte: Danzig

kommt zurück zu Deutschland; durch den Korridor wird eine exterritoriale Autobahn und eine Zugverbindung bis nach Ostpreußen gebaut, ein Korridor durch den Korridor also; dafür
räumt Deutschland den Polen in Danzig wirtschaftliche Präfe-
renzen ein – selbst von einem neuen Hafen ist die Rede – und
garantiert ansonsten die in dem Friedensvertrag festgelegten polnischen Grenzen. Das klang verführerisch nach Friedensschal-
mei.

Als Folge einer derartigen Regelung sah Hitler eine Zeit
blühender deutsch-polnischer Zusammenarbeit heraufziehen,
bis hin zu gemeinsamen Aktionen gegen die Sowjetunion; ein
lohnendes Ziel wäre hier die Ukraine, für Polen seit jeher poli-
tisch-militärisch interessant, für Deutschland als Wirtschafts-
raum von entscheidender Bedeutung.

»Mein Kampf«: »Wenn wir aber heute von neuem Grund und
Boden in Europa reden, können wir in erster Linie nur an Rußland und die ihm untertanen Randstaaten denken.«

Dies entsprach dem Endziel seiner Politik, dem »Gewinn eines
neuen Lebensraumes« im Osten. Um also dieses Gebiet erobern
zu können, brauchte er zunächst eine gemeinsame Grenze mit
der Sowjetunion, er brauchte ein militärisches Aufmarschge-
lände, durch das er an die Sowjetunion heranrücken konnte.
Polen war dazu geeignet.

Oberst Beck, gestärkt durch einen erholsamen Weihnachtsur-
laub in Monte Carlo, wich den Lockungen Hitlers mit eleganten
Formulierungen aus: Er gab vor, auf eine Rückgabe Danzigs
müsse die Öffentlichkeit in Polen erst vorbereitet werden und
im Umgang mit den Russen sei höchste Vorsicht geboten.

Die Lage Polens zwischen den beiden autoritär geführten
Großmächten war in der Tat kompliziert. Voller Nationalstolz
und einem vor allem auf dem militärischen Sektor bisweilen
übersteigerten Selbstbewußtsein, beharrten die Polen auf ihrer
Unabhängigkeit. Außerdem erschien ihnen Härte im Umgang

mit Hitler erfolgreicher als die nachgiebige Taktik, die beispielsweise die Tschechen betrieben.

Und so blieben sie auch hart, als Ribbentrop drei Wochen später nach Warschau kam. Der Bahnhof war mit Hakenkreuzfahnen geschmückt, es war der Vorabend des 5. Jahrestages des
deutschpolnischen Nichtangriffspaktes. Ribbentrop insistierte
wieder einmal penetrant, versuchte erneut, die Polen für die bereits erläuterten Vorschläge zu gewinnen, die diese bereits im vergangenen Herbst abgelehnt hatten.

Professor Marian Wojciechowksi, Polen:

*Am 24. 10. 1938 kam es zu einem Gespräch zwischen dem Reichs-
außenminister und dem polnischen Botschafter – fast vier Wochen
nach dem Münchner Abkommen. Lipski sollte, nach den instruktionen aus Warschau, vom Deutschen Reich eine feierliche Erklärung über die Anerkennung der bestehenden deutsch-polnischen Grenzen verlangen. Das war der angemessene Preis, den das
Reich für die bisherige deutsch-polnische Zusammenarbeit zahlen
sollte, zugleich eine feste Grundlage für die weitere Entwicklung
dieser Zusammenarbeit. Man glaubte in Warschau, nach München
fest im Sattel zu sitzen.*

*Der Sinn dieser Forderungen war klar. Durch die Annahme der
Vorschläge sollte Polen die Rolle eines Satelliten des Reiches spielen, nicht mehr wie bislang die eines Partners. Im Oktober 1938
wollte Deutschland mit Polen keinen Krieg führen. Man glaubte in
Berlin, die Anpassung Polens könne zu einem Satelliten-Gürtel in
Ost- und Süd-Ost-Europa führen. In diesem Gürtel bildete Polen
wegen seiner Lage zwischen Deutschland und der Sowjetunion
den wichtigsten Punkt. Die Abgrenzung von der Sowjetunion
durch die von Deutschland unabhängigen Staaten sollte dem
Reich ermöglichen, einen Krieg gegen Frankreich zu führen. Erst
nach der Niederlage Frankreichs und einer Umorientierung Groß-*

britanniens (nach einer deutsch-britischen Globallösung) könne
man an einen Krieg mit der Sowjetunion denken, der zur Erfül-
lung des Wunsches nach neuem Lebensraum führen sollte. Das
war der Sinn der deutschen Vorschläge gegenüber Polen. Man war
in Berlin der Meinung, daß diese Vorschläge akzeptiert würden.
Nach München, als die Tschechoslowakei ihre Unabhängigkeit
praktisch verloren hatte, war Polens strategische Lage Deutsch-
land gegenüber hoffnungslos: kein Schutz mehr im Süden, im We-
sten nur 120 Kilometer von der Grenze bis Warschau, im Norden
Ostpreußen... Dennoch schob man in Warschau eine klare Ant-
wort immer weiter hinaus.

In England und Frankreich wurden diese Spannungen nur unge-
nau registriert. Man befürchtete vielmehr einen deutschen Angriff im Westen. Nach – wahrscheinlich fingierten – Geheim-
dienstberichten war sowohl eine Attacke gegen Holland möglich
als auch gegen Belgien oder die Schweiz. Gleichzeitig würde Italien als flankierende Maßnahme seine Gebietsforderungen auf
Korsika und Nizza geltend machen. Chamberlain hatte bei einem
Besuch in Rom Mitte Januar erfolglos versucht, die Italiener auf
Distanz zum Deutschen Reich zu bringen.

Außenminister Ciano schrieb nach dem Besuch in sein Tagebuch: »Die Engländer wollen nicht kämpfen... Sie versuchen, so
langsam wie möglich zurückzuweichen, aber kämpfen wollen sie
nicht... Unsere Unterredungen sind zu Ende. Es wurde nichts erreicht.«

Und Hitler schürte diese allgemeine Unsicherheit. Am 30. Januar hielt er zum 6. Jahrestag der Machtübernahme vor dem
Reichstag in der Krolloper eine zweieinhalbstündige Rede:

»Ich glaube an einen langen Frieden...«, hieß es da voller Pathos, aber auch: »Es ist notwendig, alles eben Mögliche für die
Stärkung unserer Wehrmacht zu tun... Ich brauche Ihnen nicht
zu versichern, daß wir in Zukunft nicht dulden werden, daß die

westlichen Staaten versuchen, sich in Fragen einzumischen, die nur uns etwas angehen…«

Und auch eine alte Drohung wurde neu aufgelegt: »Die Kolonien sind für das Reich eine Lebensnotwendigkeit…«, aber gleich wieder eingeschränkt: »Dies ist kein Kriegsgrund…«

Die Verwirrung unter den europäischen Staatsmännern war perfekt, als in derselben Rede auch noch ein fanatischer Ausfall gegen das Weltjudentum folgte:

»Ich will heute wieder ein Prophet sein: Wenn es dem internationalen Finanzjudentum in oder außerhalb Europas gelingen sollte, die Völker noch einmal in einen Weltkrieg zu stürzen, dann wird das Ergebnis nicht die Bolschewisierung der Erde und damit der Sieg des Judentums sein, sondern die Vernichtung der jüdischen Rasse in Europa. Für die jüdische Parole ›Proletarier aller Länder, vereinigt Euch!‹, wird eine höhere Erkenntnis stehen: ‚Angehörige aller Nationen, erkennt unseren gemeinsamen Feind‹.«

Professor Eberhard Jäckel, Bundesrepublik Deutschland:

»Vernichtung der jüdischen Rasse in Europa«, dieser Satz war das zentrale Signal für das, was dann die Endlösung der Judenfrage genannt wurde, für den Mord an den Juden Europas im Zweiten Weltkrieg. Immer wieder beriefen sich die Täter auf diese Ankündigung, und Hitler zitierte sie allein 1942 in nicht weniger als vier öffentlichen Reden. Beachtlich genau sprach er übrigens von der Vernichtung der Juden in Europa. Das war sein letztes Ziel, nicht die Verfolgung der deutschen Juden, und am Ende waren von allen ermordeten Juden etwa 98% Nicht-Deutsche.

Doch zurück zur außenpolitischen Lage im Frühjahr 1939. Hitler hatte lange versucht, Großbritannien und Polen als Verbündete für seine gegen die Sowjetunion gerichtete Politik zu gewinnen. Diese Versuche waren nun gescheitert, und Hitler richtete sich dar-

auf ein, Polen bei erster passender Gelegenheit anzugreifen. Wie
im Jahre zuvor im Falle der Tschechoslowakei, waren seine
Forderungen auch diesmal nur Vorwände, um einen Anlaß und
eine Rechtfertigung für die Kriegseröffnung zu erhalten. »Danzig
ist nicht das Objekt, um das es geht«, sagte Hitler ganz offen in
einer Besprechung mit den Militärs am 23. Mai. »Es handelt sich
für uns um die Erweiterung des Lebensraumes im Osten.« Das
waren seine alten Pläne für einen weitreichenden Eroberungs-
krieg.

Und wie 1938 war auch jetzt wieder die Frage, wie die anderen
Mächte sich verhalten würden. Würden England und Frankreich
eingreifen, dann geriet Deutschland in einen abermaligen Welt-
krieg, den es nach Ansicht vieler in der deutschen Führungsschicht
nur verlieren konnte. Hitler sah vor, in diesem Falle zunächst die
Westmächte anzugreifen. Aber er mußte, wie schon 1938, mit inne-
rem Widerstand rechnen. Und was würde die Sowjetunion tun?
Wenn sie sich den Westmächten anschlösse, sah sich Deutschland
einer Einkreisung und einem Mehrfrontenkrieg wie 1914 gegen-
über. Hitler befand sich erneut in kritischer Lage. Würde es ihm ge-
lingen, Polen zu isolieren?

Die nächsten Wochen verliefen in einer Atmosphäre vermeintlicher Entspannung. England und Frankreich versicherten sich gegenseitiger Unterstützung im Falle eines deutschen Angriffs,
auch auf die kleineren Nachbarstaaten. Beide arbeiteten am Ausbau ihrer militärischen Schlagkraft und waren nur kurzfristig irritiert, als Italiens Außenminister Ciano nach Warschau reiste.
Die Franzosen befürchteten eine Beeinträchtigung ihres Vertrages mit Polen, der seit 1921 für gegenseitige Unterstützung in Kri-
sensituationen bürgte. Doch der Italiener fuhr unverrichteter
Dinge wieder ab.

Am 25. Februar fiel eine Vorentscheidung im spanischen Bürgerkrieg: Die Franco-Truppen nahmen Barcelona ein, Großbri-

tannien und Frankreich erkannten den Generalissimus am 27. Februar als neuen Staatschef an.

Am 2. März wurde Eugenio Pacelli zum Papst gewählt und kurz darauf als Pius XII. gekrönt.

Am 10. März hielt Stalin vor den Delegierten des 18. Parteitages eine Rede voller unverständlicher Gedankengänge, in der er unter anderem den Westmächten vorwarf, durch ihre Nachgiebigkeit Deutschlands Expansionsdrang zu fördern. Eine wesentliche Aufgabe der Partei auf dem Gebiet der Außenpolitik sah er darin, »vorsichtig zu sein und nicht zuzulassen, daß unser Land in Konflikte durch Kriegstreiber verwickelt wird, die gewohnt sind, andere für sich die Kastanien aus dem Feuer holen zu lassen«.

Am 15. März landete Hitler einen neuen Coup: In einer Blitzaktion besetzten deutsche Truppen die »Rest-Tschechei«, und am 16. März verkündete der »Führer« von der Prager Burg aus die Gründung des »Protektorats Böhmen und Mähren«.

Chamberlain versuchte in einer Art rhetorischem Doppelsalto das Nichteingreifen Englands zu rechtfertigen. Doch zwei Tage später, am Vorabend seines 70. Geburtstages, machte er in einer Rede in Birmingham deutlich, daß die Zeit des *Appeasement* nun endgültig vorbei sei. Er würde dem Frieden nicht »die Freiheiten, deren wir uns seit Hunderten von Jahren erfreuen, opfern. Jedem Versuch, die Welt durch Gewalt zu beherrschen, müssen die Demokratien Widerstand leisten.«

Doch nun hatte Hitler vor der Weltöffentlichkeit erstmals seine wahren Absichten offenbart. Er hatte sein Wort gebrochen und ein Land überfallen, ohne sich dabei auf die Beseitigung der Auflagen aus den Versailler Friedensverträgen berufen zu können. Damit schlug die Stimmung in Europa radikal um. Der vorher bei vielen Staatsmännern vorhandene Wunsch, den Frieden auch unter größeren Opfern unbedingt zu erhalten, wich der Erkenntnis, daß ein Krieg kaum zu vermeiden sei.

Ein Brief des neuen französischen Botschafters in Berlin,

Robert Coulondre, an Außenminister Bonnet gab die allgemeine
Lagebeurteilung durch die internationale Diplomatie sehr genau
wieder:

»Französische Botschaft Berlin
    Berlin, am 16. März 1939
    Sehr verehrter Herr Minister!
    Die jüngsten Ereignisse werden die Politik der Entspannung,
deren Verwirklichung Sie sich nach München in so richtiger
Weise gewidmet haben, sehr schwierig machen. Mehr noch als die
Zerstückelung der Tschechoslowakei, über deren Ursachen man
streiten kann, zeigt die mehr oder minder getarnte Annexion
Böhmens und Mährens durch Deutschland fünf Monate nach
dem Abkommen vom 29. September leider wieder einmal, wie
fragwürdig die Verpflichtungen sind, die das Reich eingeht.
    Es ist nötig, auszuhalten und mit allen Mitteln Zeit zu gewin-
nen, bis unsere Aufrüstung durchgeführt ist. Doch ist es auch notwendig, daß diese sich in kürzester Zeit vollzieht. Kann die Regierung zur Abkürzung dieser Zeitspanne nicht im Kriegstempo
rüsten, wie Deutschland es tut, wo man Tag und Nacht in drei
Schichten zu acht Stunden in den Rüstungsbetrieben arbeitet?
    Ich glaube, daß die Eroberungspolitik, in die sich Deutschland
gestürzt hat, allmählich die Nationen, die leben wollen, gegen es
aufbringt und an unsere Seite führen muß. Doch ist es auch nötig,
daß diese genügend Vertrauen in unsere Kraft haben. Heute liegt
alles in diesem Wort beschlossen, unser Wohl einbegriffen.
    Genehmigen Sie, sehr verehrter Herr Minister, die ehrerbie-
tige Versicherung meiner aufrichtigen Verbundenheit
    Robert Coulondre.«

Am 21. März reiste Bonnet mit Frankreichs Staatspräsident Lebrun zu einem Staatsbesuch nach London. Neben glänzenden
Empfängen und opulenten Galadiners liefen natürlich auch

handfeste politische Besprechungen. Immer ging es dabei um Pläne gegen Hitlers weitere Expansionspolitik. Bonnet erlebte die neue Entschlossenheit Chamberlains, der zu ihm sagte:

»Hitler hat die von ihm unterzeichneten Abmachungen verletzt. Er will Europa beherrschen. Wir werden es nicht erlauben.«

Die Engländer hatten eine Papier vorbereitet, in dem sie zusammen mit Frankreich, der Sowjetunion und Polen ihre unbedingte Entschlossenheit bekunden wollten, sich jeder weiteren Aggression Hitlers zu widersetzen. Außerdem berieten beide Delegationen über eine Garantie für Rumänien, das im Augenblick am stärksten bedroht schien.

Die Franzosen erwarteten nun jedoch ganz konkrete Schritte der Engländer, um diese Entschlossenheit auch nach draußen zu demonstrieren. Dauerthema war die Einführung der allgemeinen Wehrpflicht in England. Seit Monaten wurde darüber innerhalb der britischen Öffentlichkeit kontrovers diskutiert.

Während die französische Delegation in prunkvollen Kutschen durch Londons Straßen rollte, traf Hitler mit dem Schiff im Hafen von Memel ein, um ein weiteres Gebiet »heim ins Reich« zu holen. Das Memelland war in den Pariser Verträgen Litauen zugesprochen worden, und Hitler hatte nun die litauische Regierung ultimativ aufgefordert, es zurückzugeben. Die kleine baltische Republik sah keine Chance zu irgendeinem Widerstand, und so konnte der »Führer« den Memelländern zurufen:

»Jetzt seid ihr zurückgekehrt in ein gewaltiges neues Deutschland, das sein Schicksal nicht Fremden anvertrauen will, sondern das bereit und entschlossen ist, sein Schicksal selbst zu meistern und zu gestalten, auch wenn dies einer anderen Welt nicht gefällt.«

Solche Aktionen konnten der »anderen Welt« naturgemäß kaum gefallen, am wenigsten Polen, das sich durch die neuerliche Annexion zusätzlich bedroht fühlen mußte, auch wenn an demselben 21. März ganz andere Töne aus Berlin erklangen. Erneut redete Ribbentrop auf den polnischen Botschafter Lipski ein, Danzig doch ans Reich abzutreten und endlich den Korridor im Korridor zu genehmigen. Offensichtlich hatte Hitler Instruktionen gegeben, sich nun nach der »Erledigung der Rest-Tschechei« wieder der polnischen Frage zu widmen.

Außenminister Beck nahm das Angebot zur Kenntnis, gab nun aber seine Geheimhaltungstaktik auf und ließ deutlich erkennen, daß für ihn die Freundschaft mit dem Deutschen Reich beendet sei. Herausfordernd verstärkte er die polnischen Truppen im Korridor und ließ seinen Botschafter in Berlin die endgültige Antwort auf die deutschen Vorschläge überreichen. In für Diplomaten ungewöhnlicher Klarheit teilte der Gesandte am 26. März dem deutschen Außenminister mit: »Eine weitere Verfolgung des Planes hinsichtlich Danzig bedeutet Krieg mit Polen.«

Ribbentrop antwortete ebenso unverblümt: »Wenn Polen die Gebietshoheit Danzigs verletzt, so werden wir das als eine Verletzung der deutschen Grenzen ansehen.«

Zwei Tage später erklärte Beck dem deutschen Botschafter in Warschau, daß jeder Versuch Deutschlands, den Status Danzigs einseitig zu ändern, von Polen als *casus belli* angesehen werde.

»Sie wollen auf der Spitze des Bajonetts verhandeln!« rief der deutsche Botschafter. Beck erwiderte: »Das tun Sie ja!«

Das war der endgültige Bruch zwischen Deutschland und Polen in der Danzig-Frage. Die Fronten waren klar.

Hitler hoffte aber trotz der verschärften Gangart noch auf eine friedliche Lösung in Danzig. Der Oberbefehlshaber des Heeres, General von Brauchitsch, notierte nach einem Gespräch mit seinem obersten Kriegsherrn:

»Führer will die Frage Danzig nicht gewaltsam lösen, möchte Polen dadurch nicht in die Arme Englands treiben. Vorläufig beabsichtigt der Führer noch nicht, die polnische Frage zu lösen. Sie soll nun aber bearbeitet werden. Eine in naher Zukunft erfolgende Lösung müßte besonders günstige politische Vorausset-

zungen haben. Polen soll dann so niedergeschlagen werden, daß
es in den nächsten Jahrzehnten als politischer Faktor nicht mehr
in Rechnung gestellt zu werden braucht.«

»... ein überraschender Angriff«

Der »Fall Weiß« wird vorbereitet

Einmal mehr wollte Hitler die Zeit und seine Gegner für sich arbeiten lassen, zu oft war die Rechnung aufgegangen, zu oft hatte er gegen die Meinung aller seiner Berater Recht behalten. Selbstsicher hatte er noch auf der Prager Burg am 16. März versichert: »Ich habe es gewußt. In 14 Tagen spricht kein Mensch mehr davon.«

Es war genau der 15. Tag, als Chefdolmetscher Paul Schmidt Hitler übersetzte, was Chamberlain am Morgen im britischen Unterhaus verkündet hatte:

»Ich habe dem Unterhaus mitzuteilen, daß die Regierung Seiner Majestät im Falle eines Vorgehens, das die polnische Unabhängigkeit bedroht und von dem die polnische Regierung demgemäß der Ansicht ist, daß ein Widerstand gegen ein solches Vorgehen mit ihrer Wehrmacht für sie von lebenswichtigem Interesse ist, sich verpflichtet fühlen würde, der polnischen Regierung alle in ihrer Macht stehende Unterstützung zuteil werden zu lassen. Die britische Regierung hat der polnischen Regierung gegenüber zu diesem Zweck eine entsprechende Zusicherung abgegeben. Ich darf hinzufügen, daß mich die französische Regierung ermächtigt hat, zu erklären, daß sie in dieser Angelegenheit die gleiche Stellung einnimmt wie die britische Regierung.«

Chamberlain hatte am Tag zuvor das Einverständnis Warschaus für diese Erklärung eingeholt. Beck nahm den Vorschlag an, »bevor er das zweite Mal die Asche von seiner Zigarette schnippte«. Er hatte sofort erkannt, was ihm damit angeboten wurde.

Das Garantieversprechen war nämlich einseitig gehalten. Polen war von einer Gegenleistung befreit. Es wurde nicht einmal für den Fall zu einer Hilfeleistung verpflichtet, daß Hitler einen anderen europäischen Staat angriff. Chamberlains Rede wirkte auf einen neutralen Beobachter wie ein Warnschuß vor den Bug der Hitlerschen Eroberungsgelüste.

Hitler reagierte zunächst überrascht. Als Schmidt die Worte Chamberlains zu Ende übersetzt hatte, geriet er jedoch mehr und mehr in Rage. England, mit dem er wegen der germanischen Verwandtschaft immer noch als Partner geliebäugelt hatte, wurde nun zum Gegner Nummer eins. Vor dem Chef der deutschen Abwehr, Admiral Canaris, trommelte er kurze Zeit später mit den Fäusten auf den Tisch und schrie: »Denen werde ich einen Teufelstrank brauen!«

Am Tage danach war Hitler Ehrengast beim Stapellauf des Schlachtschiffes »Tirpitz« in Wilhelmshaven. Nach der Taufe Empfang im Rathaus, anschließend Großkundgebung auf dem Rathausplatz: Der »Führer« spulte sein ganzes rhetorisches Können ab. Zunächst ruhig und friedlich, plötzlich aber erbost, als er auf das Garantieversprechen der Engländer und Franzosen zu sprechen kam. Schon beim Versailler Friedensschluß 1919 habe man das deutsche Volk betrogen und dem Elend entgegengeführt. Nun habe man erneut zum Schlage ausgeholt. Briten und Franzosen wollten durch ihre Hilfszusage an Polen das Deutsche Reich »einkreisen«.

Schließlich brüllte er außer sich vor Wut: »Das Deutsche Reich ist aber jedenfalls nicht bereit, eine Einschüchterung oder auch Einkreisungspolitik auf Dauer hinzunehmen.«

Und mit sich überschlagender Stimme beschwor er seine Entschlossenheit zu einer gewaltsamen Auseinandersetzung, wer auch immer seine Kräfte mit ihm messen wolle. Das waren starke

Töne. Hatte er schon vorher gewußt, daß es hier in Wilhelmshaven mit ihm durchgehen würde? Jedenfalls hatte er im letzten Augenblick angeordnet, die Rede nicht direkt im großdeutschen Rundfunk zu übertragen. Sie wurde nur auf Platten aufgenommen, so daß sie später noch redigiert werden konnte.

Zur selben Zeit erhielt die Presse Anweisung aus dem Propagandaministerium, ab sofort England als den gefährlichsten Gegner Deutschlands darzustellen.

Am 3. April erließ der »Führer« eine neue Weisung an die Wehrmacht. Man müsse auf den »Fall Weiß« vorbereitet sein – unter diesem Decknamen liefen die militärischen Vorbereitungen für den Polenfeldzug. Seine Durchführung müsse »ab 1. September jederzeit möglich sein«. Ein Datum stand im Raum.

Auch die Westmächte zogen zu diesem Zeitpunkt schon einen Krieg in Betracht. Vor allem Chamberlain, der sich von seiner härteren Haltung Hitler gegenüber eine abschreckende Wirkung erhofft hatte, sah sich getäuscht. Der Auftritt Hitlers in Wilhelmshaven ließ keinen Zweifel an seiner Kriegsentschlossenheit. Frankreich und England reagierten schnell: Drei Tage später legten sie einen Kriegsplan vor, der davon ausging, daß Deutschland mit Italien als Verbündetem einen Krieg eröffnen würde. Diese hätten zwar die größeren Reserven für Land- und Luftkämpfe, doch zur See und wirtschaftlich gesehen seien England und Frankreich den Angreifern auf Dauer überlegen. Es ging also darum, durch eine defensive Taktik Zeit zu gewinnen. Mit anderen Worten: Noch waren die französische und britische Armee nicht schlagkräftig genug. Auch wenn sich beide Länder darüber im klaren waren, daß man dem Krieg nicht mehr ausweichen konnte, so mußte man doch versuchen, den Beginn so lange hinauszuschieben, bis das eigene militärische Potential erfolgssicher aufgerüstet war.

Auch Polen sollte in den britisch-französischen Kriegsplan

miteinbezogen werden. Die Zeit war günstig, der polnische Außenminister Beck befand sich zu einem Besuch in London. Die Engländer wollten die Gelegenheit nutzen, um die, wie man auch hier bald eingesehen hatte, »kleinen« Fehler des Garantieversprechens zu korrigieren. Sie forderten von Beck eine moderate Haltung in der Danzig-Frage; außerdem, daß Polen seine Hilfe zusichere, auch, wenn ein anderes Land angegriffen würde und bereit sei, sich mit England, Frankreich und der Sowjetunion zu einem gemeinsamen Vorgehen gegen Deutschland zu verbünden. Beck aber blieb während seines gesamten London-Aufenthaltes hartnäckig: Das englische Garantieversprechen vom 31. März wurde zwar in ein gegenseitiges Garantieversprechen umgewandelt, aber alle anderen Forderungen lehnte er ab, vor allem die Annäherung an die Sowjetunion.

Am Karfreitag, dem 7. April, wurde die Öffentlichkeit von einer Nachricht aus dem Mittelmeerraum aufgeschreckt: Italien hatte Albanien besetzt. Die in Albanien ansässigen Italiener seien durch die Bedrohung bewaffneter Banden in ihrer Sicherheit gefährdet, hatte die amtliche italienische Presseagentur zuvor gemeldet. Die Worte klangen bekannt, die Aktion war von langer Hand geplant. Der *Duce* hatte schon kurz nach dem 15. März wissen lassen, er sei nun förmlich gezwungen, auch irgend etwas zu bekommen. Mit der Annexion Albaniens ließ er seinen Worten Taten folgen, zeigte er der Welt, wie wesensgleich er dem »Führer« war. Die deutsche Presse feierte die Besetzung als eine »Abwehr der Einkreisungspolitik«. England gab sich gelassen, Frankreich war entsetzt. Gemeinsame Reaktion: Die Garantie, die sie Polen gegeben hatten, wurde am 13. April auf Rumänien und Griechenland ausgedehnt. Daß Rumänien dieses Hilfsversprechen annahm, kam fast einer Brüskierung Hitlers gleich: Denn kaum einen Monat zuvor hatte Rumänien mit dem Deutschen Reich einen Wirtschaftsvertrag abgeschlossen. Die Beziehungen standen gut. Anscheinend hatten die Besetzung der

»Rest-Tschechei« und die Annexion von Albanien die rumäni-
sche Regierung in Schrecken versetzt, zu plötzlich griff sie nach
der ausgestreckten Hand des Westens.

Hitler selbst konkretisierte in diesen Tagen seine Weisungen für
den »Fall Weiß«. In einer präziseren Ausführung dazu formulierte er am 11. April:
    »Die großen Ziele im Aufbau der deutschen Wehrmacht blei-
ben weiterhin durch die Gegnerschaft der westlichen Demokratien bestimmt. Der ›Fall Weiß‹ bildet lediglich eine vorsorgliche
Ergänzung der Vorbereitung, ist aber keineswegs als die Vorbe-
dingung einer militärischen Auseinandersetzung mit den West-
gegnern anzusehen.«
    Das war eindeutig gegen England und Frankreich gerichtet,
die ja nach Hitlers Worten durch ihre Bündnispolitik Deutschland einzukreisen gedachten. Aber es wurde auch deutlich,
worum es eigentlich ging:
    »Die Aufgabe der Wehrmacht ist es, die polnische Wehrmacht
zu vernichten. Hierzu ist ein überraschender Angriff anzustreben
und vorzubereiten ...«
    Dies war ein erneutes Indiz dafür, daß sich Hitler durch die
Garantieerklärungen der Westmächte nicht hatte abschrecken
lassen. Er fühlte sich sogar eher angestachelt, überlegte bereits,
wie ein Überfall auf Polen möglichst schnell angezettelt werden
konnte.

In dieser Atmosphäre geschah etwas Unerwartetes: Amerika
griff in den Lauf der Dinge ein. Lange genug hatten die USA
die Entwicklung in Europa aus der Distanz beobachtet. Seit
1938 versuchten sie, durch eine Reihe von Gesetzen die eigene
Neutralität zu verankern. Man wollte nicht mehr in die Auseinandersetzungen in Europa hineingezogen werden. Eines dieser
Gesetze verbot sogar die Lieferung von Kriegsmaterial an kriegs-

führende Mächte, selbst an den Angegriffenen, ein Gesetz, das einem überlegenen Aggressor zugute kam. Präsident Roosevelt dachte damals schon anders, aber der Kongreß war mit großer Mehrheit für Neutralität. Daß Roosevelt nun einen Schritt zugunsten der Westmächte unternehmen konnte, lag an der abenteuerlichen Politik Hitlers. Mit Entsetzen hatte man nämlich in Amerika die innenpolitische Entwicklung des Deutschen Reiches beobachtet. Der totalitäre Staat und seine Unterdrückungsmechanismen traten immer stärker in das Bewußtsein der Öffentlichkeit. Vor allem die Judenverfolgungen in der sogenannten »Reichskristallnacht« im November 1938 hatten viele Amerikaner entsetzt. Unmittelbar danach war der amerikanische Botschafter aus Berlin zurückgerufen worden. Seitdem war seine Stelle vakant. Hinzu kam Hitlers aggressive Außenpolitik: Österreich, das Sudetenland, Prag – und nun der Streit um Danzig. Man war sich der Gefahr bewußt, die Europa in Spannung versetzt hatte, spätestens seit Mussolini mit demselben Habitus wie Hitler von sich reden machte.

Die Änderung in der öffentlichen Meinung Amerikas bestärkte Roosevelt in seinem Vorhaben. Am 14. April schickte er Telegramme gleichen Inhaltes an Hitler und den Duce. Darin forderte er die beiden Diktatoren auf, in den nächsten zehn Jahren Ruhe zu halten. Es folgte eine Liste von 31 Ländern, denen gegenüber die beiden Nichtangriffsgarantien aussprechen sollten. Erstmals warfen die USA ihr wirtschaftliches und militärisches Potential in die Waagschale der internationalen Politik. Doch wohl zu spät, um die expansionsbesessenen Achsenpartner zu beeindrucken.

Mussolini sah in dem Appell eine »Folge von Kinderlähmung« (Roosevelt war seit seiner Jugend von dieser Krankheit gezeichnet). Göring glaubte Roosevelt im »Anfangsstadium einer Geisteskrankheit«. Hitler hatte für die Warnung aus Übersee nur Hohn übrig. Er hielt Amerika nicht für stark genug, um sich in

einem europäischen Konflikt zu engagieren. Außerdem waren
die USA weit weg. Und so reagierte er offiziell zunächst gar nicht.

Die nächste Woche stand ganz im Zeichen des 5o. Geburtstages Hitlers. Überall war man mit den Vorbereitungen beschäftigt.
Natürlich auch im Auswärtigen Amt, wo es galt, die ausländischen Gäste, die zu den Feierlichkeiten erwartet wurden, zu beeindrucken.

Am Montag, dem 17. April, betrat am Nachmittag unangemel-
det der sowjetische Botschafter Merekalow das Auswärtige Amt.
Sein Besuch, der nichts mit dem Geburtstag zu tun hatte, war für
Staatssekretär von Weizsäcker eine glatte Überraschung. Der
Russe war schon seit fast einem Jahr als Botschafter in Berlin,
hatte aber bis zum heutigen Tag noch nicht seine Aufwartung gemacht. Nun erkundigte er sich, ob die Materiallieferungen der
Skoda-Werke an die Sowjetunion auch für die Zukunft gewährleistet seien. Die SkodaWerke befänden sich ja nach der Annexion der »Rest-Tschechei« in deutscher Hand. Von Weizsäcker
war erstaunt. Diese Nachfrage war zu unbedeutend, als daß sie
der wirkliche Anlaß für den sowjetischen Besuch sein konnte.
Es vergingen einige Minuten, bis Merekalow weitersprach.
Ideologische Meinungsverschiedenheiten zwischen Rußland und
Deutschland müßten die gegenseitigen Beziehungen nicht
zwangsläufig stören, sie könnten im Gegenteil durch eine Verbesserung der Kontakte vielleicht ganz beseitigt werden. Damit
verabschiedete sich der Diplomat und ließ einen verunsicherten
Staatssekretär zurück. Von Weizsäcker wußte nicht, was er von
dieser Bemerkung halten sollte, hielt das Gespräch aber für alle
Fälle schriftlich fest.

Zur selben Stunde sondierte die Sowjetunion auch an anderer
Stelle. Außenminister Litwinow offerierte England und Frankreich einen Dreierpakt mit gegenseitiger Hilfeleistung im Falle
eines Angriffs auf einen der Beteiligten, gekoppelt mit einem Militärabkommen. Dieser Vorschlag kam nicht aus heiterem Him-

mel: Einige Tage zuvor hatte der französische Außenminister
Bonnet bei der sowjetischen Botschaft in Paris angefragt, ob man
den seit 1935 zwischen Frankreich und der Sowjetunion bestehenden Beistandspakt nicht an die momentane Situation anpas-
sen könnte. Mit »momentaner Situation« meinte er die Gefahr
eines deutschen Angriffs auf Polen oder Rumänien. Bonnet
nahm damit einen Gedanken wieder auf, den die Westmächte
schon nach Hitlers Einmarsch in Prag verfolgt hatten: mit der
Sowjetunion gemeinsam eine Erkärung gegen weitere Aggressionen Hitlers herauszugeben. Der englische Premierminister
unterstützte dieses Bemühen nur gezwungenermaßen; denn
Chamberlain mißtraute der Sowjetunion und verabscheute den
Bolschewismus. Doch das Parlament und das Militär drängten
ihn zu diesem Schritt. Ihre Überlegungen gingen dahin, daß jede
westliche Hilfe für einen Staat in Osteuropa an Stärke verliere,
wenn man Rußland nicht als Partner gewänne, sozusagen als eine
zweite Front im Osten. In einem sinnvollen Abwehrsystem gegen
Hitler brauchte man die Russen.

Chamberlain versuchte schon im März, auch Polen in dieses
gemeinsame Bündnis miteinzubeziehen. Doch Polen lehnte ab,
zuletzt während des Besuchs Becks in London. England und
Frankreich hatten dennoch an Bündnisverhandlungen gearbeitet, bis nun Litwinow die Initiative mit seinem Gegenvorschlag
ergriff. Über einen Dreierpakt hinaus schlug er vor, daß alle drei
Mächte sich verpflichten sollten, den an die Sowjetunion angren-
zenden europäischen Staaten zwischen der Ostsee und dem
Schwarzen Meer bei einem Angriff zu Hilfe zu eilen. Ganz eindeutig war Rußland daran gelegen, neben Polen und Rumänien
auch die baltischen Staaten in einen Vertrag mit einzubeziehen.
Selbstlos war das natürlich von Stalin nicht gedacht. Bei einer Aggression Hitlers gegen diese Grenzstaaten, die ja letztendlich
auch die Sowjetunion bedrohen würde, könnte er nach diesem
Vorschlag auf die Hilfe der Westmächte rechnen.

Wieder fragte England bei Oberst Beck an, inwieweit Polen
gewillt sei, einem solchen antinazistischen Verteidigungssystem
beizutreten. Dessen Antwort war mit vielen »Wenn« und »Aber«
geschmückt: Polen wollte unter keinen Umständen eine vertragliche Bindung an die Sowjetunion, so wenig, wie es eine an
Deutschland gewollt hatte. Zu tief saß das Mißtrauen gegenüber
dem früheren Unterdrücker. Es ließ sich nicht abschätzen, was
passieren würde, wenn die Rote Armee, und sei es auch in einer
Hilfsaktion, erst einmal in Polen einmarschiert wäre. Zudem
wollte Oberst Beck sein Land nicht durch eine Bindung an die
Russen der offenen Gegnerschaft Hitlers ausliefern. Was ihm
vorschwebte, war ein neutrales Polen als politischer Faktor in der
Mitte, mehr noch: als geographische Barriere Deutschlands gegen den Bolschewismus. In einer gehörigen Überschätzung der
politischen und militärischen Macht Polens lehnte Beck die Anfrage aus London ab.

Chamberlain mußte das hinnehmen. Er wußte nun, daß er als
Gegenleistung für seine Garantieerklärung zumindest Polens
Bereitschaft für ein gemeinsames Vorgehen mit Rußland als Vor-
aussetzung hätte einholen müssen. Dazu war es nun zu spät. Die
Verhandlungen zwischen den Westmächten und der Sowjetunion
begannen unter einem ungünstigen Stern.

Auch Rumänien weigerte sich, mit der Sowjetunion zusam-
menzuarbeiten. Dennoch machte sich Außenminister Gafencu
auf den Weg nach London. Doch vorher wurde er in Berlin vorstellig. Einen Tag vor Hitlers Geburtstag saß er mit gemischten
Gefühlen dem Jubilar gegenüber. Erst vor einer Woche hatte
er das Garantieversprechen Englands und Frankreichs akzeptiert und sich damit formell gegen Hitler entschieden. Dennoch
empfing der Reichskanzler Gafencu eher als Freund denn als
Feind.

Zunächst ließ er ihn seinen Zorn auf die Engländer spüren. Er
verstehe die Engländer nicht, sagte er, er habe doch mit ihnen

immer zu einem Abkommen gelangen wollen. Aber wenn sie nun den Krieg haben wollten, könnten sie ihn auch bekommen.

»Es wird kein leichter Krieg sein, wie sie glauben möchten; auch wird es kein Krieg sein wie der letzte. Diesmal wird England nicht die ganze Welt auf seiner Seite haben; diesmal wird mindestens die halbe Welt auf unserer Seite stehen … Und dieser Krieg wird so vernichtend sein, wie niemand sich vorstellen kann.«

Hitler hatte seinem Groll freien Lauf gelassen. Gafencu verließ die Reichskanzlei mit dem Eindruck eines in der Danzig-Frage entschlossenen Hitler. Darüber wollte er London informieren, aber auch über die Lösungsvorschläge, die er aus Hitlers Worten entnommen hatte. Doch zunächst blieb er in Berlin, als Gast der Geburtstagsfeier.

Der Kanzler selbst bereitete sich nach dem Gespräch mit Gafencu auf die anstehenden Festlichkeiten vor. Das Programm anläßlich seines Jubiläums war derart umfangreich, daß es schon am Vortag beginnen mußte. 1600 Gauleiter und Parteiführer drängten sich in den Mosaiksaal der Reichskanzlei, um den »Führer« zu beglückwünschen. In der Marmorgalerie warteten die Veteranen des mißlungenen Putsches von 1923 und Angehörige des Stoßtrupps »Adolf Hitler«. Der »Führer« nahm die Glückwünsche dankend entgegen. Eine Militärkapelle intonierte den Badenweiler Marsch. Dann bestieg Hitler in Begleitung von Albert Speer seinen Wagen und ließ sich über die Charlottenburger Chaussee fahren, die gerade fertiggestellte »Ost-West-Achse«. Gleichzeitig gab er damit diese Straße für den Verkehr frei. Am Abendhimmel formten Feuerwerksraketen das Bild einer Hakenkreuzfahne.

Anschließend kehrte Hitler in die Reichskanzlei zurück und betrachtete die Geschenke, die in Zahl und Wert jede Relation verloren hatten. Um 24 Uhr brachte im Ehrenhof der Reichskanzlei ein Chor der »Leibstandarte« dem »Führer« ein Ständchen. Der 19. April klang kernig aus, Hitler legte sich zur Ruhe.

20. April: Um 4 Uhr marschierten Kolonnen aller Waffengattungen in die Hauptstadt ein. Um 8 Uhr wurde das Geburtstagskind durch einen Musikzug geweckt, der vor seinem Fenster ein Ständchen brachte. Anschließend kamen erste Gratulanten: die Kinder seiner Mitarbeiter. Im Blitzlichtgewitter der Fotografen überreichten sie Hitler Blumen, Augenpulver für die deutschen Illustrierten. Gegen 9 Uhr 20 betraten die ersten prominenten Gratulanten den Raum, unter ihnen der Staatspräsident der früheren ČSR, Emil Hacha, und der slowakische Ministerpräsident Josef Tiso. 40 Minuten später empfing Hitler in seinem Arbeitszimmer die Oberbefehlshaber der Wehrmacht: für die Luftwaffe Generalfeldmarschall Göring, für die Marine Admiral Raeder, für das Heer General von Brauchitsch und General Keitel als Stabschef. In einer Linie stellten sie sich vor dem »Führer« auf und hörten die erste Ansprache des Tages: Er, Hitler, sei nun auf der Höhe seiner Manneskraft, und die nächsten Jahre würden entscheidend werden für das Reich. Wenn man etwas Entscheidendes vorhabe, dann müsse man auch schnell handeln.

Nach zehn Minuten waren die Besucher entlassen. 10 Minuten, die verdeutlicht hatten, daß der »Führer« konsequent auf sein Ziel zusteuerte. Daß dieses Ziel Danzig hieß, mußte er gar nicht erst aussprechen.

Die Oberbefehlshaber verließen die Reichskanzlei und begaben sich auf die Tribüne, die vor der Technischen Hochschule aufgebaut worden war. Links und rechts von ihr säumten Zigtausende die Straße, warteten gespannt auf die Geburtstagsparade. Großeinsatz der Medien: Um 10 Uhr 30 begannen alle deutschen Rundfunksender mit der Übertragung der Feierlichkeiten. Zwölf Kameramänner und zahllose Reporter hatten sich pünktlich zur Berichterstattung eingefunden.

Der »Führer« erschien neben seinen Befehlshabern auf der Tribüne. Um Punkt 11 Uhr begann ein Aufmarsch, wie ihn Berlin noch nicht erlebt hatte – rund 40 000 Mann aus Heer, Marine und

Luftwaffe, 600 Panzer, Kavallerie, motorisierte Verbände, Musik-kapellen. Hitler stand auf seinem Ehrenplatz, hob unentwegt die Hand zum Gruß. Was in diesem Moment auf der neuen »Ost-West-Achse« ablief, war ein Meisterstück nationalsozialistischer Selbstdarstellung, eine glänzende Demonstration von Disziplin und Kraft. Die Zuschauermassen im Tiergarten mögen zwischen Begeisterung und Besorgnis geschwankt haben, auf die ausländi-schen Diplomaten machte die martialische Superschau allemal einen tiefen Eindruck, ganz nach dem Wunsch des Geburtstags-kindes:

»Es sollen möglichst viele feige Zivilisten und Demokraten eingeladen werden, denen ich eine Parade der modernsten aller Wehrmachten vorführen will«, hatte Hitler Tage zuvor gegenüber seinem Außenminister geäußert.

Die Parade des 20. April war eine unverblümte Demonstration militärischer Macht. Ganz offensichtlich sollten gerade die aus-ländischen Besucher eingeschüchtert werden. Einen Wermuts-tropfen aber mußte die Reichsregierung hinnehmen: Die offizi-ellen Vertreter der wichtigsten Demokratien fehlten. Der amerikanische Botschafter war bereits im November 1938, der britische und der französische vor einem Monat abberufen wor-den. Ihre Länder hatten heute nur zweitrangige Vertreter ge-schickt.

Nach vier Stunden ging die spektakuläre Waffenschau zu Ende. Fünf Tage später lebte sie noch einmal auf. Die Deutschen Wochenschauen präsentierten den Geburtstagsfilm, ein Doku-ment einzigartiger militärischer Gigantomanie. 10 000 Filmmeter waren verdreht worden, die 550 beeindruckendsten zu einem Film montiert, der als »künstlerisch wertvoll«, »staatspolitisch wertvoll« und »volksbildend« ausgezeichnet wurde.

In England fühlte man sich durch die permanente Zurschau-stellung der deutschen Schlagkraft provoziert und sann nach adä-quaten Gegenmaßnahmen. Am 27. April führte man die allgemeine Wehrpflicht ein. Die Rüstungsindustrie wurde zu noch schnellerer Produktion angehalten und die strategischen Planungen mit den Franzosen nahmen noch konkretere Formen an. England intensivierte die Gespräche mit der Sowjetunion.

Professor Donald Cameron Watt, Großbritannien:

Die englische Strategie lief schon wieder darauf hinaus, daß es nicht zum Krieg kommen wird. Das heißt Abschreckungs-, nicht Kriegsstrategie. Ich glaube, das lag an den Russen, sie wollten eine Allianz, militärische Allianz, und sie wollten auch die Erlaubnis haben, daß sie durch Polen und Rumänien durchmarschieren durften, um Deutschland anzugreifen. Für die Engländer war das unmöglich, ich meine, wir haben Polen garantiert, wir haben eine Garantie für Rumänien gemacht. Das war eine Unmöglichkeit. Aber für die englische öffentliche Meinung war es jetzt einfacher. Wir glaubten, es wird noch 1939 zum Krieg kommen. Und eine immer größere Zahl von Leuten hielt es für blödsinnig, nicht zu einem Arrangement mit der Sowjetunion zu kommen. Andererseits waren da viele Amateur-Vermittler, englische, deutsche, schwedische, der Vatikan, der König von Belgien. Die sagten immer, daß es unsinnig wäre, einen Weltkrieg wegen der Danzigfrage zu beginnen. Aber es war ja nicht mehr eine Frage von Danzig, Hitler wollte gar nichts mit einem Friedenssystem zu tun haben. Viele Deutsche haben das nicht begriffen.

Leider haben sich die deutschen Widerständler in London sehr amateurhaft verhalten. Ihnen fehlte die politisch-diplomatische Erfahrung. Deshalb haben sie in London nur Unverständnis und Mißtrauen erregt. Nicht die Personen selbst, sondern das, was sie vorschlugen. Sie erweckten den Eindruck, daß sie dasselbe wollten, was auch Hitler wollte – nur auf friedlichem Weg. Und nach Prag war das unmöglich. Keine englische Regierung konnte ihnen da noch vertrauen.

Einen weiteren Coup in dem verhängnisvollen diplomatischen Schlagabtausch spielte Hitler Ende April aus. Für den 28. April war eine Sitzung im Reichstag terminiert, der »Führer« werde eine bedeutsame Rede halten. Deshalb wurde angeordnet, daß alle Geschäfte im Deutschen Reich zwischen 12 Uhr und 13 Uhr 30 geschlossen blieben. Schulen und Betriebe wurden angewiesen, die Rundfunkgeräte einzuschalten. Auch die Westmächte hielten die Rede für wichtig. Um auf diplomatische Aktionen im Umfeld der Rede vorbereitet zu sein, schickten England und Frankreich ihre Botschafter wieder zurück nach Berlin.

Die Straßen Deutschlands waren wie leergefegt, als Hitler zu sprechen begann. Jedermann schien vor dem Volksempfänger zu sitzen. Die Menschen erlebten einen ruhigen und zurückhaltenden, in jeder Hinsicht friedlich gestimmten Reichskanzler. Er rechtfertigte die Annexion Böhmens und Mährens und beteuerte, er sei an der momentanen Konfliktstimmung völlig unschuldig. Seine Außenpolitik sei doch nur von dem Wunsch geleitet, die Ungerechtigkeiten des Versailler Vertrages zu beseitigen.

Dann aber kam er auf die deutsch-englische Freundschaft zu sprechen, die er immer befürwortet habe. Doch England habe nun begonnen, sich gegen ihn zu stellen und sogar die alte politische Strategie der Einkreisung Deutschlands wieder aufgenommen. Das sei keine Basis für ein gutes Verhältnis. Infolgedessen kündige er hier und heute das gemeinsame Flottenabkommen von 1935.

Die Überraschung war perfekt. Doch ohne Pause ging es weiter, ging es nun um Polen. Hitler betonte, daß er Polen sicher das Recht zugestehen wolle, einen Zugang zum Meer zu besitzen. Ebenso aber habe Deutschland das Recht auf Danzig und den Zugang zu Ostpreußen. Er sei gewillt gewesen, beide Ansprüche friedlich zu lösen. Polen aber habe dies abgelehnt und sich sogar der Kampagne gegen Deutschland angeschlossen. Infolgedessen kündige er auch das deutsch-polnische Abkommen von 1934.

Diesen Auftritt hatte Hitler minuziös geplant, die wichtigsten Textpassagen schon Tage zuvor ausgearbeitet. Sie wurden als offizielle Depesche zur gleichen Stunde, als er im Reichstag sprach, in Warschau und London übergeben.

Dem deutschen Volk hatte der Kanzler mit diesen Worten deutlich gemacht, daß es seiner Meinung nach nur einen Bedrohten in Europa gebe: das Deutsche Reich. Es war Hitlers volle Absicht, jeden Deutschen davon zu überzeugen, daß er sich gegen die Einkreisung der Gegner wehren mußte. Die Manipulation des öffentlichen Bewußtseins, das Aufpeitschen der Emotionen, das Schüren von Ängsten gehörten zu seiner Strategie, auch für die Zukunft.

Das zeigte sich auch im weiteren Verlauf der Rede, die nach eineinhalb Stunden eine überraschende Wende nahm: Der »Führer« schickte sich an, das Telegramm Roosevelts öffentlich zu beantworten. Er wies alle Beschuldigungen des amerikanischen Präsidenten zurück: Das Deutsche Volk sei friedlich gestimmt. Es sei sogar so friedfertig gewesen, daß man es mit den Bestimmungen des Versailler Vertrages jahrelang habe demütigen können. Nun habe er sich an alle Staaten gewandt, die Roosevelt in seinem Telegramm aufgeführt hatte und sie gefragt, ob sie sich von Deutschland bedroht fühlten. Die Antworten dieser Staaten seien durchweg negativ gewesen. Allerdings hatten nicht alle Staaten antworten können, da sie zur Zeit wie Syrien zum Beispiel – nicht im Besitz ihrer Freiheit seien. Die westlichen Demokratien hielten sie militärisch besetzt.

Hitler zählte nun nach und nach jeden der 31 betroffenen Staaten mit Namen auf und machte Roosevelt zum Opfer beißenden Spotts. Mit jedem neuen Land wurde das Gelächter unter den Abgeordneten lauter, Göring schlug grölend auf den Tisch, schließlich dröhnte der ganze Saal vor Lachen. Hitler selbst verlor kein Lächeln, bewahrte sehr wirkungsvoll seine ernste Miene. Er hatte sein Ziel erreicht und Roosevelts ernst gemeinte Warnung ins Lächerliche gezogen. Darüber hinaus wies er sarkastisch die Anmaßung zurück, sich in die Geschichte anderer einmischen zu wollen.

»Ich kann mich nicht für das Schicksal einer Welt verantwortlich fühlen, denn diese Welt hat am jammervollen Schicksal meines eigenen Volkes auch keinen Anteil genommen. Ich habe mich als von der Vorsehung berufen angesehen, nur meinem eigenen Volk zu dienen.«

Und so schloß er seine Rede bewußt bescheiden:

»In diesem Sinne können daher Ihre Besorgnisse und Anregungen einen viel größeren und weiteren Raum umspannen als die meinen, denn meine Welt, Herr Präsident Roosevelt, ist die, in die mich die Vorsehung gesetzt hat und für die ich daher zu arbeiten verpflichtet bin. Sie ist räumlich leider viel enger. Sie umfaßt nur mein Volk. Allein ich glaube, dadurch noch am ehesten dem zu nutzen, was uns allen am Herzen liegt: der Gerechtigkeit, der Wohlfahrt und dem Fortschritt.«

Noch in derselben Nacht mußten die Dolmetscher des Auswärtigen Amtes diese Rede übersetzen. Sie wurde dann als offizielle Antwort auf das Telegramm Roosevelts in die amerikanische Botschaft geschickt.

Der britische Botschafter sah in der Rede einen Schachzug, der den Gegenspieler zum Handeln zwingen sollte. Hitler selbst konnte abwarten, zuschauen, was auf der diplomatischen Bühne geschehen würde. Die Sicherheit für diesen Schachzug gab ihm der Stand der deutschen Rüstung: Seit Hitlers Amtsantritt hatte sich die Stärke der Armee von 7 auf 51 Divisionen erhöht. Auch die Kriegsmarine und die Luftwaffe hatten ihr Potential an Mannschaft und Ausrüstung erheblich verstärkt. Das Deutsche Reich verfügte zudem über die mächtigste Rüstungsindustrie der Zeit. Diese Faktoren stärkten Hitlers Position. Er konnte sich ihrer bedienen, was auch immer der diplomatische Schlagabtausch ergeben mochte.

»Kastanien aus dem Feuer«
Der Kurswechsel in Moskau

1. Mai, Maiparade in Moskau: auf der Ehrentribüne Stalin und sein Außenminister Litwinow, Militärkolonnen und Werktätige paradierten wie eh und je. Zwei Tage später trat Litwinow zurück. »Wurde zurückgetreten«, flüsterte man in Moskaus Straßen. Als Nachfolger für das Amt des Kommissars für Auswärtige Angelegenheiten ernannte Stalin Wjatscheslaw Molotow, einen engen Vertrauten des russischen Diktators, der bisher mehr im Hintergrund operiert hatte, aber, wie man ebenfalls munkelte, mit einer gewissen Vorliebe für Deutschland. Litwinow dagegen hatte bis zu seinem Rücktritt an einer Allianz mit dem Westen gearbeitet. Er war der Verfechter einer Theorie der »kollektiven Sicherheit« gegen Hitlers Aggression.

Daran aber hatte Stalin seit der Münchner Konferenz nicht mehr geglaubt. Seines Erachtens bedeutete das Abkommen das Ende der kollektiven Sicherheit: Die Westmächte hatten mit Hitler paktiert, warum also nicht auch er – trotz aller ideologischen Differenzen. Zudem war sein Land für einen Krieg noch nicht gerüstet. Die großen Säuberungen in den Jahren 1936 bis 1938 hatten auch vor der Führungsschicht der Roten Armee nicht Halt gemacht: Allein drei von fünf Marschällen, 13 von 15 Armeegeneralen und eine Unzahl von Kommandeuren waren liquidiert worden. Stalin brauchte erst einmal eine neue Führungsschicht, um seine Armee wieder schlagkräftig zu machen.

Ein erstes Zeichen für eine Annäherung an das Deutsche

Reich hatte er auf dem XVIII. Parteitag KPdSU am 10. März gesetzt, als er sich weigerte, für andere »die Kastanien aus dem Feuer« zu holen.

Der aufmerksame Zuhörer konnte daraus eine Absage an die Westmächte entnehmen. Gleichzeitig deutete Moskau selbst eine Veränderung in den deutsch-sowjetischen Beziehungen an. Seit Jahren hatte es hier regelmäßige Treffen zwischen dem deutschen Botschafter und dem russischen Außenminister gegeben. Der deutsche Gesandte von der Schulenburg hielt bei dieser Gelegenheit Litwinow stets einen Stapel russischer Zeitungen vor, die in ihren Artikeln gegen den deutschen Reichskanzler hetzten. Litwinow seinerseits präsentierte von der Schulenburg im Gegenzug einen Stapel deutscher Zeitungen, die gegen Stalin gerichtet waren. Nach einiger Zeit beließen es die beiden dabei, nur noch auf ihre Mappen zu deuten. Der Hinweis genügte, Belege waren nicht mehr erforderlich. Diese Treffen waren seit März seltener geworden. Im April hatte dann der sowjetische Botschafter bei von Weizsäcker im Auswärtigen Amt in Sachen Annäherung sondiert. Schließlich erfolgte jetzt, am 3. Mai, der Wechsel im sowjetischen Außenministerium. Stalin hatte erneut ein Zeichen gesetzt. Litwinow, der Mann westlicher Orientierung und jüdischer Abstammung, war als Störfaktor ausgeschaltet. Am nächsten Tag jubelte die deutsche Presse über die Entlassung des »Juden Finkelstein« – so hatte man Litwinow immer schmähend genannt.

Die Westmächte nahmen den Machtwechsel mit Unsicherheit zur Kenntnis. Molotow bemühte sich, aufkommende Unruhe zu dämpfen. Die Verhandlungen gingen auf jeden Fall weiter, ließ er den englischen und französischen Botschafter in Moskau wissen. Der Kreml blieb nach beiden Seiten offen. Rußland hatte zwei Karten ausgespielt und wartete, wer trumpfen würde.

Professor Wjatscheslaw I. Daschitschew, Sowjetunion:

Nach der Besetzung der »Rest-Tschechei« entstand in Europa eine ganz neue Situation, die England und Frankreich veranlaßte, ihre Politik neu zu bewerten und zu gestalten, die Fühlung mit der Sowjetunion und anderen europäischen Staaten aufzunehmen, um gemeinsam mit ihnen gegen Hitler vorzugehen. Das erforderten ihre nationalen Interessen. Schon bald nach dem 15. März suchte Chamberlain persönlich die sowjetische Botschaft in London auf. Damit bekundete er seinen Wunsch zur Annäherung an die Sowjetunion.

Für die Sowjetunion entstand jetzt eine günstige Lage, um die Konzeption der kollektiven Sicherheit in Europa zu verwirklichen und das politische und militärische Bündnis mit England und Frankreich zustande zu bringen. Aber diese Chance wurde verpaßt, weil Stalin zu dieser Zeit schon heimlich andere Pläne schmiedete, die nichts gemein hatten mit der Konzeption von Litwinow und seinen Anhängern. Diese Pläne entstanden nicht erst im Jahre 1938 oder 1939 sondern schon Anfang der 30er Jahre, als Deutschland die Machtergreifung durch die Nazis drohte. Die turbulente Situation erforderte damals die gemeinsame Aktion mit den Sozialdemokraten und Kommunisten, um Hitler den Weg zur Macht zu versperren. Aber Stalin zwang der KPD damals eine unheilvolle Handlungsweise auf: Er forderte, den Hauptschlag der Partei nicht gegen die Nazis, sondern gegen die Sozialdemokraten zu versetzen. So verhalf auch Stalin Hitler, »Führer« des Dritten Reiches zu werden.

In diesem Verhalten sind die Wurzeln des späteren Übels verborgen, das im Pakt mit Hitler endet. Diese Linie Stalins fand ihren Niederschlag in seiner Rede auf dem XVIII. Parteitag am 10. März 1939. Offensichtlich wurde seine Kursrichtung mit der Ablösung Litwinows durch Molotow als Volkskommissar für Auswärtige Angelegenheiten.

Stalin und die damalige sowjetische Führung hingen den rea-
litätsfremden Ideen und Dogmen des Klassenkampfes auf in-
ternationaler Ebene nach. Sie konnten nicht begreifen, daß die
Sowjetunion, England und Frankreich aufeinander angewiesen
waren; daß derAlleingang oder der Versuch, ihre eigene Sicherheit
auf Kosten der anderen aufzubauen, eine tödliche Gefahr in sich
barg. Diese politische Zielsetzung und Absichten bestimmten den
Charakter und den Inhalt der plötzlich parallellaufenden Ver-
handlungen mit dem Westen einerseits und Hitler andererseits.
Allem Anschein nach war Stalin aber gar nicht an einem Vertrags-
abschluß mit dem Westen interessiert, seine Forderungen waren
viel zu oft gar nicht realisierbar. Die Gespräche in Moskau zogen
sich schleppend in die Länge. Für Stalin war es viel leichter, eine
gemeinsame Sprache mit Hitler zu finden.

In diese diplomatischen Wechselbäder schaltete sich am 5. Mai
Papst Pius XII. ein. Über seinen apostolischen Nuntius in
Deutschland, Monsignore Orsenigo, unterbreitete er Hitler den
Vorschlag, die Differenzen in einer gemeinsamen Konferenz von
England, Frankreich, Deutschland, Italien und Polen zu beseitigen. Hitler wies diesen Vorschlag mit dem Hinweis zurück, er sei
an die falsche Adresse gerichtet. England sei die Gefahr, da es
andere Staaten gegen Deutschland aufhetze. Durch seine Bündnispolitik gieße es immer wieder Öl auf das Feuer.

Gerade eine Woche war seit seiner Rede im Reichstag vergan-
gen, wieder verurteilte Hitler England als den Unruhestifter.
Über den deutsch-polnischen Streit war es zum deutsch-englischen Konflikt gekommen. Alle anderen Probleme schienen Resultat dieser Politik zu sein.

Um die Lage vor Ort zu sondieren, schickte das Auswärtige
Amt seinen Botschafter von Dirksen wieder auf seinen Posten
nach London. Er war im März nach Berlin zurückbefohlen worden, nachdem die britische Regierung ihren Botschafter Hen-

derson abberufen hatte. Aber auch Henderson amtierte ja seit Ende April wieder in Berlin. Neben der ständigen Fühlungnahme zur deutschen Regierung versuchte er auch, über seinen polnischen Kollegen Lipski wieder auf die Regierung in Warschau einzuwirken. Denn auch nach dem Machtwechsel im russischen Außenministerium hieß die Voraussetzung für einen Pakt zwischen Rußland und den Westmächten: Polen und die baltischen Staaten müssen in die Verhandlungen einbezogen werden. Polen aber vollführte noch immer seine Gratwanderung zwischen Rußland und dem Deutschen Reich. Einmal mehr trat Oberst Beck selbstbewußt auf. Am 5. Mai erklärte er vor dem Sejm, dem polnischen Parlament:

»Der Friede hat, wie fast alles auf der Welt, einen hohen, aber doch abschätzbaren Preis. Den Begriff des Friedens um jeden Preis kennen wir Polen nicht. Im Leben der Menschen, der Völker und der Staaten gibt es nur ein Gut, das keinen Preis hat, die Ehre. Ein Staat mit Selbstachtung macht keine einseitigen Zugeständnisse.«

Das aber genau würde es bedeuten, paktierte Polen mit den Russen oder den Deutschen. Und so war sein Auftritt vor dem Sejm sicher auch als Antwort auf Hitlers Rede vom 28. April gedacht.

Nationalstolz und Kampfbereitschaft dokumentierte auch der polnische Kriegsminister Kasprzycki, der zehn Tage später in Paris mit dem französischen Generalstabschef Gamelin konferierte. Die Beratungen galten militärischen und strategischen Fragen im Falle eines deutsch-polnischen Konfliktes. Der französische Generalstabschef wollte wissen, in welchem Zustand sich die polnischen Grenzbefestigungen befänden, worauf Kasprzycki selbstbewußt entgegnete:

»Wir haben keine, denn wir gedenken, einen Bewegungskrieg zu führen und gleich bei Beginn der Operationen in Deutschland einzufallen.«

Gamelin gab zu bedenken, daß dies kein Grund sei, das Land nicht zu befestigen. Trotz dieser Differenzen schlossen die beiden am 17. Mai eine Konvention ab, in der sie festlegten:

»Im Falle eines deutschen Angriffs auf Polen oder im Falle einer Bedrohung seiner Lebensinteressen in Danzig, die eine bewaffnete Aktion von seiten Polens hervorrufen würde, wird die französische Armee automatisch eine Aktion ihrer verschiedenen Streitkräfte beginnen.«

Frankreichs Außenminister Bonnet erfuhr erst einen Tag später von diesem Militärabkommen. Es war ohne sein Wissen abgeschlossen worden und band Frankreich viel enger an Polen, als der allgemeiner formulierte Pakt von 1921.

Professor Jacques Bariéty, Frankreich:

Die französisch-polnischen Beziehungen waren seit dem deutsch-polnischen Abkommen von 1934 schlecht; das »Polen der Obersten« und das Verhalten Polens während der Krise im September 1938 trugen nicht zur Verständigung bei. Der französisch-sowjetische Pakt von 1935 war ein »leerer Rahmen«, und die Volksfront tat nichts, um ihn wirkungsvoller zu gestalten. Es war Anfang 1939 ein Papier ohne Leben.

Die für die französische Politik in Osteuropa bestimmenden Ereignisse waren die englische Garantieerklärung für Polen und die Kontakte Londons mit Moskau nach dem 15. März 1939. Seit dieser Zeit erwog Paris die Möglichkeit, eine Ostfront gegen das Reich herzustellen. Von Anfang an glaubten Daladier und die französischen Militärs, daß Polen diese Rolle nicht allein spielen könnte, sondern daß man die UdSSR einschließen müßte; daher rührt das große Problem der Übereinstimmung Polens mit der UdSSR.

Daladier und die französischen Militärs dachten sofort an eine französisch-sowjetische »Militärallianz«, die polnische Zustimmung noch abwartend. Bonnet, immer noch Außenminister, und

Leger, Generalsekretär im Außenministerium, dachten an eine französisch-sowjetische »Annäherung« als politische Abschrek-kung gegen Hitler.

Dies ist die Zweigleisigkeit, in der sich die französisch-sowjetischen Verhandlungen 1939 abspielten.

Während des französisch-polnischen Treffens in Paris fanden in Berlin deutsch-sowjetische Wirtschaftsverhandlungen statt. Der gegenseitige Handelsvertrag war Ende 1938 abgelaufen und sollte nun erneuert werden. Wiederholt traf sich der deutsche Experte für diese Verhandlungen, der Gesandte Schnurre vom Auswärtigen Amt, mit dem sowjetischen Botschafter Merekalow oder seinem Stellvertreter Astachow. Es ging nur langsam voran.

In diesem Stadium bestellte Molotow den deutschen Botschafter in Moskau in das Außenministerium. Von der Schulenburg traf gegen 16 Uhr dort ein und mußte sich Molotows Mißfallen über den schleppenden Gang der Wirtschaftsverhandlungen anhören. Die Sowjetunion sei verstimmt, sagte Molotow, und könne »einer Wiederaufnahme der Verhandlungen erst dann zustimmen, wenn hierfür die notwendige politische Grundlage geschaffen werde«.

Von der Schulenburg versuchte, Molotow dazu zu bewegen, diese Bemerkung zu konkretisieren, doch Molotow sagte nichts mehr. Der deutsche Botschafter verließ das Außenministerium, ohne zu wissen, was er nun nach Deutschland berichten sollte. Schließlich beließ er es bei der Übermittlung des reinen Gesprächsablaufs.

Die Sowjetunion hatte an diesem 20. Mai eine Lage geschaffen, in der sie mit zwei gegensätzlichen Parteien über neue Beziehungen verhandelte. Wie auch immer sie sich gestalteten, Stalin rechnete sich in jedem Fall einen Erfolg aus. Einigte sich Rußland nämlich mit den Westmächten, hatte Hitler das Nachsehen. Kam Moskau aber mit Berlin überein, war die Bündnispoli-

30 (oben) Der polnische Außenminister Oberst Jozef Beck zu Besuch auf Hitlers Berghof (5. Januar 1939).

31 (unten) Der deutsche Außenminister von Ribbentrop zu Besuch in Warschau am 26. Januar 1939. Von links Polens Außenminister Beck, Staatspräsident Ignacy Moscicki, von Ribbentrop.

32 (oben) Auf der Suche nach Gegenmaßnahmen gegen Hitlers Programm. Von links: Der britische Außenminister Halifax, sein französischer Kollege Georges Bonnet, Chamberlain, Daladier.

33 (oben) Hitler vor dem Reichstag (30. Januar 1939): In einer programmatischen Rede kündigt er die »Vernichtung der jüdischen Rasse in Europa« an.

34 (unten) Hemmungsloser Führerkult.

35 Hitler und seine Generäle: von rechts, Generaloberst Keitel, Generaloberst von Brauchitsch, Großadmiral Raeder, Generalfeldmarschall Göring (Truppenparade vom 20. April 1939).

36 20. April 1939: 50. Geburtstag des »Führers«. Truppenparade auf der neu errichteten Ost-West-Achse im Berliner Tiergarten – martialische Machtdemonstration vor den Augen der Welt.

37 (oben) Unterzeichnung des »Stahlpaktes« zwischen dem Deutschen Reich und Italien. Hitler beobachtet die Unterzeichnung durch seinen Außenminister von Ribbentrop. Links am Tisch der italienische Außenminister Galeazzo Graf Ciano (22. Mai 1939).
38 (unten) Die letzte Seite der Urkunde. Links in deutsch, rechts in italienisch.

39 Propagandaminister Joseph Goebbels heizt in Danzig die Stimmung gegen Polen an (Juni 1938).

40 Der polnische Kriegsminister Kasprzycki (links) schließt Mitte Mai mit dem französischen Generalstabschef Gamelin (Mitte) eine Militärkonvention ab. Hier während eines Militärmanövers.

41 Der amerikanische Präsident Roosevelt warnt in einem Telegramm Hitler und Mussolini vor weiteren Aggressionsaktionen.

42 Zivilist unter Generälen: Am 3. Mai wird Wjatscheslaw Molotow neuer Volkskommissar des Äußeren (Außenminister) der Sowjetunion (links Stalin, rechts der spätere albanische Staatschef Enver Hodscha (Hoxha).

43 Deutsche Truppenparade im Hafen von Memel (nach der Besetzung im März 1939).

44 Der polnische Außenminister Beck vor dem Sejm (Parlament) in Warschau
(5. Mai 1939).

tik des Westens ohne Rückhalt im Osten. Stalin würde in beiden
Fällen der lachende Dritte sein. Zudem erfüllten die Verhandlungen mit dem Westen einen doppelten Zweck: Sie garantierten
nicht nur Rückendeckung gegen Deutschland, sie erhöhten auch
den Wert einer deutsch-sowjetischen Zusammenarbeit. Hitler
konnte nur zugreifen, Stalin aber wählen.

Doch noch war nichts entschieden, waren die Beteiligten un-
schlüssig. Gesprächsthema waren die Verhandlungsvorschläge
allenthalben, auch während der Tagung des Völkerbundes, als
sich am 22. Mai der britische und französische Außenminister am
Rande der Veranstaltung mit dem sowjetischen Delegierten trafen. Nach längerem Hin und Her ließ Lord Halifax seine Gesprächspartner wissen, daß seine Regierung nun zu einem Pakt
gegenseitiger Hilfeleistung bereit sei. Auch die von Moskau gewünschten Staaten könnten miteinbezogen werden, wenn man
dafür deren Zustimmung erhalte. Bonnet war erfreut über diesen
Entschluß und kehrte voller Hoffnung nach Paris zurück. Er
hatte den Pferdefuß übersehen: Die betroffenen Länder mußten
den Verhandlungen freiwillig zustimmen. Zumindest die Haltung
Polens in dieser Frage aber war hinlänglich bekannt, und es gab
keinen Grund zur Annahme einer veränderten Haltung Warschaus. Auch Hitler war noch längst nicht entschlossen, die aus-
gestreckte Hand Stalins zu ergreifen. Er wußte nicht, was er von
dem Angebot halten sollte, denn daß Moskau auch mit London
und Paris in Verbindung stand, darüber war er informiert.

Die Signale aus Rußland hatte er richtig gedeutet. Seine Adjutanten erlebten ihren »Führer«, als er die Wochenschau über die
Maiparade in Moskau anschaute. Er war gut gelaunt, voller Lob
über den russischen Diktator. Aber welche gewaltige ideologische Kehrtwendung mußte er vor sich selbst und der Öffentlichkeit vertreten: Jahrelang hatte er Moskau als den schrecklichen
Feind im Osten dargestellt. Der Antibolschewismus war ein Eck-
pfeiler seines politischen Programmes. Die kommunistische Re-

volution galt ihm als das Schreckgespenst schlechthin. Wie bedrohlich hatte er das Bild der ›Menschenschlachthäuser‹ im Innern Rußlands ausgemalt und betont, daß die »Weltentfernung« zwischen Nationalsozialismus und Kommunismus niemals zu überbrücken sei. In seiner Reichstagsrede vom 7. März 1936 hieß es:

»Ich lehne und lehnte die Zusammenarbeit nicht ab mit Rußland, sondern mit dem auf Herrschaft der Welt Anspruch erhebenden Bolschewismus.«

Noch im März hatte er den Polen ein Angebot gemacht, das ganz offensichtlich gegen Rußland gerichtet war. So war es nur folgerichtig, daß er auf Molotows Hinweis zunächst zurückhaltend reagierte.

Der »Führer« brauchte zu diesem Zeitpunkt keine Annäherungsversuche hinter verschlossenen Türen, er brauchte sichtbare Erfolge, Demonstrationen seiner Stärke. Schon Mitte Mai hatte er demonstrativ eine Besichtigungsreise an den Westwall unternommen, dem »größten Befestigungswerk aller Zeiten«. In seiner Begleitung befanden sich Vertreter der Generalität, ein Zeichen der engen Verbundenheit zwischen Partei und Wehrmacht. Seine Inspektionsreise galt aber nicht nur der unbezwingbaren Westfront selbst, sie gehörte auch zur Strategie im Zermürbungskrieg gegen England und Frankreich.

Am Abend des 20. Mai kehrte Hitler nach Berlin zurück. Zwei Tage später erfolgte eine neuerliche Demonstration der Macht: Am 22. Mai wurde die Achse Berlin-Rom durch ein militärisches Beistandsbündnis, den sogenannten »Stahlpakt« gefestigt. Hitler war schon lange an einem solchen Militärbündnis gelegen gewesen, doch der *Duce* verhielt sich wegen der deutsch-polnischen Probleme abwartend. Durch seinen Botschafter in Berlin war er bestens informiert über den schwelenden Konflikt.

Anfang Mai war Ribbentrop dann nach Mailand gereist, zu einem Treffen mit seinem Kollegen Ciano. Die beiden wollten

eine neue Seite in den italienisch-deutschen Beziehungen auf-
schlagen.

Ribbentrop zeigte sich von seiner angenehmsten Seite, wirkte
entspannt und versöhnlich. Er wußte Graf Ciano davon zu überzeugen, daß kein Krieg in Aussicht stand. Das war Mussolinis
große Sorge: Er wollte das Militärbündnis mit Hitler, aber er war
sich darüber im klaren, daß er dann im Falle eines Krieges auch
an Hitlers Seite kämpfen müßte. So ließ er seinen Außenminister
gegenüber Ribbentrop betonen, daß Italien erst in frühestens
drei Jahren kriegsbereit sei. Zum jetzigen Zeitpunkt sei es unzu-
reichend gerüstet. Auf diese Prämisse konnten sich die beiden
Außenminister einigen. Mussolini, von Graf Ciano telefonisch
darüber informiert, wies seinen Schwiegersohn spontan an, sofort
bekanntzugeben, daß Italien und Deutschland einig seien.

Zwei Wochen später, am 22. Mai, kam es zur Unterzeichnung
des neuen Freundschafts- und Bündnisvertrages. Hitler hatte ein
feierliches Zeremoniell angeordnet. Auch nach außen hin sollte
dieser diplomatische Erfolg demonstriert werden. Mit großem
Pomp wurde die italienische Delegation im Botschaftersaal der
Neuen Reichskanzlei empfangen. Üppige Uniformen, Orden
und Auszeichnungen gaben dem Raum eine operettenhafte
Atmosphäre. Ribbentrop hatte am Abend zuvor aus der Hand
Cianos die Halskette des Annunziationsordens erhalten, war damit zum »Vetter des Königs« geworden. Das führte zur Verärgerung bei einem anderen Paladin Hitlers: Göring nämlich glaubte,
er selbst habe den Vertrag durch Sondierungsgespräche in Italien
ermöglicht. Zum anderen war seine Prunksucht allenthalben bekannt. Zu gerne hätte er sich selber mit dieser Auszeichnung geschmückt.

An einem riesigen Tisch setzten Ribbentrop und Ciano ihre
Namen unter den Vertrag, dessen sieben Artikel unter anderem
festsetzten, daß in Zukunft regelmäßige Konsultationen zwischen den beiden Staaten stattfinden sollten. Darauf konzen-

trierte sich vor allem die Hoffnung des *Duce*. Er wollte nicht erneut von einem Handstreich Hitlers überrascht werden, wie etwa im Falle der Annexion Böhmens und Mährens. Mussolini wollte auch ein Stück vom europäischen Kuchen. Dafür lieferte er Hitler Schützenhilfe für dessen Expansionsdrang. Artikel III des Vertrages widmete sich dem Kriegsfall:

»Wenn es entgegen den Wünschen und Hoffnungen der vertragsschließenden Teile dazu kommen sollte, daß einer von ihnen in kriegerische Verwicklungen mit einer anderen Macht oder mit anderen Mächten gerät, wird ihm der andere vertragsschließende Teil sofort als Bundesgenosse zur Seite treten und ihn mit allen seinen militärischen Kräften zu Lande, zur See und in der Luft unterstützen.«

Damit war Italien fester an die deutsche Außenpolitik gebunden, als es der *Duce* vermutlich gewollt hatte. Für Hitler war dies ein Grund, der Unterzeichnung in strahlender Laune beizuwohnen. Der Vertrag gab ihm freie Hand für den »Fall Weiß«.

Wie unterschiedlich die Motive waren, die zum Abschluß dieses Paktes führten, verdeutlichten auch die Reden der Unterzeichner. Während Ciano meinte: »Die beiden Nationen vereinigen sich heute zur Erhaltung der Prinzipien der Ordnung und Gerechtigkeit«, klangen Ribbentrops Worte sehr viel kriegerischer:

»In Zukunft werden die beiden Nationen immer Seite an Seite stehen, eisern entschlossen, gemeinsam für die Wahrung ihrer Lebensinteressen zu sorgen. Komme, was wolle.«

Deutschland und Italien einigten sich an diesem Tag auch über eine Streitfrage, die schon seit langem im Raum stand: Südtirol. Hitler stimmte zu, daß die Deutschen in diesem Gebiet ins Deutsche Reich umgesiedelt werden sollten. Es war eine zuvorkommende Geste an die italienischen Partner. Die Lösung entsprach nicht der Ideologie Hitlers von einem Selbstbestimmungsrecht der Nationen! Er gab Südtirol auf, ohne den Willen der Bevölkerung zu berücksichtigen.

Der Tag endete so pompös, wie er begonnen hatte: mit einem festlichen Diner im Ribbentropschen Hause, zu dem auch Hitler erschien, gekleidet in strahlendes Weiß – eine Uniform, in der üblicherweise die italienischen Diplomaten und Militärs auftraten.

Am folgenden Tag feierte die deutsche Presse den »Stahlpakt« als das »mächtigste Bündnis der Welt«. Zur gleichen Stunde aber wurde er auch schon gebrochen. In seinem Arbeitszimmer in der Reichskanzlei offenbarte Hitler vor 14 Personen die weitere Marschrichtung. Sein Chefadjutant, Oberstleutnant Schmundt, fertigte von diesem Treffen eine Niederschrift an – geheim:

»Die Geheimhaltung ist die entscheidende Voraussetzung für den Erfolg. Auch Italien oder Japan gegenüber muß die Zielsetzung geheim bleiben...

Danzig ist nicht das Objekt, um das es geht. Es handelt sich für uns um die Erweiterung des Lebensraumes im Osten und Sicherstellung der Ernährung, sowie Lösung des Baltikum-Problems...

Es entfällt also die Frage, Polen zu schonen, und bleibt der Entschluß, bei erster passender Gelegenheit Polen anzugreifen. An eine Wiederholung der Tschechei ist nicht zu glauben. Es wird zum Kampf kommen. Aufgabe ist es, Polen zu isolieren. Das Gelingen der Isolierung ist entscheidend.«

Die Möglichkeit, in den Kolonien neuen Lebensraum zu gewinnen, schloß Hitler aus. Er war zum Kampf entschlossen. Zu einer Auseinandersetzung mit dem Westen dürfe es aber nicht gleichzeitig kommen. Der Angriff auf Polen verspreche nur dann Erfolg, wenn der Westen aus dem Spiel bleibe.

Darüber hinaus erging sich Hitler in Vorwürfen gegenüber England. Dort sei der wahre Feind; England sehe sich in seiner Hegemonie von der Stärke Deutschlands bedroht, und deshalb sei es der »Motor, der gegen Polen treibt«. Auch wie ein Krieg gegen England zu führen sei, wußte der »Führer« in dieser Bespre-

chung zu beschreiben. Doch als Hauptziel blieb die kontinentale
Expansion nach Osten.

Vier Stunden dauerte diese Unterredung. Dabei wurde den
Zuhörern eines deutlich vor Augen geführt: Hitler ging es im Po-
len-Konflikt nicht um die Deutschen in Danzig oder die Zufahrt
nach Ostpreußen – ihm ging es nur um die Gewinnung von Lebensraum, und das bedeutete Krieg.

Wenige Tage später machte Chamberlain einen neuen Vorstoß in
Richtung einer Konstellation, vor der Hitler gewarnt hatte: Er
ließ der sowjetischen Regierung offiziell den Vorschlag zu einem
Bündnis übermitteln, wie es Lord Halifax in Genf bereits Bonnet
angetragen hatte. Am 31. Mai antwortete Molotow darauf vor
dem Obersten Sowjet: Die Vorschläge seien zwar ein Fortschritt,
doch noch immer herrschten erhebliche Meinungsverschiedenheiten. Der neuralgische Punkt war nach wie vor die Frage nach
dem Einverständnis Polens und der baltischen Staaten. Er
schließe sich den Worten Stalins an, fuhr Molotow fort, daß sein
Land nicht in einen Konflikt gezogen werden dürfe, wo es für
andere die Kastanien aus dem Feuer holen müsse. Und mit einem
Wink an die deutschen Verhandlungspartner schloß er:

»Nach gewissen Zeichen zu urteilen, ist es nicht ausgeschlossen, daß die Verhandlungen wieder aufgenommen werden.«

Gerade einen Tag zuvor hatte der Staatssekretär von Weizsäcker dem sowjetischen Gesandten gegenüber die deutsche Bereitschaft signalisiert: »Ihr könnt unsere Freunde oder Feinde
sein, ganz wie ihr wollt.«

Von nun an gestalteten sich die deutsch-sowjetischen Gespräche zu einem Geduldsspiel auf dem Schachbrett der Diplomatie.

»Eine unerhörte Zumutung«
Geheimverhandlungen mit England

Der Juni begann mit leisen Tönen: Sommerpause. Wilde Drohworte und -gesten waren genug gewechselt worden. Lord Halifax signalisierte Verhandlungsbereitschaft mit Berlin. Im Oberhaus sagte er am 8. Juni, daß die britische Regierung noch immer daran interessiert sei, die anstehenden Probleme für alle Beteiligten befriedigend zu lösen: »Jeglicher deutsche Anspruch ist für eine Erörterung am runden Tisch offen.«

In England kursierte offensichtlich die Idee eines neuen »München«. Ein solches Vorhaben sollte auch zur Verbesserung der deutsch-englischen Beziehungen führen. England war keineswegs der Kriegstreiber, der Feind Deutschlands, wie es Hitlers Propaganda in den letzten Wochen dargestellt hatte. Doch konkrete Schritte einer Annäherung gab es noch nicht.

Hitler reiste unterdessen aus Berlin ab, um die nächsten Wochen auf dem Obersalzberg zu verbringen. Der Berghof wurde zur Schaltzentrale des politischen Geschehens.

Am 15. Juni unterschrieb der »Führer« ein Gesetz, das die Deutsche Reichsbank direkt seiner Aufsicht unterstellte. Nach der Entlassung des Reichsbankpräsidenten Hjalmar Schacht im Januar war das der endgültige Schritt, die Bank in die Abhängigkeit des Staates zu bringen. Damit konnte Hitler die Aufrüstung ungebremst fortführen. Die notwendigen Finanzkredite genehmigte er sich selbst.

In den nächsten Tagen wurden Anweisungen gegeben, Reservisten vor dem 1. September zu Herbstübungen einzuziehen. Aus demselben Grund sollten zu diesem Zeitpunkt auch Kraftfahrzeuge, Pferde etc. requiriert werden: die ersten Zeichen einer verdeckten deutschen Mobilmachung.

Hitler selbst gab sich friedfertig. Er schickte seine Paladine vor. Propagandaminister Goebbels wurde in Danzig erwartet, wo seit dem 13. Juni die Gaukulturwoche der NSDAP stattfand. Danzig stand ganz im Zeichen des Hakenkreuzes. Banderolen schmückten die Straßen mit deutschen Parolen. Am sechsten Tag der Festwoche hielt Hitlers Werbetrommler Einzug. In einer sogenannten »spontanen« Kundgebung vom Balkon des Stadttheaters aus schoß er seine Propagandasalven ab – ganz im Stile seines Meisters. Er grüßte die deutschen Männer und Frauen und erntete Beifallsstürme, als er mit Hitlers Worten ausrief: »Danzig ist eine deutsche Stadt, und sie will zu Deutschland.«

Goebbels kritisierte die Polen, warf ihnen Scharfmacherei vor und verurteilte die Briten, die den Polen durch die Garantie einen Blankoscheck für ihre »Unverschämtheiten« ausgestellt hätten.

Leisere Töne hörte man dagegen in einer Weisung aus dem Propagandaministerium an alle Schriftleiter der gleichgeschalteten deutschen Presse, die wenige Tage später, am 23. Juni, erging: Es sei nun so, daß die Sache – gemeint war der schwelende Konflikt mit Polen – durch regelmäßig eingestreute Meldungen am Kochen gehalten werden müsse, aber nicht zum Überlaufen gebracht werden dürfe.

Auf leichter Flamme köchelten auch die deutsch-sowjetischen Annäherungen. Dennoch blieben sie den Westmächten nicht verborgen. Frankreichs Botschafter André François-Poncet, mittlerweile von Berlin nach Rom versetzt, berichtete am 27. Juni seinem Außenminister, daß die Deutsche Mission seit einiger Zeit schon mit ihrem sowjetischen Pendant verhandele. Es gehe darum, das vor dem Abschluß stehende Wirtschaftsabkommen durch ein politisches zu erweitern. Ähnliches signalisierte auch Coulondre, der immer gut unterrichtete Botschafter in Berlin. Frankreich leitete diese Hinweise nach London weiter. Doch hier schenkte man ihnen keinen Glauben. Eine Annäherung zwischen Deutschland und der Sowjetunion schien dem Westen aufgrund der gegensätzlichen Ideologien einfach unwahrscheinlich.

Die Tagespolitik rechtfertigte diese Haltung. Am 29. Juni stoppte Hitler die Wirtschaftsverhandlungen mit den Sowjets. Sie waren an einem Punkt angelangt, an dem keiner mehr dem anderen traute. Ratlosigkeit machte sich breit.

Der Juli begann mit einem Gewitter. Auf Anweisung Hitlers wurde die heimliche Militarisierung Danzigs vorangetrieben. Reichsdeutsche SS-Männer, als Touristen getarnt in die Freie Stadt gekommen, zogen in Danzigs Kasernen ein, »Heimwehr Danzig« stand auf ihren Kragen. Lastwagen, Traktoren, Pferde wurden in die Militärpolizeikaserne gebracht, angeblich zur »Inspektion«, in Wirklichkeit zur Registrierung für den Ernstfall. Der Westen reagierte nervös, Frankreich wurde aktiv: Hier standen Parlamentswahlen an, doch die Krise in Danzig veranlaßte den Ministerrat, die Legislaturperiode zu verlängern. Jede neue innenpolitische Unruhe sollte vermieden werden. Im Hintergrund stand die Erinnerung an 1936. Lebrun war der Ansicht, daß die französischen Parlamentswahlen Hitler damals ermutigt hatten, das Rheinland wieder zu besetzen.

Ähnliches mußte jetzt vermieden werden. Noch am selben Tag, dem 1. Juli, bat Außenminister Bonnet den deutschen Botschafter Graf Welczek zu sich. Er überreichte ihm eine Note, mit der Bitte, sie sofort der deutschen Regierung zu übermitteln. Sie enthielt die deutliche Versicherung, daß Frankreich mit England, egal was passiere, Polen zur Seite stehe, also seine Verpflichtungen Polen gegenüber einhalten werde. Bonnet wollte jedem Mißverständnis zuvorkommen. Gab es Krieg mit Polen, so stand Deutschland auch mit Frankreich im Krieg. Graf Welczek war

bekümmert: Ein Krieg bedeute eine Weltkatastrophe, führte er
aus, Danzig sei wirklich die letzte Forderung. Doch der französische Außenminister wehrte ab: Einer deutschen Zusicherung
schenke man im Westen keinen Glauben mehr.

Neun Tage später reagierte England in ähnlicher Form. Henderson sprach am 10. Juli – mehr als Privatmann – bei Bonnet in Paris
vor. Er bestärkte den französischen Außenminister in seiner
Meinung, daß ein Krieg unmittelbar bevorstehe. Ein ähnliches
Unternehmen wie »München 38« sei für ihn undenkbar. Bonnet
begleitete seinen Gast zur Tür und fragte ihn zum Abschied:
    »In summa, Sie glauben also, daß, wenn wir uns wiedersehen,
sich Großbritannien und Frankreich mit Deutschland im Krieg
befinden werden?« Henderson antwortete mit gedämpfter Stimme: »Ich glaube es.«
    Aber auch Offizielles hörte man an diesem Tag von jenseits des
Kanals: Im Unterhaus warnte Chamberlain die deutsche Regierung vor vollendeten Tatsachen in Danzig. Man durchschaue das
Spiel. Es erinnere an das Trojanische Pferd: Die Deutschen würden in Danzig ganz allmählich Tatsachen schaffen, auf die Polen
nur mit einer Gegenaktion antworten könne. Das wäre dann für
Hitler Grund genug, die polnische Aggression anzuklagen und
damit alle Mächte, die mit Polen verbündet seien. England zeigte
sich kampfentschlossen. Der Premier hatte in aller Deutlichkeit
zum Ausdruck gebracht, daß er sich von den Deutschen nichts
mehr gefallen lassen wolle. Die eigene Ehre stand auf dem Spiel.
Nach außen hin dokumentierte sich diese englische Haltung
durch öffentliche Paraden von Angehörigen der Zivilverteidi-
gung. Am 15. Juli rückten die ersten 30 000 dienstpflichtigen Männer in die Kasernen ein. England und Frankreich hatten Hitler
gewarnt.
    Trotz dieser Krise lebte Paris und mit ihm ganz Frankreich
in Hochstimmung und Freude, feierte schon seit Wochen den

150. Jahrestag der französischen Revolution. Höhepunkt war der
14. Juli selbst: Der Tag des Sturms auf die Bastille wurde mit einer
Militärparade begangen. Die Armee bot alles auf, um Macht und
Stärke zu demonstrieren. Britische Abteilungen waren extra an-
gereist, um die britisch-französische Waffenbrüderschaft öffentlich zur Schau zu stellen. Ganz offensichtlich hatte die Parade das
Ziel, den Betrachter zu beeindrucken und den Gegner einzuschüchtern.

Doch das Spiel mit doppeltem und dreifachem Boden ging
weiter. Wenige Tage später machten die Engländer dem Deutschen Reich ein verlockendes Angebot: In Gesprächen über die
Belebung der Wirtschaftsbeziehungen bot Sir Wilson, der engste Vertraute Chamberlains, dem deutschen Ministerialdirektor
Wohltat einen Kredit von einer Milliarde Pfund an, um die deutsche Industrie von Kriegs- auf Friedensproduktion umzustellen.
Bedingung dafür waren die deutsche Abrüstung und der Verzicht
auf weitere Aggressionen. Am 22. Juli berichtete die britische
Presse in großer Aufmachung über den Inhalt der Verhandlungen. Die deutsche Presse wehrte die Nachricht als eine »unerhörte Zumutung« ab. Chamberlain erklärte öffentlich – auch im
Hinblick auf die mißtrauische Regierung in Paris –, Angebote
dieser Art seien nicht gemacht worden – die Gespräche waren
damit beendet.

Aufzeichnungen des deutschen Botschafters in London, Her-
bert von Dirksen, bestätigen die deutsch-britischen Kontakte. Sie
scheiterten letztendlich an der britischen Forderung, die Rüstung
zu beschränken und einen Nichtangriffspakt abzuschließen. Das
aber stand Hitlers Hegemoniebestreben im Wege. Die Verhandlungen wurden am 24. Juli endgültig abgebrochen.

Kontakte bestanden jedoch weiterhin, denn zur selben Zeit
schickte Staatssekretär von Weizsäcker den Legationsrat Erich
Kordt nach London. Dessen Bruder Theodor war dort als Botschaftsrat beschäftigt. Alle drei gehörten zum Kreis des Wider-

standes. Die Brüder Kordt trafen sich in der Wohnung eines Bekannten mit Sir Robert Vansittard, einem Ratgeber der britischen Regierung. Sie ließen ihn wissen, daß die momentane englische Politik Hitler eher aggressiv stimme als abschrecke.
Außerdem warnten sie den englischen Diplomaten vor den Kon-
takten zwischen Hitler und Stalin. Aber auch diese Warnungen
blieben unbeachtet. Die Briten hielten einen deutsch-sowjetischen Pakt nach wie vor für unmöglich.

Professor Eberhard Jäckel, Bundesrepublik Deutschland:

*Die Lage im Juli 1939 war außerordentlich unübersichtlich. Fest
stand eigentlich nur die Entschlossenheit Hitlers, Polen noch in
diesem Jahr anzugreifen und zu zerschlagen, und das mußte spätestens im September geschehen, ehe das Herbstwetter die militärischen Operationen beeinträchtigte.*

*Die Hauptfrage war immer noch, wie die anderen Mächte sich
verhalten würden. Hitler glaubte oder wollte sich und seine Umgebung glauben machen, daß die Westmächte auf den deutschen Angriff gegen Polen nicht mit der Kriegserklärung an Deutschland
antworten würden. Aber dieser Glaube war nicht ernst genug, und
so versuchte Hitler, eine Bündniskonstellation herbeizuführen, die
die Westmächte abschrecken würde.*

*Italien war der engste Verbündete, schreckte aber seinerseits vor
einem Krieg zurück und war jedenfalls nicht bereit, Deutschland
bedingungslos zu folgen. So überlegte Hitler, daß Japan den Briten in Ostasien Schwierigkeiten machen und sie so von Europa ab-
lenken könne. Aber Japan kämpfte in diesen Wochen in der Äußeren Mongolei mit der Sowjetunion und zögerte daher sehr, sich in
ein antibritisches Bündnis verwickeln zu lassen.*

*Erschwerend kam hinzu, daß die Westmächte mit der Sowjet-
union über eine Beteiligung an ihrer Garantiepolitik verhandelten.
Aber die Verhandlungen gingen sehr langsam voran, die ideologi-*

*schen Gegensätze waren tief, und Stalin, in der Mongolei von Ja-
pan bedrängt, gab Signale, er könne sich vielleicht mit Deutschland
verständigen. Obwohl dies eine Möglichkeit sein konnte, Polen zu
isolieren, zögerte Hitler sehr lange, die Signale Stalins aufzugrei-
fen. Die Sowjetunion war ja das eigentliche Objekt seiner Erobe-
rungspläne. So war die Lage noch sehr offen, und Hitler wartete
etwas ratlos ab, wie sie sich entwickeln würde.*

»Lieber heute als morgen«
Der Wettlauf nach Moskau

Die Engländer glaubten Ende Juli, allen Grund für einen gewissen Optimismus zu haben. Denn die Verhandlungen mit der Sowjetunion kamen endlich voran: Am 23. Juli einigten sich London, Paris und Moskau auf einen Entwurf für ein gemeinsames Abkommen, in dem sie sich verpflichteten, »... sich gegenseitig jede sofortige wirksame Hilfe zu leisten, falls eines dieser drei Länder in Feindseligkeiten mit einer europäischen Macht verwickelt wird, sei es als Folge 1. einer von dieser Macht gegen eines der drei Länder gerichteten Aggression, sei es 2. wegen einer direkten oder indirekten Aggression, die diese europäische Macht gegen irgendeinen europäischen Staat richtet, dessen Unabhängigkeit oder Neutralität gegen eine solche Aggression einer der drei beteiligten Staaten meint verteidigen zu müssen.«

Das waren umständliche Formulierungen für eine klare Aussage: Die Vertragspartner wollten der deutschen Aggression einen Riegel vorschieben. Der Pakt enthielt deshalb auch Garantien für die kleineren Staaten. Polen war damit nicht einverstanden, weil es eine russische Besetzung befürchtete, getarnt als Hilfeleistung gegen Deutschland. Doch Engländer und Franzosen wollten unter allen Umständen eine Einigung. Das führte dazu, daß die Russen durch ihre Hartnäckigkeit schließlich ihre Wünsche durchsetzten. Dabei scheuten sie nicht davor zurück, ihre Kontakte zu Deutschland als Druckmittel zu benutzen.

Doch noch war der Vertrag nicht unterschrieben: zuerst sollten

Militärexperten eine für den Kriegsfall praktikable Marschroute ausarbeiten, die den Rahmen für das Abkommen bilden würde. Bis dahin lag der Vertrag auf Eis.

Währenddessen traten die Bemühungen um eine deutsch-sowjetische Annäherung, die Molotow bei seinen Gesprächen mit den Westmächten von Zeit zu Zeit als Druckmittel eingesetzt hatte, tatsächlich in eine neue Phase. Wieder waren es die Russen, die die Initiative ergriffen. Am 18. Juli schlugen sie Berlin vor, die Wirtschaftsverhandlungen wiederaufzunehmen. Vier Tage später wies Staatssekretär von Weizsäcker den deutschen Botschafter in Moskau an, die Gespräche wiederaufzunehmen, ohne die Angelegenheit zu beschleunigen. Noch befanden sich beide Seiten in einem Stadium des gegenseitigen Abtastens.

Wiederum vier Tage später fand in der alten Berliner Weinstube Ewest ein deutsch-sowjetisches Treffen besonderer Art statt: Der stets gut informierte Legationsrat Julius Schnurre lud den sowjetischen Geschäftsträger Astachow und Babarin, den Leiter der sowjetischen Handelsmission, zum gemeinsamen Diner ein. Die Rechnung zahlte das Auswärtige Amt.

Nach der Vorspeise kam Schnurre zur Sache. Er stelle sich eine Zusammenarbeit zwischen Deutschland und Rußland vor, die in drei Etappen erreicht werden könnte: 1. die Wiederherstellung der Zusammenarbeit auf wirtschaftlichem Gebiet; 2. die Wiederherstellung der politischen Beziehungen; und 3. die Wiederherstellung der guten Beziehungen. Astachow meinte daraufhin, daß die nationalsozialistische Außenpolitik ja doch feindselig gegenüber der Sowjetunion eingestellt sei. Schnurre wies diese Sorge als unbegründet zurück:

»Von einer Bedrohung der Sowjetunion kann bei uns keine Rede sein, unsere Ziele gehen in eine ganz andere Richtung ... Die deutsche Politik ist gegen England gerichtet.«

Falls aber Moskau mit London einen Pakt abschließen würde, wäre die Sowjetunion automatisch Gegner des Deutschen

Reiches. Und was, außer einem europäischen Krieg, würde das Moskau bringen? warnte Schnurre seine russischen Gäste. Als Dessert tischte er die Vorzüge einer deutsch-sowjetischen Übereinkunft auf, nämlich die »Verständigung über die beiderseitigen Interessen, die sich ebenso wie in früheren Zeiten zum Nutzen der beiden Länder auswirken werden«.

Die beiden Russen bedankten sich für die vorzügliche Bewirtung; als alle zusammen gegen 0 Uhr 30 das Lokal verließen, hatte Schnurre den Eindruck, daß man in Moskau noch nicht recht wußte, was man wollte – und so blieb man dabei, gleichzeitig auf zwei Hochzeiten zu tanzen.

Hitler wurde umgehend über das Geschäftsessen informiert. Der war allerdings im Moment an ganz anderen Dingen interessiert: Er reiste vom Obersalzberg nach Bayreuth und widmete sich ganz der Wagnerschen Musik, fand daneben aber Zeit für ein infames Spiel mit dem italienischen Bundesgenossen. Am 29. Juli erinnerte er in einem Geburtstagstelegramm an Mussolini in »treuer Verbundenheit« an die »untrennbare Schicksalsgemeinschaft« der beiden Völker. Zwei Tage später sagte er ein Treffen mit dem *Duce* ab, das für den 4. August am Brenner geplant war. Hitler wollte sich nicht mehr mit seinem Bundesgenossen besprechen, dafür war die außenpolitische Lage zu unentschieden. Außerdem war er gar nicht bereit, Italien über die geheimen Verhandlungen mit den Russen zu informieren.

Im Auswärtigen Amt konzentrierten sich alle Bemühungen auf die Ostpolitik. Staatssekretär von Weizsäcker erwartete ungeduldig eine Reaktion Moskaus auf das Abendessen in der Weinstube Ewest. Er wies den deutschen Botschafter an, zu sondieren, inwieweit das Gespräch mit Astachow und Babarin Resonanz gefunden habe. Von der Schulenburg solle um eine neue Begegnung mit Molotow nachsuchen und dem sowjetischen Außenminister versichern, daß Deutschland bereit sei, »bei einer Entwicklung der polnischen Frage ... alle sowjetischen Interessen zu wahren«. Dasselbe gelte auch für die Behandlung der baltischen Staaten.

Doch die Antwort aus Moskau ließ auf sich warten. Am 31. Juli telegrafierte von Weizsäcker ungeduldig an von der Schulenburg, so schnell wie möglich mit Molotow zusammenzukommen. Der drängende Unterton hatte seinen Grund: Am selben Tag gab Chamberlain, wenn auch unwillig, bekannt, daß die britische Regierung die Entsendung einer Militärdelegation nach Moskau beschlossen habe. Sie sollte mit den Russen das militärische Konzept für eine Reaktion auf einen möglichen Angriff der deutschen Wehrmacht aushandeln.

Gleichzeitig liefen in vielen Ländern Kriegsvorbereitungen. In England wurden Reservisten einberufen. Die deutsche Wehrmacht führte in Ost und West Manöver durch. In Polen demonstrierte die Armee in spektakulären Aufmärschen Selbstbewußtsein und Einsatzbereitschaft. Die Bevölkerung wurde zu Spenden für zusätzliche Waffenkäufe aufgerufen.

Die Franzosen übten die Gefechtsabläufe an der Maginotlinie, Reservisten trainierten den Transport auf unterirdischen Elektrozügen.

Gleichzeitig startete die gleichgeschaltete deutsche Presse eine neue Offensive. Die Kampagne gegen Polen, die seit Juni gebremst worden war, lebte in knalligen Schlagzeilen wieder auf. Noch immer wartete man in der Wilhelmstraße auf eine Nachricht aus Moskau. Ribbentrop selbst traf sich am Abend des 2. August mit dem sowjetischen Geschäftsträger Astachow. Auch er nahm kein Blatt vor den Mund, sondern drückte ganz offen Deutschlands Wunsch nach einem Abkommen mit Moskau aus. Es gebe kein Problem mehr zwischen der Ostsee und dem Schwarzen Meer, über das man sich nicht einigen könne. An der Ostsee sei Platz genug für zwei.

Am nächsten Morgen unterrichtete der Außenminister seinen Botschafter in Moskau über das Gespräch. Im Verlauf dieses 3.

August hämmerten die Telegrafen in Moskau und Berlin noch viele Nachrichten und Anweisungen hin und her, bis von der Schulenburg am Abend endlich zu Molotow bestellt wurde. Der sowjetische Außenminister zeigte sich ungewöhnlich aufgeschlossen und trat aus der sonst üblichen Reserve heraus. Von der Schulenburg nutzte die Gunst der Stunde und unterstrich noch einmal die Bedeutung der deutschen Vorschläge. Doch Molotow widersprach: Er sehe weiterhin Gegensätzlichkeiten zwischen Deutschland und der Sowjetunion. Offensichtliche Feindseligkeiten seien immer noch der Antikominternpakt, die Unterstützung Japans gegen Rußland und der Ausschluß der Sowjetunion beim »Münchner Abkommen«. Er brauche noch deutlichere Beweise für eine veränderte Einstellung der Deutschen Regierung. Nach eineinviertel Stunden war das Gespräch beendet, und von der Schulenburg berichtete entmutigt nach Hause, daß die Sowjetunion noch immer mißtrauisch und gegenwärtig entschlossen sei, »mit England-Frankreich abzuschließen, falls diese sämtliche sowjetischen Wünsche erfüllen«. Es werde »erheblicher Anstrengungen unsererseits bedürfen, um einen Umschwung bei der Sowjetregierung herbeizuführen«.

Von der Schulenburg betrachtete die deutsch-sowjetischen Annäherungsversuche ohnehin mit Skepsis. Im privaten Kreis äußerte er gar, man habe den Sowjets »Flöhe ins Ohr« gesetzt. Doch offiziell hatte er natürlich die Ansichten des Außenministers zu vertreten.

Am selben Nachmittag kam es in London zu einem ungewöhnlichen Treffen. Sir Horace Wilson lud den deutschen Botschafter Dirksen in seine Privatwohnung in Chelsea ein. Die Begegnung sollte geheim bleiben, Dirksen kam zu Fuß. Bei Tee und Gebäck unterhielten sich die beiden Diplomaten über das deutsch-englische Verhältnis. Wilson ließ erkennen, daß England noch immer an einer Partnerschaft mit Deutschland gelegen sei. Doch Chamberlain müsse Rücksicht nehmen auf die öffentliche

Meinung, deren Vertrauen in das Deutsche Reich und seine friedlichen Absichten erschüttert sei. Wilson schlug deshalb vor, Hitler solle die Initiative ergreifen. Mit der Mission des Gesandten
Wohltat sei ein Weg eingeschlagen worden, den man weiterver-
folgen könne. Wenn dieser Kontakt jetzt abbreche, versicherte
Wilson, dann »bliebe eben nichts weiter übrig, als der Katastrophe entgegenzutreiben«. Wenn Hitler hingegen die Bedingungen
akzeptiere, werde England Druck auf Polen ausüben, damit es
der deutschen Forderung nach Danzig und dem exterritorialen
Korridor zustimme.

Dirksen war verwundert. Zwei Stunden später schickte er
einen Bericht nach Berlin, in dem er sein Gespräch mit dem
Engländer zusammenfaßte. Er gab darin seiner Vermutung Ausdruck, daß in England »mit der zunehmenden Enttäuschung über
die Verhandlungen mit Rußland die Tendenz zur konstruktiven
Politik gegenüber Deutschland zunimmt«.

Die deutsche Regierung nahm das Angebot nicht ernst. Dirksen, der kurze Zeit später auf Heimaturlaub in Berlin weilte, war
enttäuscht. Außenminister Ribbentrop fand nicht einmal Zeit,
seinen Botschafter zu empfangen. Dirksens Bericht vom 3. August hatte er keine Bedeutung beigemessen. Für Ribbentrop blieben die Engländer einfach nur schwach; an dieser Einstellung
wollte er nichts ändern. Ähnliches lasen die Deutschen jeden
Morgen in ihren Zeitungen: Viele Artikel über England strotzten
vor Spott und Ironie.

Am 4. August schickte Chamberlain das Parlament in Urlaub.
Am selben Tag fuhr Hitler von Bayreuth nach Nürnberg, wo er
die Bauarbeiten am neuen Parteitagsgebäude inspizierte. Am
Abend traf er sich mit Generaloberst Keitel. Er besprach mit ihm
den Termin für einen Angriff auf Polen. Wenn der Konflikt noch
in diesem Herbst militärisch gelöst werden solle, müsse die Wehrmacht vor September angreifen, erläuterte Keitel seinem »Führer«. Für Mitte September waren nämlich Regenfälle zu erwar-

ten. Sie würden wegen der vielen Sumpfgebiete den Vormarsch
in Polen unmöglich machen. Hitler mußte den Befehl für den
Aufmarsch so bald wie möglich ausgeben, damit die Wehrmacht
die weiteren Maßnahmen aufeinander abstimmen konnte. Der
»Führer« begriff schnell und reagierte prompt. Er legte sofort
einen Angriffstag fest: Freitag, den 25. August.

Wie zur Bestätigung dieses Entschlusses, wuchsen an diesem
Wochenende die Spannungen in Danzig. Obwohl es in den
deutsch-polnischen Beziehungen in den letzten Monaten wegen
Danzig zum Konflikt gekommen war, herrschte in der Freien
Stadt selbst bislang Windstille. Deutschland und Polen waren hier
gleichermaßen vertreten, hatten feste Positionen abgesteckt. Jede
Überschreitung dieser unsichtbaren Grenze konnte eine Lawine
auslösen. Am 4. August wurde sie ausgelöst: Der Senat, fest in der
Hand der Danziger Nationalsozialisten, untersagte den polnischen Zollbeamten, ab Sonntag, dem 6. August, ihre Arbeit an der
ostpreußischen Grenze auszuüben. Die Antwort kam prompt:
Marjan Chodacki, Polens Generalkommissar in Danzig, forderte
den Senatspräsidenten Greiser auf, die Anweisung bis morgen, 18
Uhr, aufzuheben. Gleichzeitig teilte er Greiser mit, daß alle polnischen Zollbeamten den Befehl erhalten hätten, ab dem 6. August ihren Dienst in Uniform und bewaffnet auszuüben. Jede
weitere Behinderung müsse als Gewaltakt gegen Beamte des polnischen Staates interpretiert werden. Das ganze Wochenende
lang folgten nun Drohungen und Gegendrohungen.

Samstag, 5. August: In Tilbury lief der Dampfer »City of Exe-
ter« aus. An Bord befand sich die britisch-französische Militärkommission auf dem Weg über Leningrad nach Moskau. Vor ihr
lag eine lange Schiffsreise. Niemand verstand, warum die Offiziere diesen komplizierten Weg wählten: Die Reise wäre mit dem
Flugzeug in einem Tag zu bewältigen gewesen.

Im Propagandaministerium in Berlin gab der Reichspressechef die Tagesparole zum Wochenende aus:

»Die Presse darf sich in den nächsten Wochen in keiner Form mit deutsch-sowjetrussischen Wirtschaftsverhandlungen beschäftigen, sondern muß jetzt so tun, als ob diese Frage für sie im Augenblick nicht existiere.«

Schlagzeilen des Tages waren immer noch Meldungen über den Zollinspektorenstreit in Danzig. Obwohl sich der Völkerbundkommissar Carl J. Burckhardt am Wochenende in diesen Konflikt eingeschaltet hatte, standen die Zeichen noch immer auf Sturm. Die polnische Drohung wurde in die Tat umgesetzt: Die Zollbeamten kamen bewaffnet zum Dienst. Senatspräsident Greiser protestierte am 7. August dagegen. Auf Bitten Burckhardts hin aber versicherte er dem polnischen Generalkommissar, er habe niemals eine Anweisung zur Behinderung der polnischen Beamten gegeben. Eine schriftliche Erklärung verweigerte er. Oberst Beck in Warschau war dennoch zufrieden. In seinen Augen hatten die Deutschen einen Rückzieher machen müssen. Das Deutsche Reich hatte den Nervenkrieg verloren.

Damit blieben die Spannungen nicht mehr auf Danzig beschränkt. Hitler schaltete sich ein – mit Attacken gegen die polnische Regierung. In einer Note an Warschau hieß es, daß solche Aktionen »eine Verschärfung in den deutsch-polnischen Beziehungen herbeiführen würden, für deren Folgen die Verantwortung ausschließlich auf die polnische Regierung fallen würde«.

Die westlichen Botschafter in Warschau rieten Oberst Beck zur Mäßigung. Doch dazu war er nicht bereit. Gut unterrichtete Kreise befürchteten jetzt schon den Ausbruch eines Krieges.

Professor Marian Wojciechowski, Polen:

Ich glaube nicht, daß die polnischen Reaktionen im Zollinspektorenstreit hart waren; sie waren nach den Gesetzen, nach den internationalen Bestimmungen ganz am Platze. Deutschland hat durch den Zollinspektorenstreit die Lage zugespitzt. Es war erstens ein

Test, wie die Briten darauf reagieren würden, zweitens um die Po-
len ein bißchen zu ärgern und vielleicht zu unvernünftigen Schrit-
ten zu verführen, damit man wieder einen Grund hatte, noch wei-
ter die Hetzpropaganda gegen Polen führen zu können, als eine
psychologische Vorbereitung für den Angriff.

Ich glaube, daß die Sowjetunion damals an einem Krieg nicht in-
teressiert war. Die Sowjetunion wollte neutral bleiben. Die sowje-
tische Armee war durch die Säuberungen sehr stark geschwächt.
Deswegen, glaube ich, ist es zu einer wirklichen politischen Zu-
sammenarbeit zwischen Moskau, Paris und London nicht gekom-
men. Die Westmächte wollten wahrscheinlich, daß, wenn die Deut-
schen gegen Polen kämpfen, die Sowjetunion uns zu Hilfe kommt,
und im Westen wird man ruhig warten, wie man im September
1939 gewartet hat, als wir durch Deutschland geschlagen wurden.
Das war wie ein Spiel: Wer behält den »Schwarzen Peter«? Man
hat uns zwischen Moskau, London und Paris hin und her gescho-
ben. In einer solchen Lage spielte der sowjetische Vorschlag,
Durchmarschrecht durch Nord- und Südpolen, wahrscheinlich
eine scheinwichtige Rolle. Man wußte in Moskau, daß Polen die-
sen Vorschlag ablehnen wird, und es ist immer angenehm, einen
Vorschlag auf den Tisch zu bringen, wenn man weiß, daß dieser
Vorschlag abgelehnt wird.

Am 8. August zitierte Reinhard Heydrich mehrere SS-Führer zu
sich in die Wilhelmstraße 102.

»Meine Herren, Sie werden mittlerweile selbst gemerkt haben,
daß ein Krieg mit Polen unvermeidlich ist«, begann Heydrich
seine Rede. Für den Fall, daß Polen keinen »Übergriff« an der
Grenze unternehme, müsse man darauf vorbereitet sein, ihn
selbst zu liefern. Die Anwesenden seien für ein Unternehmen bestimmt, über das sie mit niemandem reden dürften. Das Code-
Wort für die Aktion lautete »Unternehmen Tannenberg«.

In Danzig war die Krise noch immer nicht beigelegt. Am 10. August schlug Gauleiter Forster heftigere Töne an. Bei einer abendlichen Kundgebung auf dem Langen Markt betonte er die enge Bindung Danzigs an das Deutsche Reich.

»Polen mag sich darüber im klaren sein, daß Danzig nicht allein und verlassen auf dieser Welt steht, sondern daß das Großdeutsche Reich, unser Mutterland, und unser Führer Adolf Hitler jederzeit entschlossen sind, uns im Falle eines Angriffes von polnischer Seite in der Abwehr desselben zur Seite zu stehen.«

Dies waren keine Worte, um die Wogen zu glätten. In einer vertraulichen Unterredung befahl SS-Führer Heydrich an diesem Abend dem SS-Sturmbannführer Naujocks, einen Überfall auf den deutschen Radiosender Gleiwitz vorzubereiten. Die Station liege an der deutsch-polnischen Grenze in Oberschlesien. Parallel dazu wurden weitere Aktionen in der Nähe von Gleiwitz vorbereitet, und zwar in Hochlinden und Pitschen.

In Leningrad lief das Dampfschiff mit der englisch-französischen Militärkommission ein. Die Delegierten fuhren zum Bahnhof und reisten mit dem Zug weiter nach Moskau.

Unterdessen bemühte sich Hitler, seinen Standpunkt im Danzig-Konflikt deutlich zu machen. Er lud den Völkerbundkommissar Burckhardt nach Berchtesgaden ein und schickte seine Focke-Wulf FW 200 »Condor« nach Danzig, um den Schweizer abzuholen. Gauleiter Forster begleitete den Hohen Kommissar.

Am 11. August, um 16 Uhr, empfing Hitler Carl J. Burckhardt im Teehaus auf dem Obersalzberg. Er begrüßte ihn mit Klagen über die polnischen Provokationen in Danzig, die zudem durch die Berichterstattung in der polnischen und westlichen Presse verstärkt worden seien. Oberst Beck habe auch ihn selbst angegriffen, als er öffentlich behauptete, der deutsche Reichskanzler habe den Nervenkrieg verloren. Hitlers Stimme begann zu zittern, als er fortfuhr:

»Falls jetzt nochmals ein ähnlicher Zwischenfall in Danzig vorkommt, so werde ich zwischen diese Polen fahren, mit der ganzen Gewalt einer mechanisierten Ausrüstung, von der sie sich nicht die geringste Vorstellung machen. Und nach einigen Tagen wird es kein Polen mehr geben. Hören Sie mir gut zu!«

Burckhardt erwiderte: »Ich höre, Herr Reichskanzler. Ich behaupte, daß dies einen allgemeinen Krieg in Europa bedeuten wird.«

Worauf Hitler erregt und fast beschwörend antwortete: »Ich weiß. Dann soll es eben sein. Wenn ich Krieg zu führen habe, würde ich lieber heute als morgen Krieg führen... Ich möchte ihn lieber mit fünfzig als mit sechzig führen.«

Burckhardt verstand sehr wohl, daß die Entscheidung über Krieg und Frieden auf des Messers Schneide stand. Um so erstaunter war er, als Hitler nun beteuerte, es ginge ihm doch eigentlich nicht um Danzig, sondern um den Osten als Lebensraum.

»Alles, was ich unternehme, ist gegen Rußland gerichtet. Wenn der Westen zu dumm und zu blind ist, um das zu begreifen, werde ich gezwungen sein, mich mit den Russen zu verständigen.«

Und wieder kam der »Führer« darauf zu sprechen, daß Deutschland Holz und Getreide benötige. Für das eine brauche er Kolonien, für das andere Raum im Osten (Ukraine). Er sei bereit zu verhandeln, aber auf Beschimpfungen und Ultimaten könne er nicht mit Gesprächen reagieren. Burckhardt versuchte einzuwenden, er sei davon überzeugt, daß alle Probleme auf dem Wege von Verhandlungen gelöst werden könnten. Doch Hitler ließ sich darauf nicht ein.

Die beiden Männer legten eine kurze Pause ein und gingen auf die Terrasse, um frische Luft zu schnappen. Der faszinierende Ausblick auf das Alpenpanorama hinterließ keinen Eindruck.

Hitler nahm das Gespräch mit der gleichen Härte wieder auf, betonte aber erneut seine Verhandlungsbereitschaft. Aber wenn jetzt noch das Geringste in Danzig passiere, werde er hart zuschlagen.

Burckhardt hörte geduldig zu und machte versöhnliche Vorschläge, spürte aber das Ausweglose der Situation. Das Gespräch hatte ihn zutiefst verunsichert.

»Ich möchte Ihnen eine Frage stellen«, bemerkte er zum Abschied: »Soll ich meine Kinder in Danzig lassen?«

Hitler erwiderte ernst: »Es kann jeden Tag in Danzig etwas geschehen, aber nur wenn die Polen es wollen. Ich glaube, daß Ihre Kinder besser in der Schweiz wären.«

Voll tiefer Sorge flog Burckhardt zurück nach Danzig.

Am selben Tag gab der Reichspressechef Dr. Dietrich eine neue Anweisung an die Schriftleiter der deutschen Zeitungen:

»Von jetzt an sollen auch polnische Ausschreitungen…, die vom Haß der Polen gegen alles Deutsche Kunde geben, auf den ersten Seiten der Zeitungen meldungsmäßig behandelt und kommentiert werden. Allerdings soll sich die Aufmachung noch nicht in den allerschärfsten Tönen bewegen, damit noch Steigerungsmöglichkeiten bleiben.«

Die polnische Presse hatte schon seit längerem mit starken Sprüchen zu einer harten Haltung aufgerufen, Deutschland einen Koloß auf tönernen Füßen genannt und mit der Aussicht gespielt, die deutsche Wehrmacht in einer Vernichtungsschlacht zu besiegen. Diese Haltung war für Hitler der Beweis, daß die Garantieerklärung der Engländer von den Polen als ein »Blanko-Scheck« betrachtet wurde.

Im Belorussischen Bahnhof in Moskau lief in den Nachmittagsstunden dieses 11. August der Zug aus Leningrad ein. Die englischen und französischen Offiziere wurden von ihren russischen

Gesprächspartnern auf dem Bahnsteig empfangen. Verteidigungsminister Woroschilow hatte Mühe, seine Verwunderung zu verbergen: einmal über den umständlichen Reiseweg, zum anderen über die Zusammensetzung der westlichen Delegationen. Während er selbst als Verteidigungsminister die russische Kommission anführte, schickte England einen pensionierten Admiral und Frankreich einen zweitrangigen Stabsoffizier.

Im Gästehaus des Außenministeriums richtete man sich auf eine längere Sitzungsperiode ein: Zu viele Steine lagen auf dem Weg, der zum Abschluß einer gemeinsamen Militärkonvention führen sollte.

Fast gleichzeitig mit der Ankunft der westlichen Delegierten traf im Moskauer Außenministerium ein Bericht des sowjetischen Geschäftsträgers in Berlin ein. Astachow unterrichtete seine Regierung von einem erneuten Treffen mit dem deutschen Gesandten Schnurre. Wieder ein Beweis dafür, daß der deutschen Regierung offensichtlich an einer schnellen deutsch-sowjetischen Übereinkunft gelegen war. Außenminister Molotow gab nun seine passive Haltung auf und ermächtigte Astachow, dem deutschen Außenminister ein Angebot zu übermitteln: Moskau sei bereit, mit Deutschland in politische Verhandlungen zu treten.

Professor Wjatscheslaw I. Daschitschew, Sowjetunion:

Von April bis August 1939 war die kritischste Periode in der Geschichte Europas. Hitler war fest entschlossen, den Krieg zu entfesseln. Er setzte eine große Hoffnung auf die Spaltung zwischen der Sowjetunion einerseits, England und Frankreich andererseits und dachte, daß er dadurch die Möglichkeit erhalten wird, den Krieg nur an einer Front zu führen, Frankreich schnell niederzuwerfen, um Rückenfreiheit für den Krieg gegen die Sowjetunion zu sichern. Das entsprach dem allgemeinen Konzept des Krieges, das

Hitler schon in seinem Buch »Mein Kampf« niedergelegt hatte. Und unter diesen Umständen handelten die Westmächte, auch die Regierung der Sowjetunion, nicht so, wie es nötig gewesen wäre. Selbst nach dem Einmarsch der deutschen Truppen in Prag gab es auf Seiten Englands und Frankreichs Schwankungen, Zweifel, also sie zeigten noch kein Interesse an dem Abschluß eines Militärbündnisses mit der Sowjetunion.

Die ganze Gegensätzlichkeit und Widersprüchlichkeit ihrer Interessen kam besonders kraß zum Ausdruck in den parallelen Verhandlungen, die gleichzeitig zwischen Berlin und London geführt wurden, zwischen Moskau, London und Paris und zwischen Berlin und Moskau. Stalin dienten diese Verhandlungen mit den Westmächten als Deckmantel für seine geheimen Pläne, mit Hitler einen Pakt zu schließen. Für Hitler waren die geheimen Verhandlungen mit London ein Druckmittel auf Stalin, um ihn zu erpressen und ihn zum Abschluß des Nichtangriffspaktes zu zwingen.

In Deutschland meldete sich zu diesem Zeitpunkt aber auch der italienische Achsenpartner: Der *Duce* war irritiert von den Meldungen über Danzig, er hatte Angst vor einem Krieg. Auch die Berichte seines Botschafters in Berlin klangen alarmierend. So schickte er seinen Außenminister über die Alpen. Am 11. August traf Ciano in Salzburg ein. Die Bevölkerung stand Spalier, als der Gast aus dem Süden zum nahegelegenen Schloß Fuschl fuhr, wo er seinen deutschen Kollegen Ribbentrop traf. Schon in der ersten Unterredung kam Ciano auf den Punkt: Er warnte Ribbentrop vor einem Krieg mit Polen, da er sich nicht regional begrenzen ließe; England und Frankreich würden unweigerlich für Polen einstehen.

Doch seine Worte waren in den Wind gesprochen. Ribbentrop hörte kaum zu, machte vielmehr den Eindruck, als warte er geradezu darauf, endlich Krieg führen zu können. Eine Intervention Englands und Frankreichs hielt er für ganz und gar unwahr-

scheinlich. Er war bereit, für seine Überzeugung eine Wette ein-
zugehen und setzte eine Sammlung alter Waffen gegen italienische Gemälde. Ciano nahm an. Dennoch war er enttäuscht, und
auch ein opulentes Abendessen im Weißen Rößl am Wolfgangsee
konnte nicht über die Dissonanzen hinwegtäuschen: Die Achse
zeigte Risse.

Am nächsten Tag, dem 12. August, war Ciano mit Hitler auf
dem Berghof verabredet. Es war schwül, Gewitterwolken hingen
zwischen den Berggipfeln. Hitler war allein, seine Sommergäste
hatte er zu Ausflügen in die Umgebung geschickt. Er hatte sich
für die Begegnung eine besondere Inszenierung ausgedacht: Als
Ciano sein Arbeitszimmer betrat, saß der »Führer« an seinem
Schreibtisch, in Gedanken versunken über mehreren auf der
Tischplatte ausgebreiteten Generalstabskarten. Schon rein äußer-
lich wollte er so gegenüber dem italienischen Gast seine Entschlossenheit dokumentieren. Und dann hörte Ciano die gleichen Töne wie am Vortag. Ribbentrop hatte sich als die wahre
»Stimme seines Herrn« erwiesen. Hitler zeigte sich tatsächlich
entschlossen, bald gegen Polen loszuschlagen.

Ciano gab zu bedenken, daß die italienische Armee noch nicht
kriegsbereit sei, der deutschen Armee noch nicht beistehen
könne. Der »Führer« schien die Antwort kaum zu bemerken, sein
Blick schweifte in die Ferne. Ciano fuhr fort, daß mit dem Angriff
auf Polen ein europäischer Krieg unvermeidlich sei. Doch Hitler
entkräftete diese Vermutung:

»Ich bin felsenfest davon überzeugt, daß weder England noch
Frankreich in einen allgemeinen Krieg eintreten werden.«

Hitler war davon überzeugt, daß die Westmächte schon seit
Monaten mit ihrem Säbelrasseln lediglich blufften. Deshalb wies
er Ciano darauf hin, daß er auch ohne die italienische Hilfe Polen angreifen werde. Ciano erinnerte an die Vereinbarungen im
»Stahlpakt«, doch auch das konnte Hitler nicht beeindrucken.

Die Unterhaltung wurde am nächsten Tag an gleicher Stelle

fortgesetzt. Aber während der italienische Außenminister beim ersten Treffen Hitler davon überzeugen wollte, den Frieden zu bewahren, wirkte er heute resigniert.

Selbst als die Rede wieder auf den Krieg und die Intervention der Westmächte kam, blieb Ciano still. Er fragte lediglich, ob schon ein Datum für den Angriff festgelegt worden sei. Hitler gab zur Antwort: »Ende August.«

Noch einmal betonte der Italiener, daß sein Land bis zu diesem Termin nicht kriegsbereit sei. Doch dann gab er klein bei und stimmte zum Entsetzen des anwesenden Dolmetschers Schmidt dem »Führer« schließlich sogar zu:

»Sie haben schon so oft recht behalten, daß ich es für sehr gut möglich halte, daß Sie auch dieses Mal die Dinge richtiger sehen als wir.«

Kaum aber hatte er im Flugzeug nach Rom Platz genommen, als er in sein Tagebuch schrieb:

»Ich kehre nach Rom zurück, angeekelt von Deutschland, von seinen Führern, von ihrer Handlungsweise. Sie haben uns betrogen und belogen.«

Hitler und Ribbentrop hatten Roms Signale nicht gehört. Sie waren geblendet von der Aussicht, mit Moskau handelseinig zu werden.

Einen Verbündeten in seiner mehr und mehr anti-deutschen Haltung fand Graf Ciano in Botschafter Attolico. Schon einen Tag nach seiner Rückkehr aus Deutschland erhielt er einen Bericht aus Berlin, in dem Attolico vor der deutschen Außenpolitik warnte. Die deutsche Regierung sei zu einem Vorgehen gegen Polen fest entschlossen. Aber während Hitler Ciano gegenüber geäußert habe, er benötige Italien nicht, lasse der Reichskanzler in der Welt verbreiten, daß er mit Italiens »totaler Bereitschaft« rechne. Überdies herrsche in der Außenpolitik beider Länder volle Übereinstimmung. Attolico schlug deshalb vor, der *Duce* solle dem »Führer« schreiben, um die italienische Position noch

einmal klar und deutlich zu umreißen. Außerdem müsse er als
Verbündeter des Deutschen Reiches darauf bestehen, daß Hitler
alles versuche, um das Problem Danzig auf diplomatischem Wege
zu lösen.

Attolicos Worte klangen scharf. Mehr als jeder seiner westlichen Kollegen verurteilte der italienische Botschafter die Außenpolitik Hitlers und Ribbentrops. Dabei war Italien der einzige
Verbündete des nationalsozialistischen Deutschland. Die Risse
in diesem »Bündnis aus Stahl« waren kaum mehr zu übersehen,
nur Mussolini wollte sie nicht wahrhaben.

Unüberbrückbare Differenzen gab es von Anfang an auch in den
Gesprächen zwischen den Westmächten und der Sowjetunion.
Schon drei Tage nach ihrer Aufnahme waren die Militärverhand-
lungen in der russischen Hauptstadt festgefahren. Am Abend des
14. August legte General Woroschilow das Problem mit einem
Schlag auf den Tisch: Die Sowjetunion wollte ein verbrieftes
Durchmarschrecht durch Polen und Rumänien, wann immer dies
aus strategischen und operativen Gründen notwendig sei. Außerdem wollten die Sowjets auch den baltischen Staaten im Falle
einer Bedrohung »helfen«, ohne daß diese Staaten darum bäten.
Diesen Fall einer sogenannten »indirekten Aggression« aber
konnten die Russen auslegen, wie immer sie wollten. Auch die
politischen Konsequenzen einer solchen »Hilfe« blieben der Sowjetunion überlassen. Engländer und Franzosen mußten passen,
sie hatten keine Vollmachten für diesen Schritt. Daraufhin erklärte Woroschilow die Verhandlungen für kurzfristig unterbrochen, die Delegierten sollten das Einverständnis der betroffenen
Regierungen einholen.

Professor Donald Cameron Watt, Großbritannien:

Die öffentliche Meinung in England wollte wissen, warum es noch nicht zu einer Verständigung mit den Russen gekommen war? Aber Molotow forderte immer ein bißchen mehr bei diesen militärischen Verhandlungen. Und jedesmal sagten die Briten: Das geht viel zu weit, und dann mußten sie weiterverhandeln. Jedenfalls dachten sie, solange sie verhandelten, könne es nicht zum Krieg kommen. Die britische Delegation war nur mit zweitrangigen Militärs besetzt. Das hatte folgenden Grund: Durch den Geheimdienst wußte man in London, daß die deutsche Wehrmacht für den 15. August einen Angriff vorbereitet hatte. Das wußten sie aus deutschen Quellen. Da wäre es blödsinnig gewesen, die führenden Generale, Admirale von London wegzuschicken. Wenn es zum Krieg kommen würde, würden die wichtigsten Leute nicht in London sein, sondern in Moskau. Außerdem war die englische und französische Kriegskonzeption von der der Russen unterschiedlich.

Engländer und Franzosen glaubten, es würde ein langer Krieg sein, sehr langsam, mit Blockaden, Luftangriffen auf Deutschland. Verteidigung der Maginotlinie und so weiter. Die Russen dachten an einen Bewegungskrieg. Die russischen Generale hatten ja gar keine Erfahrung mit einem Stellungskrieg. Sie fragten, wie wir uns vorstellen, wie sie kämpfen sollten. Ich meine, das war wirklich eine unfaire Frage. Denn die Engländer und Franzosen hatten doch auch keine Pläne.

Sie hatten nicht daran gedacht, daß sie im ersten Monat in den Krieg eintreten würden. Vielleicht, wenn die Deutschen Polen angreifen, aber dann würden sie warten, bis die Deutschen im Osten zu Ende gekommen waren und dann die eigenen Grenzen verteidigen, also ein langer Krieg mit Blockaden und Bombardierungen. Das war ein ganz anderer Krieg, als die Russen ihn sich vorstellten.

Keine 1000 Meter entfernt ging in den frühen Morgenstunden des nächsten Tages gegen 4 Uhr 40 ein Telegramm in der deutschen Botschaft von Außenminister Ribbentrop ein: Botschafter von der Schulenburg solle Molotow einen Besuch des deutschen Außenministers in Moskau vorschlagen. Bei dieser Gelegenheit könne er Herrn Stalin die Auffassung des »Führers« auseinandersetzen.

»Reale Interessensgegensätze zwischen Deutschland und Rußland bestehen nicht. Deutschlands und Rußlands Lebensräume berühren sich, aber in ihren natürlichen Bedürfnissen überschneiden sie sich nicht. Hiermit fehlt von vornherein jede Ursache einer aggressiven Tendenz eines Landes gegen das andere... Die Reichsregierung ist der Auffassung, daß es zwischen Ostsee und Schwarzem Meer keine Frage gibt, die nicht zur vollen Zufriedenheit beider Länder geregelt werden könnte. Hierzu gehören Fragen wie: Ostsee, Baltikum, Polen, Südost-Fragen usw.«

Das war das deutsche Lockmittel, mit dem von der Schulenburg in den Kreml geschickt wurde.

Zur selben Stunde in Paris: Außenminister Bonnet hatte sich vor einer halben Stunde in einem Nebenraum seines Arbeitszimmers im Quai d'Orsay zu Bett gelegt, um ein wenig Schlaf nachzuholen. Jetzt weckte ihn ein Mitarbeiter auf und überreichte eine Depesche aus Moskau: Die Verhandlungen der Militärkommission waren mit einem Eklat vorläufig beendet worden. Bonnet war schockiert. Er ließ eine Weile verstreichen, dann rief er den polnischen Botschafter Julius Lukasiewicz an. Der war nicht in seinem Amtssitz in Paris, sondern in einem bretonischen Seebad, wo er sich von den Anstrengungen der letzten Wochen erholen wollte. Bonnet ließ ihm ausrichten, er möge unverzüglich zu ihm ins Außenministerium kommen.

Am frühen Nachmittag betrat Lukasiewicz gut gelaunt und

sonnengebräunt Bonnets Arbeitszimmer im Quai d'Orsay. Der Minister kam sofort zur Sache: Um die Verhandlungen zwischen den Westmächten und der Sowjetunion zu einem erfolgreichen Abschluß zu bringen, müsse Polen sofort den Durchmarsch der russischen Truppen durch Polen für den Kriegsfall gestatten. Lukasiewicz reagierte empört:

»Beck wird seine Zustimmung nicht zu einer Besetzung der Gebiete geben, die wir den Russen 1921 wieder abgenommen haben. Wären Sie als Franzose damit einverstanden, daß Elsaß-Lothringen durch die Deutschen geschützt würde?«

Bonnet lenkte ein und erläuterte, daß Polen zwischen zwei Großmächten liege. Es stehe in einer Kraftprobe mit Deutschland und benötige dafür die Unterstützung der Sowjetunion.

»Vor drei Tagen hat Hitler Burckhardt erklärt, er werde Polen in drei Wochen mit seiner mechanisierten Armee, von der Sie nicht einmal eine Vorstellung hätten, niederschlagen.«

Lukasiewicz erklärte überzeugt: »Im Gegenteil, die polnische Armee wird vom ersten Tage an nach Deutschland eindringen.«

Auch wenn der polnische Botschafter dem französischen Außenminister damit jede Hoffnung nahm, forderte Bonnet ihn noch einmal eindringlich auf, bei Beck in Warschau zu intervenieren.

In Berlin wurde an diesem Abend der Spielfilm: »Es war eine rauschende Ballnacht« uraufgeführt. Mit einem Ball wollte auch von der Schulenburg das internationale diplomatische Corps in Moskau erfreuen. In der deutschen Botschaft spielte eine Musikkapelle auf, die ersten Paare strömten zur Tanzfläche, als von der Schulenburg von einem seiner Mitarbeiter zur Seite genommen wurde. Molotow ließ ihm mitteilen, er wolle den Botschafter noch heute abend sehen. Im Frack eilte der deutsche Diplomat zum russischen Außenministerium. Er wußte, wie wichtig das Treffen war; schon am Morgen hatte er Molotow Ribbentrops Anliegen unterbreitet. Doch zur Überraschung des Botschafters erbat sich Molotow auch jetzt noch Bedenkzeit aus. Der Besuch des deutschen Außenministers erfordere entsprechende Vorbereitungen, damit der Meinungsaustausch auch zu einem Ergebnis führe: Wollten die Deutschen einen Nichtangriffspakt? Waren sie mit einer gemeinsamen Garantie für die baltischen Staaten – Dreh- und Angelpunkt auch in den Verhandlungen mit den Westmächten – einverstanden? Konnten die Deutschen auf die Japaner Druck ausüben und sie zu einer positiven Haltung gegenüber Rußland bewegen? Wenn diese Fragen beantwortet seien, versicherte Molotow, dann könne Ribbentrop kommen.

Damit hatten die Russen zum ersten Mal offiziell den Vorschlag zu einem deutsch-russischen Nichtangriffspakt in die Verhandlungen eingebracht. Und das zu einem Zeitpunkt, zu dem die westliche Militärkommission in Moskau noch immer hoffte, einen Pakt mit der Sowjetunion gegen die deutsche Aggression abschließen zu können.

Von der Schulenburg kehrte in seinen Amtssitz zurück und kabelte die russischen Bedingungen nach Berlin. Die Antwort folgte umgehend: Ribbentrop schickte seinen Botschafter wieder zum Worowski-Platz, um Molotow mitzuteilen, daß Deutschland alle russischen Vorschläge ohne Einschränkungen annehme.

»Deutschland ist bereit«, so stand es dreimal in der Nachricht aus Berlin. Das Deutsche Reich wollte so schnell wie möglich den Bündnispartner im Osten für sich gewinnen.

Einen Tag später, am 17. August, wurden die militärischen Gespräche zwischen Russen, Engländern und Franzosen endgültig vertagt. Gleichzeitig empfing Molotow erneut den deutschen Botschafter. Er teilte ihm mit, daß man nun zu praktischen Schritten übergehen könne. Als überaus geschickter Taktiker machte er sich die Eile, mit der die Deutschen vorgingen, zunutze, manövrierte im Verlaufe des Gespräches virtuos mit Geschäftsordnungs- und Terminfragen hin und her und präsentierte plötzlich eine Prioritätenliste zur Verbesserung des deutsch-russischen

Verhältnisses: Zuerst müsse nun endlich der deutsch-russische Wirtschaftsvertrag abgeschlossen werden; dann, nach kurzer Zeit, der Nichtangriffspakt und eine spezielle Absprache über die Raumordnung in Gebieten von beiderseitigem Interesse. So konnte von der Schulenburg auch an diesem Tag nicht die ersehnte Antwort nach Berlin telegrafieren.

18. August: Der deutsche Geschäftsträger in Warschau schickte um 11 Uhr 18 ein Telegramm an das Auswärtige Amt. Darin hieß es:

»Verhaftungen in Oberschlesien offenbar auf die von verschiedenen Stellen im Reich ausgehende Organisierung von Diversionstruppen zurückzuführen. Da in Posen, Pommerellen und Mittelpolen ähnliche Gruppen bestehen, droht auch für diese Gebiete Verhaftungswelle. Im Interesse und auf Wunsch Volksgruppen bitte dringend zu veranlassen, daß jede Weiterarbeit auf diesem Gebiet bis auf weiteres vollständig eingestellt wird. Wühlisch.«

Am 19. August verkündete Reichspressechef Dietrich die aktuelle Tagesparole:

»Was die Behandlung Polens in der deutschen Presse angeht, so bleibt die Aufmachung die gleiche; also die Terrorakte an der Spitze.«

An diesem Morgen wurde in Berlin das deutsch-sowjetische Handelsabkommen unterzeichnet. Erstmals erfuhr die Öffentlichkeit, daß schon seit Wochen hinter den Kulissen der diplomatischen Bühne deutsch-russische Gespräche stattgefunden hatten. Im Vertragstext verpflichtete sich Rußland, dem Deutschen Reich Rohstoffe zu liefern, die Hitlers Kriegsmaschinerie dringend benötigte: Holz, Baumwolle, Futtergetreide und Mineralöl. Dafür erhielt die Sowjetunion industrielle Erzeugnisse, Maschinen und komplette Anlagen. Damit war der erste Schritt der deutsch-sowjetischen Annäherung vollzogen.

Auf Konfrontationskurs steuerte dagegen die polnische Diplomatie: Oberst Beck wies an diesem Morgen die Versuche Frankreichs und Englands zurück, ihn zu einer Annahme der russischen Forderung nach dem Durchmarschrecht zu bewegen. Beck fürchtete sich sowohl vor einer Besetzung durch die Rote Armee als auch vor Racheakten der deutschen Wehrmacht. Dem französischen Botschafter erklärte er nun ein für alle Male:

»Ich lasse nicht zu, daß man in irgendeiner Weise über die Benutzung eines Teiles unseres Gebietes durch ausländische Truppen diskutiert.«

Der polnische Außenminister hatte wieder einmal nicht erkannt, in welcher Situation sich sein Land befand. Selbst angesichts der unmittelbar bevorstehenden Bedrohung hielt er an seinen starren Prinzipien fest. Damit entzog er auch der Militärkommission in Moskau jede Grundlage für weitere Diskussionen mit den Russen.

Hinter dem Rücken Becks versuchte Leon Noel den Generalinspekteur der polnischen Armee, Rydz-Smigly, für die Forderung der Russen zu gewinnen. Dieser antwortete mit nicht zu übertreffender Deutlichkeit: »Mit den Deutschen laufen wir Gefahr, unsere Freiheit zu verlieren. Mit den Russen verlieren wir unsere Seele.«

Bei der Abwehrstelle Breslau wurden am Mittag polnische Uniformen und Ausrüstungsgegenstände für das »Unternehmen Tannenberg« besorgt.

Gegen 14 Uhr eilte von der Schulenburg wieder einmal zum Worowski-Platz. Molotow eröffnete ihm, daß es noch immer nicht möglich sei, den deutschen Außenminister in Moskau zu empfangen. So kehrte von der Schulenburg deprimiert in seinen Amtssitz zurück. Aber schon eine halbe Stunde später ließ Molotow ihn abermals rufen. Er hatte neue Instruktionen von Stalin: Das Wirtschaftsabkommen sei ja nun abgeschlossen, jetzt könne eine politische Annäherung in Angriff genommen werden.

Dann übergab Molotow Friedrich von der Schulenburg den Entwurf der Sowjetregierung für einen Nichtangriffspakt und das Protokoll über die Abgrenzung der Interessensgebiete. Was die Reise des Herrn Reichsaußenminister betreffe, fügte Molotow hinzu, so könne er in einer Woche kommen, das hieß am 26. oder 27. August. Die Entscheidung war gefallen.

Am 19. August um 19 Uhr 10 traf die mit Spannung erwartete Nachricht in Berlin ein. Sie wurde umgehend auf den Obersalzberg weitergeleitet.

»Die Grenze
der Interessenssphären«
Der Hitler-Stalin-Pakt

Die Antwort schreckte Hitler auf. Nicht der Inhalt, damit war er einverstanden. Es war der vorgesehene Zeitpunkt, der ihn störte. Wollte er Polen angreifen, mußte er – und das war oft genug besprochen worden – bis zum ersten September handeln. Zum einen war ein Blitzkrieg nur bei noch kalkulierbarem Wetter möglich; denn später im Herbst verwandelten sich große Teile Polens in Sumpflandschaften. Zum anderen: Würde er sich bis zu diesem Datum nicht mit Stalin geeinigt haben, dann bestand immer noch die Gefahr, daß die Westmächte und der Kreml mittlerweile einen Pakt abschlössen. Wollte Hitler dann noch gegen Polen losschlagen, befand er sich mitten in einem Zweifrontenkrieg. Diese Gefahr stand wie ein Gespenst im Raum. Der einzige Ausweg: die Reise Ribbentrops nach Moskau mußte früher terminiert werden.

Hitler wurde nervös. Sein Aufmarschplan geriet ins Wanken. Er entschied sich, die Initiative zu ergreifen. Außergewöhnlich, hatte doch bislang Ribbentrop alle Verhandlungen und Kontakte organisiert. Am späten Nachmittag des 21. August, um 16 Uhr 35, diktierte Hitler ein Telegramm:

»Herrn Stalin, Moskau,

Ich begrüße die Unterzeichnung des neuen deutsch-sowjetischen Handelsabkommens als ersten Schritt zur Neugestaltung des deutsch-sowjetischen Verhältnisses.«

Er freue sich, schrieb er weiter, daß man sich damit auf einer politischen Linie wiedergefunden habe, die schon in der Vergangenheit für beide Seiten nutzbringend gewesen sei. Den von Molotow vorgeschlagenen Entwurf eines Nichtangriffspaktes begrüße er ebenso wie das von der Sowjetunion gewünschte Zusatzabkommen. Damit kam Hitler nun schnell zur Sache:

»Es ist meine Auffassung, daß es bei der Absicht der beiden Reiche, in ein neues Verhältnis zueinander zu treten, zweckmäßig ist, keine Zeit zu verlieren. Ich schlage Ihnen daher noch einmal vor, meinen Außenminister am Dienstag, den 22. August, spätestens aber am Mittwoch, den 23. August, zu empfangen. Der Reichsaußenminister hat umfassendste Generalvollmacht zur Abfassung und Unterzeichnung des Nichtangriffspaktes sowie des Protokolls.«

Als Begründung für die Eile gab er die Spannungen zwischen, Deutschland und Polen an, die mittlerweile unerträglich geworden seien. Das Deutsche Reich sei nunmehr entschlossen, seine Interessen mit allen Mitteln wahrzunehmen. Mit einem Schlage hatte Hitler seine Vorbehalte gegenüber der Sowjetunion aufgegeben. Er brauchte die Russen als Verbündete, und zwar jetzt. Dafür stellte er auch seine Ideologie hintenan.

Kaum war das Telegramm aufgegeben, wurde Hitler von innerer Unruhe erfaßt. Er war zum Warten verurteilt. Die Zeit verrann unaufhaltsam.

Im Palazzo Venezia in Rom saßen um diese Zeit Graf Ciano und Botschafter Attolico bei Mussolini und berieten die angespannte Lage. Seit Cianos Besuch in Berchtesgaden und auf dem Obersalzberg waren die Italiener irritiert. Vor allem Mussolini ließ sich von seinen Gefühlen leiten. Und die änderten sich Tag für Tag: Mal wollte er bedingungslos mit Hitler in den Krieg ziehen und sich ein Stück von der Beute sichern, mal war er dafür, sich völlig von Deutschland zu trennen.

Nicht zuletzt Attolico hatte ihn von Berlin aus immer wieder

mit warnenden Briefen in Aufregung versetzt. »Chronische
Angstanfälle«, hatte Ciano die Meldungen Attolicos in seinem
Tagebuch genannt. Nach Berchtesgaden sah er die Dinge jedoch
ähnlich. Er redete unaufhörlich auf Mussolini ein. Nun saßen die
drei zusammen und arbeiteten an einem Konzept, wie man den
Krieg verhindern könnte.

Zunächst war da wieder die alte Idee, den Konflikt mit Hilfe
einer internationalen Konferenz zu bereinigen – nach dem Vorbild der »Münchner Konferenz« im Jahr zuvor. Die Bedingung
dafür war nur, daß Danzig zuvor an das Deutsche Reich zurück-
gegeben werden mußte. Das war anscheinend im Sinne Hitlers
gedacht, doch eigentlich stammte diese Idee aus dem Westen:
Hinter den Kulissen hatte Ciano nämlich seit kurzem mit der britischen Regierung konferiert, und man hatte sich auf diese letzte
Chance einer friedlichen Lösung geeinigt.

Während die drei im Palazzo Venezia über dieser Idee brüte-
ten, liefen 21 deutsche U-Boote aus und bezogen strategisch
wichtige Positionen in der Nordsee. Die britische Flotte verstärkte die Besatzungen ihrer Schiffe auf Kampfstärke. Die französische Armee füllte die Waffenlager an der Maginotlinie auf
und befahl weitere Reservisten in die Kasernen.

Um 0 Uhr 45 ging in der deutschen Botschaft in Moskau Hitlers
Telegramm an Stalin ein. Es war noch zu früh, die Nachricht in
den Kreml zu schicken, Molotow schlief noch. Hitler hingegen
fand in dieser Nacht kaum Ruhe. Er schreckte Göring telefonisch
auf, sprach mit ihm über seine Sorgen. Doch die Nervosität hielt
an. Auch den nächsten Tag mußte er mit quälendem Warten verbringen.

An diesem 21. August erließ das Marine-Gruppenkommando
Ost in Kiel folgenden Operationsbefehl Nr. 1 für das Linienschiff
»Schleswig-Holstein«:

»Linienschiff Schleswig-Holstein wird vor der Y-Zeit friedensmäßig nach Danzig verlegt, nach vorheriger kurzfristiger diplomatischer Anmeldung. Der Marsch nach Danzig erfolgt nach außen betont friedensmäßig… Aufgabe: Niederkämpfung der polnischen Streitkräfte mit allen Mitteln.« Y-Zeit: das war der befohlene Zeitpunkt des Angriffs.

Erst gegen 21 Uhr 35 hämmerte im Auswärtigen Amt der Telegraf eine Nachricht aus der deutschen Botschaft in Moskau aufs Papier mit höchster Geschwindigkeits- und Geheimhaltungsstufe:

»An den Reichskanzler Deutschlands Herrn A. Hitler, ich danke für den Brief… die Sowjetregierung hat mich beauftragt, Ihnen mitzuteilen, daß sie einverstanden ist mit dem Eintreffen des Herrn Ribbentrop in Moskau am 23. August, gez. J. Stalin.«

Sofort wurde Hitler auf dem Obersalzberg informiert. Das war die lang ersehnte Antwort, Hitler atmete auf. Der Einsatz hatte sich gelohnt. Noch zu dieser späten Stunde bestellte er die Wehrmachtsführer für den nächsten Tag um 12 Uhr zu sich.

Währenddessen teilte Ribbentrop seinem italienischen Amtskollegen Graf Ciano mit, er werde am kommenden Tag nach Moskau fliegen – eine äußerst schlichte Mitteilung über den bevorstehenden Pakt, von gemeinsamen Beratungen vor einem solchen Schritt, wie sie der »Stahlpakt« vorsah, konnte kaum die Rede sein. Ciano reagierte überrascht. Er sah sich in seiner zunehmend antideutschen Haltung bestärkt.

Gegen 22 Uhr unterbrach der Großdeutsche Rundfunk sein Programm für folgende Meldung:

»Amtliche Bekanntmachung: Die Reichsregierung und die Sowjetunion sind darin übereingekommen, einen Nichtangriffspakt abzuschließen. Der Reichsminister des Auswärtigen Amtes von Ribbentrop wird am Mittwoch, dem 23. August, in Moskau eintreffen, um die Verhandlungen zum Abschluß zu bringen.«

Zur selben Stunde saß Außenminister Bonnet noch an seinem Schreibtisch im Quai d'Orsay. Viel Arbeit war in letzter Zeit liegengeblieben. Die Verhandlungen mit Moskau hatten momentan Vorrang, und Oberst Beck hatte noch immer nicht seine Einwilligung zum Durchmarschrecht der Roten Armee erteilt. Gegen Mitternacht wurde er vom Klingeln des Telefons hochgeschreckt: Ein Mitarbeiter des französischen Depeschendienstes teilte ihm mit, Ribbentrop werde am nächsten Tag nach Moskau fliegen, um einen Nichtangriffspakt zu unterzeichnen. Aufgeregt informierte Bonnet Ministerpräsident Daladier. Der glaubte an einen »Journalistenwitz«. Hätte die französisch-englische Militärkommission von diesem Vorhaben nicht unterrichtet sein müssen? Bonnet sah nur eine Lösung: Er telegrafierte an General Doumenc, den Leiter der französischen Delegation in Moskau, er solle sofort den Russen das Durchgangsrecht zusagen. Damit handelte Bonnet auf eigene Faust, über den Kopf Polens hinweg. Aber er sah keinen anderen Ausweg.

Schon am nächsten Morgen berichtete die internationale Presse über das bevorstehende Treffen in Moskau. In London war Churchill erschüttert. Er empfand die Nachricht wie eine Explosion, die die Welt ganz plötzlich erfaßt. Chamberlain ließ sofort das Kabinett zu einer Sondersitzung zusammenrufen. Er war von der Wende in der russischen Diplomatie nicht gerade überrascht. Vielmehr hatte sie nur seine Abneigung und Vorbehalte gegenüber der Sowjetunion bestätigt. Im Deutschen Reich reagierte die Bevölkerung erleichtert. Die drohende Kriegsgefahr schien gebannt.

Pünktlich zum Mittagessen traf auf dem Obersalzberg die Führungsspitze des Militärs ein. Es war ein heißer Tag, einer jener friedlichen Sommertage mit klarem blauen Himmel und strahlender Sonne. Hitler gab sich aufgeräumt. Gut gelaunt empfing er die Wehrmachtsführung und begann sofort mit seiner Ansprache.

Mit beiden Händen auf seinen Schreibtisch gestützt, fixierte er die in einem Halbkreis aufgetretenen Zuhörer.

Die Ostfrage müsse nun bald bereinigt werden, und die Voraussetzungen dafür seien gut. Nicht nur seine persönliche Stärke sei dafür ausschlaggebend, sondern gleichermaßen die Schwächen seiner Gegner. Damit meinte Hitler vor allem England, dem es an einer Persönlichkeit von Format mangele. Auch die politischen Faktoren glaubte der »Führer« auf seiner Seite: Weder Frankreich noch England seien in der Lage, militärisch in den Konflikt einzugreifen. Und außerdem habe man sich im Westen verkalkuliert:

»Der Gegner hatte noch die Hoffnung, daß Rußland als Gegner auftreten würde nach der Eroberung Polens. Die Gegner haben nicht mit meiner großen Entschlußkraft gerechnet. Unsere Gegner sind kleine Würmchen. Ich sah sie in München. Ich war überzeugt, daß Stalin nie auf das englische Angebot eingehen würde ... Litwinows Ablösung war ausschlaggebend ... Von Ribbentrop wird übermorgen den Vertrag abschließen. Nun ist Polen in der Lage, in der ich es haben wollte. Ich habe nur Angst, daß mir noch im letzten Moment irgendein Schweinehund einen Vermittlungsplan vorlegt.«

Nach diesen Ausführungen herrschte lähmende Stille. Der »Führer« hatte gesprochen, niemand wagte ihn zu unterbrechen. Ein kurzer Imbiß sorgte für etwas Entspannung. Dann kam Hitler zum zweiten Teil seiner Rede, die Vernichtung Polens betreffend:

»Ich werde propagandistischen Anlaß zur Auslösung des Krieges geben, gleichgültig, ob glaubhaft. Der Sieger wird später nicht danach gefragt, ob er die Wahrheit gesagt hat oder nicht. Bei Beginn und Führung des Krieges kommt es nicht auf das Recht an, sondern auf den Sieg. ... Der Stärkere hat das Recht. Größte Härte.«

Das war nun unmißverständlich. Hitler war auf Krieg einge-

stellt. Deshalb wollte er auf gar keinen Fall mehr einen Vermittlungsvorschlag im Sinne einer Konferenz wie der Münchner. Er
wollte mehr als das, was man ihm bei einer neuerlichen Übereinkunft zusprechen würde. Das, was er wollte, war aber nur mit
Krieg zu erreichen.

Als möglichen Angriffstermin nannte Hitler abschließend den
nächsten Samstag, den 26. August. Noch immer hatten die Oberbefehlshaber kein Wort gesagt. Nur mit militärischem Gruß verließen sie den Raum. Allen war klar: einen propagandistischen
Anlaß würde der »Führer« jederzeit finden.

Zur selben Zeit mußte Chefdolmetscher Paul Schmidt seinen
Urlaub auf Norderney unterbrechen. Das war nun schon das
zweite Mal. Auch als Graf Ciano überraschend nach Berchtesgaden gekommen war, hatte er sein Urlaubsdomizil verlassen
müssen. Eine Sondermaschine des Auswärtigen Amtes brachte
ihn nach Berlin. Warum und wozu, das hatte keiner ihm sagen
können. Die Antwort lag in einem versiegelten Umschlag auf seinem Schreibtisch.

Um 21 Uhr startete er mit Ribbentrop in einer viermotorigen
Condor-Maschine in Richtung Moskau. Ribbentrops Gepäck
wog schwer, nicht an Gewicht (man war nur für einen kurzen
Aufenthalt eingerichtet), sondern an Bedeutung: Hitler hatte seinem Außenminister eine Generalvollmacht für die Verhandlungen mit dem russischen Kollegen ausgestellt.

Drei Stunden später legte die Maschine in Königsberg eine
Zwischenlandung ein. Auf dem Flughafen herrschte gespensti-
sche Stille: Da die Mission nicht in aller Öffentlichkeit stattfinden
sollte, hatte man in Königsberg auf jedes Aufsehen, auf jeden
Empfang verzichtet. Vom Flughafen aus fuhr die Delegation zur
Nachtruhe in das Park-Hotel. Doch Ruhe kam gar nicht erst auf.
Ribbentrop beschäftigte selbst jetzt noch alle Mitarbeiter. Er
wollte Stalin gut vorbereitet gegenübertreten. In den wenigen

freien Minuten trafen sich die jüngeren Delegationsmitglieder trotz der fortgeschrittenen Stunde an der Hotelbar. Für Paul Schmidt war es, als ob man diese friedlichen Momente für immer festhalten wollte; oder man trank auf den Abschied vom Frieden.

Schon um 7 Uhr flog die Delegation weiter in die russische Hauptstadt, wo sie gegen 13 Uhr Ortszeit eintraf. Eine Delegation unter Leitung des stellvertretenden Außenministers Potemkin hieß die Gäste willkommen. Mehrere Kameramänner hielten die historische Begegnung auf Zelluloid fest. Das Flughafengebäude war mit Fahnen geschmückt – da wehte das Hakenkreuz einträchtig neben Hammer und Sichel.

Ribbentrop und seine Begleiter fuhren zunächst in die Deutsche Botschaft in der Stanislawskogo 10. Nach einem kurzen Frühstück – dazu war in Königsberg keine Zeit mehr gewesen – eilten Ribbentrop und von der Schulenburg mit einer kleinen Delegation in den Kreml, wo Stalin und Molotow sie erwarteten. Es war das erste Mal, daß Stalin mit dem Vertreter einer fremden Macht über den Abschluß eines Vertrages verhandelte. Bisher hatte er jeden Vorstoß eines ausländischen Diplomaten mit dem Hinweis abgelehnt, er sei nur Parteimann und habe nichts mit der Außenpolitik zu tun. Seine Anwesenheit wirkte auf die Ankommenden wie die Mahnung, daß der Vertrag heute oder nie abgeschlossen würde. Die Türen schlossen sich, es wurde nur im engsten Kreis verhandelt.

Etwa zur selben Zeit traf der britische Botschafter aus Berlin auf dem Obersalzberg ein. Noch in der vorangegangenen Nacht hatte er um eine Audienz bei Hitler angefragt. Erst nach langem Zögern gewährte ihm der »Führer« ein Gespräch. Henderson kam als Bote, er überbrachte einen Brief Chamberlains, den der Premier am Abend zuvor diktiert hatte.

Adressiert an »Eure Exzellenz!«, nahm Chamberlain die An-

kündigung eines deutsch-sowjetischen Abkommens zum Anlaß,
Hitler auf folgenden Sachverhalt hinzuweisen:

»Welcher Art auch immer das deutsch-sowjetische Abkommen sein wird, so kann es nicht Großbritanniens Verpflichtung
gegenüber Polen ändern, die Seiner Majestät Regierung wiederholt öffentlich und klar dargelegt hat, und die sie entschlossen ist,
zu erfüllen.«

Der englische Premier verglich die momentane Lage mit dem
Jahre 1914. Man habe immer wieder behauptet, die Katastrophe
wäre vermieden worden, hätte die britische Regierung ihren
Standpunkt damals deutlicher gemacht. Diesen Fehler wolle man
nun nicht noch einmal begehen.

England dokumentierte damit seine Bereitschaft, für Polen in
den Krieg zu ziehen. Chamberlain gab aber seiner Hoffnung Ausdruck, der Konflikt könne noch immer friedlich beigelegt werden. Er sei bereit, auf Polen einzuwirken und sich direkt mit dem
Deutschen Reich an den Verhandlungstisch zu setzen.

Hitler war schockiert. Damit hatte er nicht gerechnet. Immer
hatte er geglaubt, England durch seine Politik abschrecken, von
einem Krieg für Polen abhalten zu können. Diese Einschätzung
teilte auch seine nähere Umgebung. Noch vor kurzem hatte Ribbentrop geäußert, es werde nach 24 Stunden keinen polnischen
Staat mehr geben, falls der »Führer« auf die polnischen Provokationen antworten werde:

»England wird es nie wagen, ihm dabei entgegenzutreten,
sonst würde es gleichfalls geschlagen und sein Weltreich verlieren. Wenn ich höre, daß einer der Beamten sich anders äußert,
werde ich ihn im Büro persönlich erschießen.«

Die gesamte deutsche Führungsspitze war von Englands pas-
siver Haltung im Ernstfall überzeugt. Der Brief nun zeigte die
britische Regierung von einer anderen Seite. Verärgert über die
eigene Fehleinschätzung, ließ Hitler eine Schimpfkanonade auf
Henderson niederprasseln: England vergifte die gesamte eu-

ropäische Atmosphäre, stelle das Deutsche Reich als seinen
Feind dar. England müsse endlich einsehen, schrie er den Botschafter an, daß Polen der Aggressor sei. Täglich würden die
deutschen Minderheiten von den Polen mißhandelt. Henderson
konnte immer wieder nur bekräftigen, seine Regierung halte
unter allen Umständen an ihrer Verpflichtung gegenüber Polen
fest.

Wenn England sich weiterhin derart verhalten würde, antwortete Hitler bestimmt, dann käme schon bald die Antwort aus
Deutschland: die Mobilmachung als Schutzmaßnahme. Mit dieser Drohung entließ er den Botschafter. Henderson kehrte nach
Salzburg zurück, wo er warten sollte, bis Hitler ihn erneut rufen
würde. Der »Führer« arbeitete derweil an einem Antwortschreiben.

In Danzig erklärte der Senat an diesem Nachmittag den Gauleiter der NSDAP, Albert Forster, zum Staatsoberhaupt der Stadt.
Seine Ernennung erfolgte mit sofortiger Wirkung. Damit war
wiederum die deutsche Absicht demonstriert, Danzig in das
Deutsche Reich wiedereinzugliedern.

Um 17 Uhr war es soweit, Henderson wurde zu einer zweiten Audienz gebeten. Hitler war ruhiger als zuvor, enthielt sich aller Po-
lemik gegen England, betonte lediglich seine Bereitschaft, Krieg
zu führen. Ähnliches war auch in seinem Antwortbrief zu lesen,
den er Henderson für Chamberlain übergab: Er, Hitler, habe sich
immer wieder um die englische Freundschaft bemüht, hieß es
darin. Aber auf seine eigenen politischen Interessen könne er
nicht verzichten. Dazu gehörten Danzig und der Korridor. Polen
habe alle seine Angebote abgelehnt.

»Die von England Polen gegebene Generalzusicherung, ihm
unter allen Umständen beizustehen, aus welchen Ursachen ein
Konflikt entstehen könnte, konnte in diesem Lande nur als eine

Ermunterung aufgefaßt werden, nunmehr – gedeckt durch einen solchen Freibrief – eine Welle furchtbaren Terrors gegen die eineinhalb Millionen zählende deutsche Bevölkerung, die in Polen lebt, ablaufen zu lassen.«

Auch England gebärde sich dem Deutschen Reich gegenüber immer aggressiver, hieß es in dem Brief. Falls die militärischen Ankündigungen, über die man bereits überall spreche, wirklich eintreffen würden, dann werde er sofort die deutsche Wehrmacht mobilisieren.

Trotz eines abschließenden Hinweises auf die deutsch-englische Freundschaft setzte Hitler mit diesem Brief die Zeichen auf Sturm. Botschafter Neville Henderson verabschiedete sich, um nach Berlin zurückzufliegen.

Als die Tür sich hinter ihm schloß, schlug sich Hitler auf die Schenkel, lachte und meinte zu von Weizsäcker, der während des gesamten Gesprächs anwesend war:

»Dieses Gespräch überlebt Chamberlain nicht. Sein Kabinett wird heute abend stürzen.«

Er rechnete noch immer damit, daß England nicht für Polen eintreten würde – und sei es durch einen Regierungswechsel.

Eine Stunde später: Zwar gab es noch keine Neuigkeiten aus dem Kreml, aber in Paris dachte man bereits über Reaktionen auf einen deutsch-sowjetischen Pakt nach, der ja das Gleichgewicht der europäischen Länder stark verändern würde. Außenminister Bonnet hatte den Kriegsrat zusammengerufen, um sich beraten zu lassen. Einstimmig wurde ihm versichert, die militärische Aufrüstung Frankreichs sei derart fortgeschritten, daß man die Verpflichtungen gegenüber Polen einhalten könne. Der Rat beschloß, die Verteidigungskräfte bereitzustellen und die allgemeine Mobilmachung anzuordnen. Frankreich sah einem Krieg entgegen.

Noch während Bonnet und der Kriegsrat zusammensaßen, trafen gegen 18 Uhr 45 in Moskau, London und Paris gleichlautende Telegramme des britischen Botschafters in Warschau ein: Er und sein französischer Kollege hätten angesichts des Besuchs Ribbentrops in Moskau heute unermüdlich auf Oberst Beck eingewirkt, endlich das Durchmarschrecht für die russischen Truppen zu bewilligen, schrieb Kennard. Beck habe sich nun dazu bereitgefunden, der englisch-französischen Militärkommission folgendes mitzuteilen:

»Wir haben die Überzeugung gewonnen, daß im Falle gemeinsamer Aktionen gegen deutsche Aggression, Zusammenarbeit zwischen Polen und UdSSR unter später festzulegenden technischen Bedingungen nicht ausgeschlossen ist.«

Noch hoffte man also im Westen, einem deutsch-sowjetischen Pakt mit dem Abschluß einer Militärkonvention zwischen England, Frankreich und Rußland zuvorkommen zu können. Den Schlüssel dafür glaubte man mit der Antwort Polens in der Hand zu halten. Polen sah in dieser gerade abgegebenen Formel bereits ein Entgegenkommen, doch de facto bedeutete sie keinen Fortschritt – zu vage hatte der polnische Außenminister hier formuliert. Über die Bereitschaft, im Ernstfall die Rote Armee durch Polen ziehen zu lassen, verlor er kein Wort.

General Doumenc begab sich mit dem Telegramm sofort zu seinem russischen Gesprächspartner, um ihn von der polnischen Antwort in Kenntnis zu setzen. Der aber nahm kaum Notiz davon. Noch am Morgen hatte er den französischen Delegationsleiter darauf hingewiesen, daß nur ein offizielles Dokument Polens die Wiederaufnahme der festgefahrenen Gespräche ermögliche. Das aber konnte General Doumenc nicht vorweisen. Für Marschall Woroschilow schien damit die Angelegenheit erledigt.

Um diese Zeit kehrte Ribbentrop von seiner Besprechung aus dem Kreml zurück. Er war gut gelaunt, begeistert von Stalin und Molotow:

»Es geht mit den Russen ganz ausgezeichnet«, rief er enthusiastisch. »Wir werden bestimmt noch heute abend einig werden.«

Drei Stunden hatte die Besprechung am Nachmittag gedauert. Schon hatte man die meisten Punkte vertragsreif besprochen. Eine Frage allerdings schien noch offen, für die Ribbentrop Hitlers Einverständnis brauchte: Die Russen wollten die lettischen Häfen Libau und Windau in ihre Interessenssphäre einbeziehen. Bei der nächsten Besprechung sollte nämlich in einem geheimen Protokoll festgelegt werden, welche Zonen für das deutsche Reich von Interesse seien und welche für die Sowjetunion. Das lief auf eine Teilung Polens und des Baltikums hinaus, über die man sich wohl während des ersten Gesprächs im Kreml schon geeinigt hatte. Dieser Wunsch wurde gegen 20 Uhr in Moskau als Telegramm verschlüsselt aufgesetzt.

18 Uhr in Deutschland: Hitler war ungeduldig, spazierte auf der Terrasse seines Berghofes auf und ab, als die Anfrage aus Moskau eintraf. Hastig ließ er sich einen Atlas bringen, vergewisserte sich über die Lage dieser Häfen an der Ostseeküste und gab eine halbe Stunde später zurück: »Antwort lautet: Ja, einverstanden.«

Hitler hatte kein Interesse an den Häfen. Stalin brauchte sie, denn sie waren das ganze Jahr über eisfrei. Um 22 Uhr eilte Ribbentrop wieder in den Kreml. Hier einigten sich die Gesprächspartner auf den endgültigen Text. Stalin lehnte eine vom deutschen Außenminister vorbereitete Präambel ab, die einige Sätze über die deutsch-sowjetische Freundschaft beinhaltete.

»Glauben Sie nicht, daß wir auf die öffentliche Meinung in unseren beiden Ländern etwas mehr Rücksicht nehmen müßten?« fragte der sowjetische Diktator und fuhr fort: »Wir haben einander jahrelang kübelweise Unrat über die Köpfe gegossen und unsere Propagandisten konnten in dieser Richtung nicht genug tun.« Der Passus wurde gestrichen.

Es war schon nach Mitternacht, als man im Kreml zur Unterzeichnung des Vertrages schritt. Stalin stand lächelnd im Hintergrund, als Molotow und Ribbentrop die ausgearbeiteten Dokumente unterschrieben.

Zunächst war da der eigentliche Nichtangriffspakt: Falls einer der Partner in einen Krieg verwickelt wird, ist der andere verpflichtet, dem Gegner keine Hilfe zu leisten und sich an keiner Kräftegruppierung zu beteiligen, die sich mittelbar oder unmittelbar gegen jenen richtet.

Diese Zusicherung galt auf 10 Jahre, konnte aber verlängert werden. Dann setzten Molotow und Ribbentrop ihre Namen unter ein weiteres Schriftstück, ein Zusatzprotokoll – streng vertraulich:

»1. Für den Fall einer territorial-politischen Umgestaltung in den zu den baltischen Staaten (Finnland, Estland, Lettland, Litauen) gehörenden Gebieten bildet die nördliche Grenze Litauens zugleich die Grenze der Interessenssphären Deutschlands und der UdSSR...

2. Für den Fall einer territorial-politischen Umgestaltung der zum polnischen Staate gehörenden Gebiete werden die Interessenssphären Deutschlands und der UdSSR ungefähr durch die Linie der Flüsse Narew, Weichsel und San abgegrenzt. Die Frage, ob die beiderseitigen Interessen die Erhaltung eines unabhängigen polnischen Staates erwünscht erscheinen lassen und wie dieser Staat abzugrenzen wäre, kann endgültig erst im Laufe der weiteren politischen Entwicklung geklärt werden...«

Die Diktatoren hatten einen Strich auf der Landkarte gezogen, sie hatten Polen und das Baltikum geteilt. Jeder von ihnen hatte einen Teil seiner imperialistischen Wünsche befriedigt.

Für Hitler hieß das gesamte Vertragswerk: Er hatte nun die

Rückendeckung für seinen Überfall auf Polen. Die Russen hatten ihm einen Blankoscheck signiert. Die Gefahr eines Zweifrontenkrieges war gebannt, Rußland würde sich Frankreich und England entziehen. Die Beute im Osten war sicher.

Hitler saß auf dem Berghof mit Gästen zu Tisch, als ihm die Nachricht vom Abschluß des Vertrages übermittelt wurde. Erregt klopfte er auf den Tisch, um seine Gäste voller Freude über sein neuestes Meisterstück zu informieren.

Auch in Moskau herrschte eine gelöste Atmosphäre. Die Formalitäten waren abgeschlossen, man widmete sich dem freundschaftlichen Gespräch. Stalin kam auf den Antikomintern-Pakt zu sprechen, den Pakt, der gegen Rußland gerichtet und von Hitler initiiert worden war. Ribbentrop wußte nur verlegen zu antworten. Er war Stalin dankbar, als dieser lachte und rief, der Pakt habe wohl nur die Londoner City erschreckt, nicht aber ihn. Das entsprach so ganz den Witzen, die damals kursierten. Da hieß es über den Antikomintern-Pakt: Wenn Stalin wüßte, was darin steht, würde er ihm sofort beitreten. Abschreckend hatte er also auf keinen Fall gewirkt.

Molotow erhob sein Glas. Er trank auf Stalin, der mit seiner Rede vom März, die in Deutschland gut verstanden worden war, den Umschwung der Beziehungen eingeleitet habe. Stalin brachte anschließend einen Trinkspruch auf Hitler aus:

»Ich weiß, wie sehr das deutsche Volk seinen Führer liebt. Ich möchte deshalb auf seine Gesundheit trinken.«

Heinrich Hoffmann, der Leibfotograf Hitlers, der in der Nähe stand, beobachtete diese Szene und hielt sie mit der Kamera fest: Stalin, Molotow, Ribbentrop und von der Schulenburg mit erhobenem Sektglas, im Vordergrund der Verhandlungstisch, auf dem noch die Reste des Imbisses und mehrere Flaschen standen. Stalin bemerkte das Blitzlicht, drehte sich um und sagte, er wünsche nicht, daß dieses Bild in Deutschland veröffentlicht werde. Es könnte der falsche Eindruck entstehen, daß man den Vertrag in betrunkenem Zustand abgeschlossen habe. Der Fotograf nahm den Film aus seiner Kamera und wollte ihn Stalin übergeben. Der aber wies dieses Ansinnen zurück. Der Fotograf könne den Film behalten, er habe versprochen, die Bilder nicht zu publizieren, und das reiche ihm. Er, Stalin, vertraue den Deutschen.

Der Pakt mit Hitler war für den Mann im Kreml bindend. Als Stalin den deutschen Außenminister verabschiedete, betonte er noch einmal, daß das deutsch-sowjetische Verhältnis nun auf einer neuen Basis stehe:

»Die Sowjetregierung nimmt den neuen Pakt sehr ernst. Mit meinem Ehrenwort stehe ich dafür ein, daß die Sowjetunion ihren Partner nicht hintergehen wird.«

Zufrieden kehrten Ribbentrop und seine Begleiter in die deutsche Botschaft zurück. In dieser Nacht konnten sie schlafen.

Einige Straßenzüge entfernt herrschte dagegen noch emsige Betriebsamkeit. In einer Sonderschicht mußten in der »Bibliothek für ausländische Literatur« die Angestellten alle antifaschistischen Bücher aus den Regalen entfernen und in Kartons verpackt im Keller verschließen; am nächsten Tag wurden die antifaschistischen Spielfilme »Professor Mamlock« und »Familie Oppenheimer« in den Kinos abgesetzt.

Professor Wjatscheslaw I. Daschitschew, Sowjetunion:

Am 23. August wurde ich – damals ein 14jähriger Schüler – zum ungewollten Augenzeugen eines außerordentlichen Vorfalles, der wirklich den Lauf der europäischen Geschichte hätte verändern können. Es war in Welikije Luki. Ich ging von der Schule nach Hause. Plötzlich hörte ich Kanonendonner. Irgendwo oben explodierten Granaten. Ich hob den Kopf und erblickte erstaunt am Himmel ein Flugzeug ungewöhnlicher Form. Um es herum erschienen weiße Wölkchen von der Explosion. Mit einem überspannten Heulen schwenkte es nach einer Seite herum und ver-

schwand bald aus der Sicht. Abends erzählte ich meinem Vater, der damals Chef des Stabes eines Armeekorps war, über dieses Geschehnis. Er antwortete mir, daß die Flakartillerie aus Versehen das Flugzeug beschossen hatte, mit dem Außenminister Ribbentrop nach Moskau flog.

Am nächsten Tag erfuhr die Weltöffentlichkeit die verblüffende Nachricht: Im Kreml wurde der Nichtangriffspakt zwischen der Sowjetunion und Nazideutschland unterzeichnet. Und wenn das Flugzeug von Ribbentrop abgeschossen worden wäre? Wie hätte sich die Lage entwickelt? Sicher wäre dann der Pakt nicht unterzeichnet worden. Meiner Meinung nach wäre das ein großes Glück und eine Erlösung für die Völker Europas gewesen. Aber die Staatsmänner Englands und Frankreichs vermochten es nicht, das Zustandekommen des Paktes zu verhindern.

Retrospektiv können wir heute ganz deutlich schwerwiegende Folgen dieses Paktes feststellen:

1. Hitler konnte den Zweiten Weltkrieg unter den günstigsten Bedingungen entfesseln, weil er keinen Zweifrontenkrieg führen mußte.

2. Das Deutsche Reich konnte unbehindert den Polenfeldzug durchführen, dann das Gros seiner Streitkräfte (mehr als 90%) gegen Frankreich einsetzen und es niederwerfen. Damit sicherte es sich die Rückendeckung für den Rußlandfeldzug.

3. Die Sowjetunion war dabei nicht nur in der Lage eines außenstehenden Beobachters der Hitleraggression gegen die Völker Europas, sondern durchaus auch ein Mitbeteiligter. Sie hat Deutschland Rohstoffe und Nahrungsmittel geliefert und sogar der Wehrmacht Stützpunkte für die Kriegsführung zur Verfügung gestellt. Außerdem ging Stalin darauf ein, mit Hitler Osteuropa in Einflußsphären aufzuteilen.

4. Die internationale Arbeiterbewegung wurde irregeführt, und die Widerstandsbewegung stark beeinträchtigt.

5. Am Vorabend des Angriffs der Hitlerwehrmacht (1941) geriet

die Sowjetunion in eine völlige internationale und strategische Iso-
lation.

So schwer ist die Schuld Stalins an dem Abschluß dieses Paktes.
Man kann so gar nicht sagen, wo seine Fehlschläge endeten und
seine Verbrechen begannen. Indem er den Pakt unterzeichnete, ver-
urteilte er auch die Sowjetunion.

»Sind die da oben wahnsinnig geworden?«
Ein Weltkrieg wird verschoben

Die Nachricht vom Vertrag machte am 24. August schnell in ganz Europa die Runde. Premierminister Chamberlain rief das Parlament zu einer Sondersitzung aus den Ferien zurück. Warschau zeigte sich desinteressiert, blind für die durch den Pakt veränderte Lage. Die französische Regierung verhielt sich noch zurückhaltend. Daladier und Bonnet planten lediglich theoretisch militärische Reaktionen auf einen deutschen Einmarsch in Polen. Gleichzeitig aber versuchten sie, an die polnische Regierung zu appellieren, die Möglichkeit einer Lösung auf Verhandlungsebene offenzuhalten.

Professor Jacques Bariéty, Frankreich:

Daladier hatte Ende Juli 1939 die Verhandlungen mit den Sowjets den Militärs (General Doumenc) anvertraut, parallel mit den englischen Militärs. Er sagte damals wörtlich zu Doumenc: »Bringen Sie mir eine Allianz um jeden Preis mit zurück«, das hieß, falls notwendig auch ohne die Zustimmung Polens.

Die französische Regierung war unter Druck gesetzt, endlich mit den Sowjets einig zu werden, als sie Informationen über die geheimen Verhandlungen zwischen Moskau und Berlin erhielt. Sowohl die französische Regierung als auch die französische Militärdelegation waren von der Unterzeichnung des deutschsowjetischen Nichtangriffspakts völlig überrumpelt worden. Den

Militärs blieb nichts anderes übrig, als unter demütigenden Bedingungen nach Frankreich zurückzukehren. Es scheint, daß der französisch-sowjetische Pakt von 1935 in den Verhandlungen von 1939 keine Rolle mehr spielte.

Abgesehen von der verblüffenden Wirkung, hatte der Nichtangriffspakt vom 23. August 1939 keine sofortigen Konsequenzen auf das innere politische Leben der Franzosen. Um das zu verstehen, muß man bedenken, daß damals das geheime Zusatzprotokoll nicht bekannt war. Nur der erste Teil des Paktes, in dem man ja nur ganz allgemein von Frieden spricht.

Trotz des plötzlichen Umschwungs in der Politik war sich das ganze französische Volk bereits seit mehreren Monaten darüber im klaren, daß der Krieg unvermeidbar war.

Am 24. August um 13 Uhr flog die deutsche Delegation zurück nach Berlin. In gerade 24 Stunden war ein Vertrag zustande gekommen, der in der ganzen Welt Aufsehen erregte, ein diplomatischer Schnelligkeitsrekord. Wieder mußte die Delegation in Königsberg zwischenlanden – die Flugzeuge wurden aufgetankt, ein kurzer Imbiß eingenommen, dann ging es weiter nach Berlin. Wer wachsam war, wie Paul Schmidt, der Chefdolmetscher, konnte beobachten, daß zum Schutz der Condor-Maschine ein Jagdflugzeug als Begleitung abgestellt war – ein deutlicher Ausdruck der gewachsenen Spannungen. Mehrmals waren in der letzten Zeit zivile Maschinen von polnischer Flak beschossen worden.

In London trat in diesem Moment Chamberlain vor die Abgeordneten des Unterhauses. Er erklärte, die internationale Lage habe sich in den letzten Wochen derart verschlechtert, daß man heute vor einer unmittelbaren Kriegsgefahr stehe:

»Kein Thema ist mehr dazu geeignet, in einem Land Übelwollen zu erregen, als Erklärungen über die Mißhandlungen von

Menschen der eigenen Rasse in einem fremden Land. Dies ist ein Thema, welches das feuergefährlichste aller Materialien darbietet.«

Chamberlain spielte auf die deutschen Presseberichte zur Situation in Danzig an. Er fühle sich damit an die Vorgänge im letzten Jahr erinnert, als es um die Tschechoslowakei ging. Man registriere in England sehr wohl diese Kampagne mit Worten, aber mehr noch werde die verstärkte militärische Vorbereitung im Deutschen Reich registriert. Höhepunkt der Entwicklungen sei nun der deutsch-russische Nichtangriffspakt. Das alles aber, erklärte Chamberlain, würde die britische Haltung gegenüber den eigenen Bündnispartnern nicht ändern. Mit anderen Worten: Die britische Regierung hielt an ihrem Beistandsversprechen gegenüber Polen fest.

Zur selben Zeit trat Lord Halifax in seiner Eigenschaft als Außenminister vor das Oberhaus und hielt eine Rede ähnlichen Inhaltes wie die des Premiers. Ganz offensichtlich hatte die Nachricht vom deutsch-sowjetischen Pakt England nicht von Polen distanziert. Die britische Regierung stand vielmehr fester zu ihrem Versprechen als je zuvor. Gleichzeitig hatte Chamberlain damit Hitlers Brief vom Vortag beantwortet.

Professor Donald Cameron Watt, Großbritannien:

Schon am 22. August, als die Nachricht von Ribbentrops Besuch in Moskau bekannt wurde, trat das englische Kabinett zusammen und sagte, wir machen weiter. In Großbritannien gingen die militärischen Vorbereitungen unbeirrt weiter. Man war allgemein der Meinung: Wenn die Russen nicht mitmachen wollen, das zeigt nur, daß man kein Vertrauen zu den Kommunisten haben kann. Wir hatten schon immer kein Vertrauen zu Moskau, das hat Chamberlain immer gesagt. Auch die englische Linke, die englische Labourbewegung war sehr antikommunistisch, die Labour-Zeitung hat die schlechtesten Berichte über Stalin gedruckt. Aber im großen und ganzen hat der Pakt gar keinen Unterschied gemacht, und am 26. August haben die Engländer ihre Allianz mit Polen unterzeichnet. Es gab sogar noch einmal Hoffnung, als die Nachricht in London bekannt wurde über den Rückzug der deutschen Truppen von der deutsch-polnischen Grenze am Abend des 25. August. Das hatte die Regierung auf geheimdienstlichem Wege erfahren. Und in dem Augenblick hat man geglaubt, daß endlich die Abschreckungspolitik geklappt und die deutsche öffentliche Meinung entsprechend auf Hitler eingewirkt hätte. Aber das dauerte nur einen Tag.

Im Verlauf dieses Nachmittags verließ eine Gruppe ausgesuchter SS-Männer die SS-Fechtschule in Bernau bei Berlin. Seit Tagen hatten sie dort trainiert. Mit LKWs fuhren sie jetzt zu ihren vorbereiteten Quartieren an die deutsch-polnische Grenze in Oberschlesien.

Gegen 18 Uhr 45 landete die Maschine Ribbentrops auf dem Flughafen Berlin-Tempelhof. Hitler war schon vom Berghof nach Berlin zurückgekehrt. Freudig begrüßte er seinen erfolgreichen Außenminister. Der mußte berichten, kam wieder und wieder auf die freundschaftliche Aufnahme in Moskau zu sprechen. Er habe sich im Kreml so wohlgefühlt wie unter alten Parteigenossen. Und als hätte er nur noch auf die Rückkehr seines Paladins gewartet, gab der »Führer« noch am selben Abend den Startbefehl für den »Fall Weiß«: Beginn: 26. August, 4 Uhr 30.

Wie eine Ironie des Schicksals mutete es an, daß Papst Pius XII. fast gleichzeitig über Radio Vatikan einen eindringlichen Friedensappell an die Führer der Welt richtete. Er forderte die deutsche und polnische Regierung auf, die Spannungen durch direkte Verhandlungen zu beseitigen.

Der 25. August war ein Freitag. Schon in den frühen Morgenstunden machte sich in den Räumen der Reichskanzlei eine ungewohnte Hektik bemerkbar. Überall sah man Mitarbeiter Hitlers durch die Gänge eilen, an Schreibtischen arbeiten, telefonieren. In allen Zimmern wurden zusätzliche Telefonapparate installiert, der Fußboden war bedeckt von Schnüren. Berlin war an diesem Tag Mittelpunkt des Geschehens.

Zunächst wurde der Achsenpartner Italien über den gerade abgeschlossenen Vertrag informiert. In einem langen Brief setzte Hitler Mussolini darüber in Kenntnis. Gleichzeitig wies er darauf hin, daß ein Krieg gegen Polen jederzeit ausbrechen könne: »Niemand kann sagen, was die nächste Stunde bringt.«

In einem Telefonat mit der deutschen Botschaft in Rom gab Ribbentrop selbst den Inhalt des Briefes durch. Botschafter von Mackensen wurde beauftragt, die Note im Palazzo Venezia zu überreichen. Hitler erwartete, daß der *Duce* sich an der Lösung des polnischen Konflikts beteiligte.

Einige Stunden später mußte Dolmetscher Paul Schmidt dem »Führer« die wichtigsten Passagen aus der Rede Chamberlains vom Vortage übersetzen. So erfuhr Hitler, daß sich Großbritannien nach wie vor Polen gegenüber verpflichtet fühlte. Er reagierte sofort, indem er den britischen Botschafter Henderson in die Reichskanzlei zitierte.

Es war schon Mittag, Hitler war gerade beim Essen, als Henderson gegen 13 Uhr 15 gemeldet wurde. Beinahe eine Stunde dauerte die Unterredung, die mit der fast schon üblichen Einleitung Hitlers begann:

»Die polnischen Akte der Provokation sind unerträglich geworden, gleich, wer verantwortlich ist... Deutschland ist unter allen Umständen entschlossen, die mazedonischen Zustände an seiner Ostgrenze zu beseitigen, und zwar nicht nur im Interesse von Ruhe und Ordnung, sondern auch im Interesse des europäischen Friedens. Das Problem um den Korridor muß gelöst werden.«

Er befürchte, fuhr er fort, daß die Rede Chamberlains vor dem
Unterhaus, das hieß seine erneute Fürsprache für Warschau, zu
einem Krieg zwischen England und Deutschland führen könne.
Dabei allerdings würden die Engländer den kürzeren ziehen.

Dann schlug er unvermittelt andere Saiten an: Ihm sei doch
eigentlich schon immer an einer Freundschaft zwischen England
und dem Deutschen Reich gelegen gewesen. Er bejahe das britische Imperium und sei bereit, dessen Bestand persönlich zu
garantieren, wenn 1. seine kolonialen Forderungen Erfüllung
fänden, 2. die Verpflichtungen gegenüber Italien nicht berührt
würden und man 3. akzeptierte, daß er nie wieder mit Rußland in
einen Konflikt treten wolle. Sofort »nach Lösung der deutsch-
polnischen Frage« würde er mit einem entsprechenden Angebot
offiziell an die britische Regierung herantreten.

Mit englischer Zurückhaltung versuchte Henderson, Hitlers
Redefluß zu unterbrechen. Er betonte, diese gerade vorgetra-
genen Vorschläge könnten nach einer friedlichen Regelung des
Konflikts Diskussionsgrundlage für ein Gespräch sein.

Die »friedliche Lösung auf diplomatischem Wege«, die der britische Diplomat angesprochen hatte, war für Hitler nicht mehr interessant. Er betonte erneut, die deutsch-englische Zusammenkunft könne erst nach der Lösung des Konflikts in Angriff genommen werden.

Henderson blieb ruhig, auch wenn er bemerkte, daß Hitler die
Formulierung »nach Lösung« anders definierte als er selbst. Er
bewahrte bewundernswerte Zurückhaltung, obwohl Hitlers Aus-
führungen eigentlich einer Beleidigung Englands gleichkamen.
Was sollte das heißen: Der deutsche Reichskanzler garantiere die
Zukunft des britischen Weltreiches? Wie kam er dazu, für den
Bestand der damals führenden Großmacht zu garantieren?
Diese Überheblichkeit wirkte um so mehr, als er seine Verpflich-
tungen gegenüber Italien und der Sowjetunion nicht berührt wis-
sen wollte. Henderson erwies sich als ein wirklicher Diplomat. Er

überhörte diese Attacken, verabschiedete sich allerdings mit einem unguten Gefühl.

Dolmetscher Paul Schmidt wurde anschließend beauftragt, die Ausführungen Hitlers ins Englische zu übersetzen. Er tat dies in Eile und brachte den Text in die britische Botschaft. Henderson zeigte sich überrascht, als er Schmidt so schnell wiedersah. Sein Erstaunen wurde größer, als der Chefdolmetscher ihn im Auftrag Hitlers bat, diese Erklärung sofort an seine Regierung weiterzuleiten. Er bot ihm ein deutsches Sonderflugzeug an, das ihn am frühen Morgen des nächsten Tages nach London bringen sollte. Ein weiteres Indiz für Hitlers Haßliebe zu England? Henderson wählte allerdings den üblichen Weg und telegrafierte den Inhalt der Unterhaltung an das *Foreign Office* in London.

In den Räumen der Reichskanzlei machte sich unterdessen nervöse Unruhe breit. Noch immer wartete man auf die Reaktion Mussolinis. Hitlers Brief hatte er schon lange erhalten. Der »Führer« wies einen seiner Adjutanten an, telefonisch Graf Ciano oder Mussolini selbst zu erreichen. Doch die waren im Moment nicht zu sprechen. Es hieß, sie seien beide am Strand.

Für Hitler liefen die Zeiger der Uhr zu schnell. Sollte ein Angriff wie geplant am kommenden Tag starten, so mußte er bald den Befehl dazu ausgeben. Um 15.02 Uhr erschien er an der Tür seines Arbeitszimmers. Mit ruhiger, leiser Stimme gab er seinen Adjutanten die Weisung für den Start der Aktion gegen Polen. Die leiteten den Befehl weiter an das Oberkommando der Wehrmacht in der Bendlerstraße. Das Unheil nahm seinen Lauf.

Der Anruf löste in ganz Deutschland militärische Aktivitäten aus: Hunderttausende von Soldaten wurden in Bewegung gesetzt; Artillerieeinheiten bezogen ihre Stellungen vor der polnischen Grenze; Kriegsschiffe aller Kategorien liefen aus; in den Fliegerhorsten wurden Bomber- und Jagdstaffeln einsatzbereit gemacht.

Gleichzeitig wurden alle Verkehrsflughäfen geschlossen. In Berlin wurden die Telefonverbindungen ins Ausland gesperrt, ausländische Militärattachés durften ohne Erlaubnis des OKW Berlin nicht mehr verlassen.

In ihren provisorischen Quartieren an der deutsch-polnischen Grenze erhielten die SS-Männer in den frühen Nachmittagsstunden den Befehl: »Erste und zweite Alarmstufe des ›Unternehmen Tannenberg‹.«

Zur selben Stunde, als in London Hendersons Bericht über seine Unterredung mit dem »Führer« eintraf, sprach der schwedische Industrielle Birger Dahlerus bei Lord Halifax vor. Dies war ein weiterer deutscher Annäherungsversuch auf eher inoffizieller Ebene: Dahlerus war von Göring, der ihn schon länger kannte, mit Hitlers Erlaubnis nach London geschickt worden. Er sollte seine privaten und geschäftlichen Verbindungen für einen Kontakt zwischen der englischen und deutschen Regierung einsetzen. Göring, der zweite Mann im Deutschen Reich, mißtraute den Aktivitäten des Auswärtigen Amtes und verließ sich lieber auf die Vermittlung des Schweden. Birger Dahlerus selbst war von seiner diplomatischen Mission überzeugt. Er glaubte fest, mit seinem »letzten Versuch« einen Krieg verhindern zu helfen.

Auch in Polen war die Gelassenheit vom Morgen gewichen; nicht Hitlers wegen, sondern wegen der Rede Chamberlains im Unterhaus. Trotz aller britischen Beteuerungen wartete Oberst Beck noch immer auf den Abschluß eines offiziellen Beistandspaktes.

Gegen 16 Uhr traf das deutsche Linienschiff »Schleswig-Holstein« in der Bucht vor Danzig ein und ankerte gegenüber der Westerplatte. Die Besatzung wurde von der deutschen Bevölkerung begeistert empfangen.

In Moskau brach die englisch-französische Militärdelegation auf, um die Heimreise anzutreten. Untergeordnete sowjetische

Generale hatten mitgeteilt, die gemeinsamen Verhandlungen
seien beendet. Marschall Woroschilow, der Leiter der sowjetischen Delegation, hielt es nicht für nötig, seine Gesprächspartner
selbst davon zu unterrichten. Auf eine Rückfrage erhielten
Engländer und Franzosen die Mitteilung, der sowjetische General befinde sich auf Entenjagd.

In der Reichskanzlei wartete Hitler in diesen Minuten auf den
Besuch des französischen Botschafters, der sich für den späten
Nachmittag angemeldet hatte. Um 17 Uhr aber kam statt Coulondre eine Mitteilung aus dem Pressebüro, England habe mit
Polen einen offiziellen Beistandspakt unterzeichnet. Hitler war
betroffen. Er blieb an seinem Schreibtisch sitzen und grübelte.
Bis jetzt hatte er gehofft, mit dem deutsch-sowjetischen Nichtangriffspakt einen Keil zwischen England und Polen zu treiben.
Auch seine Annäherungsversuche gegenüber Henderson waren
also vergebens gewesen. Anscheinend hatte er vergessen oder
verdrängt, daß die britische Garantie ja zumindest verbal schon
seit dem 31. März bestand.

In dieser Stimmung fand Coulondre Hitler vor, als er gegen 17
Uhr 30 das Arbeitszimmer des »Führers« betrat. Hitler überfiel
ihn mit dem üblichen Wortschwall: Anschuldigungen gegen Polen, eine Beschreibung der »mazedonischen Zustände« an der
Ostgrenze, die nun eine gewaltsame Lösung nötig machten. Gegen Frankreich aber »hege ich keine feindseligen Gefühle;
ich habe persönlich auf Elsaß-Lothringen verzichtet und die
deutsch-französische Grenze anerkannt. Ich will keinen Konflikt
mit Ihrem Land … Infolgedessen ist mir der Gedanke, daß ich Polens wegen mit Frankreich kämpfen müßte, außerordentlich
schmerzlich.«

Mit erhobener Stimme fuhr er fort: »Ich werde Frankreich
nicht angreifen, aber wenn es in den Konflikt eingreift, so werde
ich bis zum Ende gehen … Ich glaube, ich werde siegen. Sie glauben, Sie werden siegen; eines aber ist gewiß: vor allem wird deut-

45 Hitler in weißer Prunkuniform bei einer Begegnung mit dem italienischen
Außenminister Graf Ciano; rechts: von Rippentrop.

46 Der Schweizer Historiker Carl Jacob Burckhardt war 1939 der für Danzig zuständige Kommissar des Völkerbundes.

47 Burckhardts schärfster Gegenspieler war der deutsche Gauleiter Forster (links in dunkler Uniform Senatspräsident Greiser). Hier während einer großen Kundgebung auf dem Langen Markt (10. August 1939).

48 Immer wieder kam es zu provozierten Unruhen an den deutschpolnischen Grenzen. Angehörige der Danziger Heimwehr auf Wachposten an der gesperrten Grenze.

49 Im ganzen Reich werden jetzt schon Lebensmittelkarten gedruckt, die schon eine Woche nach Kriegsbeginn ausgegeben wurden und dann 10 Jahre lang im Leben der deutschen Bevölkerung eine zentrale Rolle spielten.

50 Der Oberbefehlshaber der polnischen Streitkräfte, General Rydz-Smigly, rechnete mit einem schnellen Einmarsch seiner Truppen in Deutschland.

51 (linke Seite) Karte mit dem genauen Grenzverlauf der beiden Interessensphären quer durch Polen, versehen mit den Unterschriften Stalins und von Ribbentrops.

52 (links) Der deutsche Außenminister von Ribbentrop bei der Unterzeichnung des Nichtangriffspaktes in Moskau am 23. August 1939. Im Hintergrund links Molotow, rechts Stalin.

53 Das geheime Zusatzabkommen vom 23. August 1939, dessen Existenz in diesem Buch zum ersten Mal von einem sowjetischen Wissenschaftler (Prof. Daschitschew) zugegeben wird. Bislang wurde dieses Zusatzabkommen von sowjetischer Seite strikt geleugnet. Es regelt die Aufteilung Polens und die Besetzung der baltischen Staaten durch die UdSSR und trägt die Unterschriften von Molotow und von Ribbentrop.

54 Papst Pius XII. bei seinem Friedensappell am 24. August 1939.

55 (unten) Der schwedische Industrielle Birger Dahlerus bemüht sich auf Betreiben Görings um Vermittlung zwischen England und dem Reich.

56 (rechte Seite) Am 1. September, etwa um 10 Uhr vormittags, erklärte Hitler vor dem Reichstag, daß ab 5.45 Uhr gegen die polnischen Überfälle »zurückgeschossen« werde. Ohne das Wort »Krieg« zu erwähnen, löst er eine Aktion aus, die der Welt den schlimmsten Krieg aller Zeiten bescheren wird.

57 und 58 Kurz vor 5 Uhr eröffnete am 1. September 1939 das deutsche Linienschiff
»Schleswig-Holstein« das Feuer auf die polnische »Westerplatte« (oben). Gleichzeitig
reißen deutsche Soldaten von der Ostsee bis zum Erzgebirge polnische Schlagbäume
aus der Verankerung (unten). Der 2. Weltkrieg hat begonnen.

sches und französisches Blut, das Blut zweier gleich tapferer Völker, fließen. Ich wiederhole nochmals, es bedrückt mich sehr, annehmen zu müssen, daß wir soweit gekommen sind. Sagen Sie das bitte Herrn Daladier von mir!«

Hitler wollte sich mit diesen Worten von Coulondre verabschieden, als der statt eines Grußwortes eindringlich seine Stimme hob:

»Ich gebe Ihnen mein Soldatenehrenwort, daß ich nicht im geringsten daran zweifle, daß Frankreich Polen, falls es angegriffen würde, mit seinen Streitkräften zur Seite stehen wird. Ich gebe Ihnen aber auch mein Ehrenwort dafür, daß die Regierung der Republik bis zum letzten Augenblick alles tun wird, was in ihrer Macht steht, um den Frieden zu wahren.«

Coulondre ließ Hitler wissen, daß Frankreich nach Wegen für eine friedliche Lösung des Konflikts suche. Er wolle auf die polnische Regierung einwirken, vorsichtig zu sein, sich zurückzuhalten. Letztendlich wollte er den deutschen Reichskanzler dafür gewinnen, sich mit Polen am Verhandlungstisch zu einigen. Hitler aber erwiderte kurz und bündig: »Ich glaube sogar, daß Männer wie Beck gemäßigt sind, aber sie sind nicht mehr Herr der Lage.«

Coulondre gab nicht auf. Er glaube zwar an einen Sieg Frankreichs, sagte er, doch die Verheerungen eines Krieges brächten nur Elend mit sich. Am Ende gäbe es nur einen Sieger, Herrn Trotzki. Hitler fiel ihm ins Wort und rief:«Warum hat man dann den Polen einen Blankoscheck gegeben?« Erneut hielt er dem französischen Botschafter die Ausschreitungen gegenüber den Deutschen in Polen vor, doch bevor Coulondre darauf eingehen konnte, verabschiedete er ihn mit den Worten: »Der Gedanke, daß ich gegen Ihr Land zu kämpfen hätte, bedrückt mich sehr. Aber das hängt nicht von mir ab. Ich bitte Sie, dies Herrn Daladier mitzuteilen.«

Henderson gegenüber hatte er am Nachmittag einen Annäherungsversuch unternommen. Die Taktik gegenüber Coulondre war eine andere. Hitler stellte sich als den unschuldig Angegriffenen dar. Wer auch immer dem Angreifer zu Hilfe käme, machte sich damit mitschuldig. Mit anderen Worten: Wenn es zu einem Krieg zwischen Frankreich und Deutschland kommen sollte, war Frankreich dafür verantwortlich. Das Ziel dieser Strategie war eindeutig: Hitler wollte die Franzosen von ihrem Versprechen gegenüber Polen abbringen.

Die Unterredung mit Coulondre war für ein Gespräch dieser Bedeutung unüblich kurz. Anscheinend wirkte die Nachricht aus London noch immer nach! Hitler war verunsichert.

Coulondre hatte sich gerade verabschiedet, als Italiens Botschafter Attolico ohne Beachtung jeglicher Etikette in Hitlers Arbeitszimmer stürmte. Er brachte die lang ersehnte Antwort aus Rom: Wenn Deutschland Polen angreifen würde und der Konflikt lokalisiert bliebe, würde Italien Deutschland jede Form von politischer und wirtschaftlicher Hilfe, nach der es verlangte, angedeihen lassen. Aber:

»Wenn Deutschland Polen angreift und dessen Bundesgenossen einen Gegenangriff gegen Deutschland eröffnen, gebe ich Ihnen im voraus zur Kenntnis, daß es opportun ist, wenn ich nicht die Initiative von kriegerischen Handlungen ergreife angesichts des gegenwärtigen Standes der italienischen Kriegsvorbereitungen, die wir wiederholt und rechtzeitig Ihnen, Führer, und Ribbentrop mitgeteilt haben. Unsere Intervention kann indessen unverzüglich stattfinden, wenn Deutschland uns sofort das Kriegsmaterial und die Rohstoffe liefert, um den Ansturm auszuhalten, den die Franzosen und Engländer vorwiegend gegen uns richten werden.«

Auch die einleitenden Glückwünsche zum Abschluß des deutsch-sowjetischen Nichtangriffspaktes konnten nicht darüber hinwegtäuschen, daß Mussolini dem »Führer« eine regelrechte Abfuhr erteilt hatte. Die lang ersehnte Antwort aus Italien schlug in der Reichskanzlei wie eine Bombe ein – zu sicher hatte man sich geglaubt, daß Italien seine Unterstützung zusagen würde.

Dabei hätte Hitler mit dieser Absage rechnen müssen. Wiederholt hatte Rom darauf aufmerksam gemacht, daß es für eine militärische Auseinandersetzung noch nicht gerüstet sei. Zuletzt hatte Ciano bei seinem Besuch in Berchtesgaden auf die italienische Schwäche hingewiesen. Auf dieses Treffen bezog sich Mussolini in seinem Brief. Seine Antwort war daneben auch ein sichtbarer Ausdruck seiner eigenen Schwäche. Er hatte lange mit sich gekämpft, bis er sich zu dieser Entscheidung durchrang. Das entsprach ganz seiner Mentalität: einem Hin und Her auf der »Gefühlsschaukel«, wenn es um Deutschland ging. Einmal zeigte er sich wild entschlossen, sich nicht an einem Krieg Hitlers zu beteiligen. Dann aber wieder gebot es ihm seine Ehre, für Deutschland zu marschieren. An einem Tag wollte er sich von Deutschland trennen, am nächsten erkannte er, daß er an der Seite Deutschlands seinen Machtbereich durchaus erweitern konnte. Auch an diesem 25. August hatte er noch gegen 15 Uhr 30 dem deutschen Botschafter von Mackensen seinen bedingungslosen Beistand zugesichert. Dann aber entschied er sich anders. Nicht zuletzt Graf Ciano machte seinen Einfluß auf den *Duce* geltend, um seinen Schwiegervater von Hitler zu entfernen.

Hitler war zutiefst enttäuscht. Eisige Kälte strahlte er aus, als Attolico sein Arbeitszimmer verließ. Empört rief er: »Die Italiener machen es wie 1914!«

Dann aber reagierte er ganz und gar ungewöhnlich. Er ließ Generaloberst Keitel kommen und rief ihm bei seinem Eintreffen entgegen: »Sofort alles anhalten!«

Hitler widerrief den Angriffsbefehl auf Polen. Keitel traute seinen Ohren nicht: Wie sollte diese riesige Maschinerie wieder gestoppt werden? Dennoch stürzte er zum Telefon und versuchte, von Brauchitsch, den Oberbefehlshaber des Heeres, zu er-

reichen. Der sei schon mit seinem Gefechtsstand auf dem Weg
nach Zossen, war die Antwort. Von Brauchitsch war also schon
auf dem Vormarsch, die Zeit lief davon. Fieberhaft wurde der
Oberbefehlshaber gesucht. Hitler lief nervös in seinem Arbeitszimmer auf und ab.

Um 19 Uhr traf von Brauchitsch endlich in der Reichskanzlei
ein. Man hatte ihn doch noch in Berlin angetroffen. Der »Führer«
gab ihm resigniert seine Entscheidung bekannt, der Generaloberst leitete sie unverzüglich weiter. Kurz darauf rief Generalmajor Jodl im Hauptquartier des Oberkommandos in Zossen an.
Der erste Generalstabsoffizier der Operationsabteilung fragte
ihn:

»Was gibt es noch, Herr General?«

Generalmajor Jodl: »Der Führer läßt fragen, ob die Bewegungen noch angehalten und bis zum Tagesanbruch wieder in die
Ausgangsräume zurückgeführt werden können.«

Offizier: »Ja, was ist denn nun los?«

Generalmajor Jodl: »Die Engländer haben sich noch einmal
eingeschaltet.«

Offizier: »Ob es noch möglich sein wird, kann ich im Augenblick noch nicht sagen. Es hängt von den Nachrichtenverbindun-
gen ab. Ich muß zuerst mit Fellgiebel sprechen.«

Generalmajor Jodl: »Gut. Rufen Sie aber gleich wieder an!«

Der erste Generalstabsoffizier brach das Gespräch ab und
wählte eine neue Nummer:

»Bitte nicht erschrecken, Herr General! Anfrage des Führers,
ob die Bewegungen noch angehalten werden können.«

Der Chef des Nachrichtenwesens, Generalleutnant Fellgiebel,
konnte es kaum fassen:

»Sind die da oben wahnsinnig geworden? Das nenne ich, das
Spiel zu weit getrieben. Man kann doch eine solche Riesenfront
nicht wie ein Bataillon kommandieren! – Garantieren kann ich
für die äußersten Flügel in der Slowakei und Ostpreußen nicht

mehr. Ob ich dorthin die Verbindungen so rasch bekomme, weiß ich nicht. An der übrigen Front wird es wohl gehen.«

Offizier:

»Vielen Dank. Ich gebe gleich endgültigen Bescheid.« Daraufhin versuchte er, wieder Generalmajor Jodl zu erreichen:

»Verbinden Sie mich mit General Jodl. – Bis auf die Kräfte an den äußersten Flügeln ist es möglich, Herr General.«

Generalmajor Jodl:

»Geben Sie den Befehl! Fellgiebel soll alles versuchen!«

Und das Unmögliche wurde möglich gemacht: Der gigantische Kriegsapparat kam zum Stillstand. Selbst die Vorauseinheiten im Süden, die schon an der polnischen Grenze standen, wurden durch den Einsatz eines Aufklärungsflugzeuges gestoppt, das einfach auf der Straße landete.

Das »Unternehmen Tannenberg« wurde zur selben Zeit telefonisch gestoppt. Erst nach einigen Mißverständnissen konnten die ausgerückten SS-Männer in ihre Quartiere zurückgeholt werden. Kurz danach ließ Hitler bei Mussolini anfragen, was er benötige, um kriegsbereit zu sein.

Freitag, der 25. August – es war Hitlers Schwarzer Freitag.

Professor Eberhard Jäckel, Bundesrepublik Deutschland:

Hitler offenbarte oft eine eigentümliche Mischung aus wilder Entschlossenheit und ratlosem Zaudern. Aber man kann in seinen Kopf nicht hineinschauen, um genau zu erfahren, was in diesen Tagen und Stunden darin vorging, und man braucht es auch nicht. Man braucht sich nur seine objektive Lage vorzustellen, um seine subjektive Verhaltensweise zu verstehen.

Er wußte genau, was er wollte, nämlich einen Krieg gegen Polen, der der Auftakt zu einem Eroberungskrieg gegen die Sowjetunion sein sollte. Aber er wußte nicht genau, wie er dieses Ziel erreichen konnte. Einst hatte er geglaubt, er könne England

überreden, ihm freie Hand im Osten zu gewähren. Dann würde er
Frankreich schlagen, und danach, mit oder gegen Polen, nach Rußland marschieren. Aber England war nicht zu überreden gewesen
und nicht einmal bereit, ihn nach Polen marschieren zu lassen. Damit drohte die Gefahr eines Zweifrontenkrieges. Dagegen erhob
sich innerer Widerstand, und als auch Göring, der zweite Mann im
Staate, Bedenken anmeldete, und Italien nicht mitmachen wollte,
wich Hitler zurück.

Seine Lage war ja schon vorher schwierig gewesen. Dann hatte
er den Pakt mit Stalin geschlossen und glaubte, damit Polen isoliert
zu haben. Doch seine Versicherung, nun würden die Westmächte
nicht eingreifen, fand keinen Glauben. Die Westmächte beschwo-
ren geradezu, sie meinten es ernst. Der Pakt mit der Sowjetunion
hatte das Risiko eines Zweifrontenkrieges nicht beseitigt. Es ging
darum, dieses Risiko zu beseitigen und noch einmal auszuloten, ob
man nicht ein zweites München erreichen konnte. Hitler gewährte
einen kurzen Aufschub, in der Hoffnung, daß der Vermittlungs-
versuch scheitern würde, und dann gelang es ihm endlich, gegen
alle Bedenken den Krieg zu entfesseln.

»Ich habe immer va banque gespielt«

Letztes Ringen um den Frieden

Der 26. August begann mit einem ungewöhnlichen Aufbruch: Henderson machte von dem Angebot Hitlers Gebrauch und flog mit einer deutschen Sondermaschine nach London. Dort wollte er persönlich Hitlers Stellungnahme vortragen.

Auch in Paris war man zu diesem Zeitpunkt schon aktiv. Seit 7 Uhr saß der französische Ministerpräsident hinter seinem Schreibtisch im Elysee-Palast und entwarf einen Brief an Hitler. Er war noch müde, hatte in der Nacht zuvor kaum geschlafen. Ein Grund dafür war die Unruhe in den Straßen von Paris gewesen. Fortwährend sammelten sich Militärkolonnen und zogen in Richtung Osten. Auch jetzt hallten die stillen Straßen wider von den Schritten der Reservisten, die dem Einberufungsbefehl folgten und in die Kasernen zogen. Der wesentliche Grund für Daladiers Unruhe lag aber in seiner Überlegung, wie er Hitler gegenüber reagieren sollte. Sein Botschafter in Berlin hatte ihn über Bonnet von der Unterredung mit dem »Führer« unterrichtet. Um Mitternacht war der Bericht im Außenministerium eingegangen. Ihm folgten weitere, in denen Coulondre mitteilte, daß er sich mit dem polnischen Botschafter Lipski getroffen und mit ihm über die beste Lösung zur Entspannung diskutiert habe: Beide erwogen einen Bevölkerungstransfer in den deutsch-polnischen Grenzgebieten, nach dem Vorbild der deutsch-italienischen Lösung im Falle Südtirols.

Jetzt, am frühen Morgen, brütete Daladier über den richtigen

Worten. Er wies Hitlers Anschuldigung zurück, daß Frankreich
für einen zukünftigen kriegerischen Konflikt verantwortlich sei.
Vielmehr betonte er, »daß das Schicksal des Friedens nur noch in
Ihren Händen liegt«.

Daladier schlug vor, sich gemeinsam um eine friedliche Lösung des Problems zu bemühen. Er glaube, daß es in bezug auf
Danzig zwischen Polen und Deutschland keine Differenzen gäbe,
die nicht in einem friedlichen Verfahren bereinigt werden könnten. Für alle Fälle aber betonte der französische Ministerpräsident erneut, daß er solidarisch zu Polen stehe. Er erinnerte Hitler an die gemeinsamen Fronterlebnisse des letzten Krieges und
gab zu bedenken, daß ein neuer Krieg viel schlimmere Verwü-
stungen und Zerstörungen nach sich zöge. Mehr wollte Daladier
nicht sagen. Er übergab den handschriftlich abgefaßten Brief seinem Außenminister, der ihn nach Berlin weiterleiten sollte.

Im *Foreign Office* in London empfing der britische Außenminister um 11 Uhr erneut den von Göring geschickten Dahlerus.
Der Schwede versuchte Lord Halifax davon zu überzeugen, daß
Göring in dieser äußerst ernsten Lage der einzige Mensch im
Deutschen Reich sei, der einen Krieg verhindern könne. Der britische Außenminister müsse deshalb Göring in einem Brief bestätigen, daß England ernsthaft zu einer friedlichen Lösung kommen wolle. Mit einem solchen Schreiben in der Hand könnte
Göring beruhigend auf die erregte Stimmung in Berlin einwirken.

Halifax unterbrach das Gespräch, eilte zu Chamberlain und
versicherte sich der Zustimmung seines Premiers. Kurz darauf
schickte er Dahlerus zurück mit der schriftlichen Bitte an den
Generalfeldmarschall, er möge all seinen Einfluß für eine friedliche Regelung des Konflikts geltend machen.

In Berlin herrschte an diesem Morgen wieder eifrige Geschäftig-
keit. Gegen 13 Uhr 30 betrat der italienische Botschafter Attolico
die Reichskanzlei. Er übergab Hitler einen Brief Mussolinis, in
dem der *Duce* seinen Bedarf an Materialien auflistete, die er
bräuchte, um mit Hitler in einen Krieg zu ziehen. Diese Liste
hatte Mussolini am Morgen zusammen mit seinem Außenminister und den Generalstabschefs des Heeres, der Marine und der
Luftfahrt zusammengestellt. In der Einleitung stellte er fest, daß
es sich bei dieser Aufstellung um das Mindeste handele, das Italien benötige, um einen Krieg von 12 Monaten durchzuhalten.
Von einer längeren Dauer war gar nicht erst die Rede. Die Liste
enthielt einen Bedarf an Rohstoffen von insgesamt 18 143 000
Tonnen! Darunter befanden sich unter anderem die Wünsche
nach »6 Millionen Tonnen Kohle für Gas und die Eisenindustrie,
2 Millionen Tonnen Stahl, 7 Millionen Tonnen Mineralöle, 1 Million Tonnen Holz«.

Das allein aber reichte dem *Duce* noch nicht. Er erklärte Hitler, daß er ja auch seine industriellen Anlagen schützen müsse, in
denen für den Krieg produziert werde. Dafür brauche er sofort
150 Stück 90er Geschütze mit entsprechender Munition. Das
hieß nichts anderes, als daß er noch 150 Flakbatterien benötigte.
Um das Maß voll zu machen, bestellte Italien auch eine Ausrüstung an Maschinen, die ihm helfen sollten, die Kriegsproduktion
zu beschleunigen.

Mussolini muß sich darüber im klaren gewesen sein, was er da
von Hitler forderte. Er beteuerte deshalb, Italien hätte diese Liste
nicht schicken müssen, wenn der deutsche Reichskanzler nicht
von den Abmachungen abgewichen wäre. Die besagten eindeutig, daß gemeinsame militärische Aktionen frühestens in drei Jahren in Angriff genommen werden könnten. Mussolini beendete
seinen Brief mit eindeutigen Worten:

»Ohne die Zusicherungen dieser Lieferungen habe ich die
Pflicht, Ihnen zu sagen, daß die Opfer, zu denen ich das italieni-

sche Volk aufrufen würde – gewiß, daß man mir gehorchen würde –, nutzlos sein und mit meiner Sache auch die Ihre kompromittieren könnten.«

Die italienische Materialforderung war derart umfassend, daß sie nur eines bedeuten konnte: Italien wollte jetzt nicht in einen Krieg ziehen. Graf Ciano hatte nach dem Entwurf des Briefes in seinem Tagebuch notiert: »Das reicht, um einen Stier umzulegen – sofern ein Stier lesen kann.«

Erneut hatte Hitler eine deutliche Absage seines italienischen Bündnispartners erhalten, wenn auch diplomatisch kaschiert. Doch er hatte das Ausweichmanöver richtig verstanden. Wie am Nachmittag zuvor hallten die Räume wider von Schimpfkanonaden über das untreue Italien – über Mussolini fiel allerdings kein Wort. Schließlich diktierte der »Führer« eine Antwort an seinen Bundesgenossen. Er bezog zu jedem einzelnen Posten auf der Materialliste Stellung und wog ab, was Deutschland liefern könne und was zu liefern unmöglich sei. Einer Befriedigung all dieser Wünsche stand allerdings etwas Grundsätzliches im Weg:

»Botschafter Attolico teilte mit, ... daß alle Stoffe vor Beginn der Feindseligkeiten in Italien sein müßten. Dies, Duce, ist organisatorisch und verkehrstechnisch nicht zu lösen.«

So lehnte Hitler die Erfüllung der italienischen Wünsche ab. Wenn Italien nicht an einem Krieg teilnehmen konnte, so wollte Hitler Mussolini doch wenigstens dafür gewinnen, »die mir in Aussicht gestellte Bindung englisch-französischer Kräfte durch eine aktive Propaganda und geeignete militärische Demonstrationen herbeiführen zu wollen«.

Das war eine Minimalforderung: die Geheimhaltung des italienischen Rückziehers nach außen und gleichzeitig ein wenig italienisches Säbelrasseln. Eines aber wurde mit diesem Brief deutlich: Hitler wollte Polen im Alleingang überfallen. Italien konnte fortan nichts mehr erwarten. Schon um 15 Uhr wurde Hitlers Brief telefonisch nach Rom übermittelt.

Unterdessen zogen noch immer Truppen in die Befestigungs-
werke des Westwalls ein. Auf den Autobahnen im ganzen Reich
herrschte bereits seit den frühen Morgenstunden lebhafter Verkehr. Aufgeschreckt durch die Nachrichten der letzten Stunden,
unterbrachen viele Deutsche ihren Urlaub, um nach Hause zurückzukehren. Die Heimreise gestaltete sich als überaus schwierig: An den Tankstellen war das Benzin bereits rationiert, die
Zugverbindungen wurden eingeschränkt. Die Stimmung in der
Bevölkerung schlug immer mehr in reine Kriegsangst um.

Im Verlauf des Nachmittags sagte Hitler offiziell den »Reichsparteitag des Friedens« ab. Er war für den 2. bis 11. September
terminiert. Hitler selbst hatte ihn als einen Parteitag »des Friedens« geplant. In aller Deutlichkeit wollte er vor der Welt demonstrieren, daß Deutschland nicht daran denke, andere Völker
anzugreifen. Das aber war nun hinfällig.

Fast gleichzeitig wurde auch die »Tannenberg-Feier«, vorgesehen für den 27. August, abgesagt. Zum Gedenken an den
deutschen Sieg über Rußland im August 1914 hatte Hitler alle
deutschen Tannenbergveteranen zu einem Staatsakt am Tannen-
berg-Denkmal in Ostpreußen eingeladen. Seit Ende Juni liefen
die Vorbereitungen für die Feier zum 25. Jahrestag der Schlacht.
100 000 Teilnehmer wurden erwartet. Tausende befanden sich
jetzt schon auf dem Weg nach Ostpreußen. Sie mußten unter
allen Umständen aufgehalten werden. Ihr Aufmarsch in Ostpreußen würde in der momentanen Situation zu einem Eklat
führen.

Gegen 19 Uhr traf Coulondre mit dem Brief seines Ministerpräsidenten in der Reichskanzlei ein. Während der Lektüre veränderte sich Hitlers Stimmung. Nachdenklich musterte er den
Botschafter und bemerkte, die Dinge seien mittlerweile schon zu
weit gediehen. Coulondre wies diese Einschätzung der Situation
zurück. Nichts sei so weit, daß es nicht verändert werden könnte:

»Lassen Sie doch nicht das Blut der Soldaten, nicht das der Frauen und Kinder fließen, ohne sich vergewissert zu haben, daß es unvermeidlich ist«, gab er zu bedenken – und appellierte an Hitler:

»In dieser entscheidenden Stunde stehen Sie, Herr Reichskanzler, vor dem Richterstuhl der Geschichte; sie wird ihr Urteil sprechen, je nach der Entscheidung, die Sie treffen werden.«

Hitler murmelte leise: »Ach, die Frauen und Kinder. Daran habe ich oft gedacht.«

Coulondre wußte nicht abzuschätzen, was hier Schauspielerei oder ehrliche Antwort war. Er hatte den Eindruck, daß Hitler schon längst zu allem entschlossen war. Dennoch äußerte er voller innerer Bewegung, daß er selbst noch nicht die Hoffnung aufgegeben habe.

Nach etwa einer Stunde verließ er die Reichskanzlei und telegrafierte den Verlauf seines Besuches nach Paris. Außerdem stellte er ein Antwortschreiben des »Führers« an Daladier in Aussicht.

Zum dritten Mal an diesem Tag gab Hitler Order, den Reichstag einzuberufen – zum dritten Mal wurde diese Weisung Minuten später wieder zurückgezogen.

Zur selben Stunde landete Dahlerus in Berlin. Ein Chauffeur aus dem Stabe Görings holte ihn ab und brachte ihn zu seinem Chef, der sich seit diesem Morgen in einem Sonderzug-Hauptquartier in Friedrichswalde bei Berlin aufhielt. Nachdem Dahlerus ihn über seine Gespräche in London informiert hatte, fuhren beide in die Reichskanzlei, fanden den »Führer« aber dort nicht mehr vor. Dahlerus zog sich in das Hotel Esplanade zurück. Aber kurz darauf holte Göring ihn wieder ab, und die beiden fuhren noch einmal in die Neue Reichskanzlei.

Zu Birger Dahlerus' Überraschung wurden sie jetzt, kurz vor Mitternacht, mit ungewöhnlichem Pomp empfangen: Trommelwirbel, präsentierte Gewehre, Ehrengeleit ins Zimmer des »Führers«. Trotz der späten Stunde erging sich Hitler in einem zwanzigminütigen Begrüßungsmonolog über die deutsch-englische Verständigung. Dann aber kam er zur Sache:

»Herr Dahlerus, Sie kennen England so gut. Können Sie mir die Ursache meines ständigen Mißerfolges, mit England übereinzukommen, erklären?«

Dahlerus antwortete unumwunden, daß die Schwierigkeiten seiner Meinung nach »in einem Mangel an Vertrauen in Sie persönlich und Ihre Regierung begründet sind«.

Nach einer kurzen Pause drängte Hitler den Schweden, sofort wieder nach London zu reisen, um folgendes mitzuteilen:

»1. Deutschland wünscht einen Pakt oder ein Bündnis mit England.

2. England soll dabei helfen, daß Deutschland Danzig und den Korridor erhält.

3. Im Gegenzug verpflichtet sich Deutschland, die Grenzen Polens anzuerkennen.

4. Über die Kolonien Deutschlands soll ein Abkommen getroffen werden.

5. Für die Behandlung der deutschen Minderheiten sollen in Polen ausreichende Garantien gegeben werden.

6. Deutschland verpflichtet sich, das britische Empire mit der deutschen Wehrmacht zu verteidigen, wo immer es auch angegriffen werden sollte.«

Diese Vorschläge waren konkreter, als Hitler sie jemals gegenüber dem britischen Botschafter geäußert hatte. Sie lagen allerdings nicht schriftlich vor. Dahlerus mußte das Sechs-Punkte-Programm auswendig lernen. Nachdem er sich von Hitler verabschiedet hatte, meldete ihm ein Adjutant im Vorzimmer, daß ihn ein deutsches Flugzeug um 8 Uhr wieder nach England bringen werde.

Auch an anderer Stelle wurde in dieser Nacht noch gearbeitet. Chefdolmetscher Schmidt mußte eine weitere Botschaft Hitlers

an Mussolini telegrafieren. Er richtete die Note an die deutsche
Botschaft, mit der Bitte, sie so bald wie möglich weiterzuleiten.
Der »Führer« bat den *Duce*, bis zum Ausbruch eines Kampfes die
Weigerung Italiens geheimzuhalten. Erneut appellierte er an die
italienische Presse, ihn durch geeignete Propaganda zu unter-
stützen. Zuletzt bat Hitler um die Entsendung von italienischen
Arbeitern für die deutsche Industrie und Landwirtschaft – die
Einberufung der Männer fing an, Lücken in der Wirtschaft zu
hinterlassen. Gegen 3 Uhr 40 erreichte das Telegramm Rom – zu
früh, um es in den Palazzo Venezia weiterzuleiten.

Sonntag, 27. August: Um 8 Uhr flog Dahlerus von Berlin nach
London und begab sich dort sofort in die Downing Street, wo ihn
Chamberlain, Lord Halifax und Sir Alexander Cadogan, der
ständige Staatssekretär im Außenministerium, empfingen. Dahlerus überbrachte die sechs auswendig gelernten Punkte. Damit
lagen der englischen Regierung nun zwei Angebote Hitlers vor:
ein offizielles, das Henderson bei seiner Besprechung am 25. August erhalten hatte, und ein inoffizielles, das heute Dahlerus
überbrachte. Diese zweite Note enthielt allerdings einen deutli-
chen Fortschritt. Während Hitler am 25. geäußert hatte, erst
müsse der Konflikt mit Polen gelöst werden, bevor er das britische Empire garantieren würde, war er heute bereit, mit Hilfe
der Engländer über die Rückgabe Danzigs und den Korridor zu
verhandeln.

Die Briten reagierten zwar höflich, ließen aber durchblicken,
daß sie dem deutschen Reichskanzler nicht mehr trauten. Sie entschlossen sich, Dahlerus eine Antwort an Hitler mitzugeben. Da
sich der Schwede nicht sicher war, ob das im Rahmen seiner
Kompetenzen lag, telefonierte er mit Göring. Der gab grünes
Licht. Daraufhin teilten Chamberlain und Halifax dem Schweden ihre Gegenvorschläge mit, die ebenfalls sechs Punkte um-
faßten:

1. den Vorschlag des deutsch-englischen Bündnisses;

2. die Forderung nach direkten Verhandlungen zwischen Deutschland und Polen in der Frage »Danzig und Korridor«;

3. die Garantie der polnischen Grenzen;

4. die Forderung nach direkten Verhandlungen zwischen Deutschland und Polen in der Frage der deutschen Minderheiten;

5. die Ablehnung, die früheren deutschen Kolonien zurückzugeben;

6. die Ablehnung des Angebotes, das britische Empire durch die deutsche Wehrmacht zu verteidigen.

Hitler saß an diesem Morgen hinter seinem Schreibtisch und setzte einen Antwortbrief an Daladier auf. Er schrieb »als Frontkämpfer zu Frontkämpfer« und begann mit der Beteuerung, daß er sich sehr um ein gutes Verhältnis mit dem Nachbarstaat bemüht habe. Der Verzicht auf Elsaß-Lothringen sei ein Beweis dafür, ebenso die Westwallbefestigung, die einer Anerkennung der Grenzen im Westen gleichkomme. Das hieße aber nicht, daß das deutsche Volk auch all die anderen Bestimmungen des Versailler Vertrages akzeptiere. Die »allerunvernünftigste Maßnahme«, Danzig und den Korridor, habe er auf friedliche Weise revidieren wollen und dafür der polnischen Regierung ein Angebot gemacht. Doch es sei abgelehnt worden, nicht zuletzt durch die Rückendeckung Englands. Damit sprach er zweifelsohne zwischen den Zeilen auch die Garantieerklärung der Franzosen an. Er übersah allerdings, daß Frankreich bereits seit zwei Jahrzehnten Verpflichtungen gegenüber Polen eingegangen war.

Schließlich appellierte er an das französische Nationalgefühl, das die Ungerechtigkeiten des Vertrages auch nicht akzeptieren würde:

»Sie sind Franzose, Herr Daladier, und ich weiß daher, wie Sie reagieren würden. Ich bin Deutscher, Herr Daladier, zweifeln Sie nicht an meinem Ehrgefühl und meinem Pflichtbewußtsein, genauso zu handeln.«

Und diese Ehre verlange, für die zwei Millionen Menschen in Polen einzustehen. Dann wiederholte Hitler seine Standardbemerkungen über die »mazedonischen Zustände« an der deutsch-polnischen Grenze. Nun sei er entschlossen, »die Frage so oder so zu lösen«.

Nicht nur, daß Hitler in seinem Schreiben maßlos übertrieb – die Zahl von zwei Millionen Deutschen in Polen war nicht richtig, es waren nicht mehr als 700 000 –, er hatte seine Forderungen inzwischen auch wesentlich erweitert: von einem Korridor durch den Korridor war nicht mehr die Rede, Danzig und der Korridor sollten nun zurück zum Reich.

Hitlers Antwortbrief war doppelt so lang wie der Brief Daladiers. Er hatte viele Worte gebraucht, um mitzuteilen, daß er auf Krieg eingestellt war.

Ungewöhnlich für einen Sonntag war an diesem 27. August die Einführung von Lebensmittelkarten im Deutschen Reich. Es war die nachhaltigste Meldung, die an diesem Morgen in den deutschen Zeitungen stand. Unter Bezugsscheinpflicht fiel fortan der gesamte Grundbedarf an Lebensmitteln, Seife, bestimmten Textilien, Schuhen und Hausbrandkohle. Während allerdings auf die Rationierung von Brot, Kartoffeln und Mehl noch verzichtet wurde, waren Fleisch, Zucker, Kaffee und Milch fortan nur noch in bestimmten Mengen zu kaufen.

Die Überschriften im politischen Teil der Sonntagszeitungen klangen aggressiv: »Panikstimmung in Polen«; »Der Mordterror wütet weiter«; »Unvorstellbare Leiden der Bevölkerung in Oberschlesien«.

Auch unter den Botschaftern in Berlin herrschte keine Sonntagsruhe. Nachmittags um 16 Uhr empfing Ribbentrop Coulondre und übergab ihm Hitlers Brief an Daladier.

Gegen Abend erhielt Hitler ein Telegramm aus Rom. Mussolini versprach alles zu tun, um Deutschland zu unterstützen: moralisch, propagandistisch und durch die Bindung der westlichen Streitkräfte. Ciano notierte in seinem Tagebuch, daß der *Duce* damit glaubte, »am Fenster zu bleiben«. Doch Hitler reagierte nicht mehr auf diese Beteuerungen.

Die Nachricht aus Rom entsprach allerdings nicht ganz der Wahrheit. Ciano hatte nämlich inzwischen mit dem englischen Außenminister Kontakt aufgenommen und dabei von den neuen deutschen Vorschlägen erfahren. Als Mussolini davon erfuhr, fühlte er sich von Hitler hintergangen und intensivierte seine Geheimkontakte zu London.

Die Vorschläge Hitlers, über die Ciano nun informiert war, waren die von Dahlerus in London überbrachten. Der wurde unterdessen in Berlin zurückerwartet. Es war schon 23 Uhr, als er auf dem Flugplatz Tempelhof landete. Er wurde unverzüglich zu Görings Villa in der Leipziger Straße gebracht. Als er die englischen Vorschläge unterbreitet hatte, reagierte Göring besorgt: Er verstehe den englischen Standpunkt zwar, bezweifle aber, daß Hitler dafür Verständnis aufbringen werde; es sei wohl besser, wenn er allein den »Führer« über diese Nachricht informiere. Dabei fühlte er sich gar nicht wohl in seiner Haut. Schon häufig hatte er Freunden gegenüber geäußert, immer wenn er Hitler etwas Unangenehmes zu sagen habe, »fällt mir das Herz in die Hose«.

Doch einmal mehr hielt Hitler eine Überraschung bereit: Zu Görings Verwunderung akzeptierte er die englischen Vorschläge. Voraussetzung sei lediglich, daß diese Note auch offiziell übermittelt werde, zumindest Henderson müsse sie noch einmal vortragen.

Gegen 1 Uhr rief Göring Dahlerus im Hotel Esplanade an und teilte ihm das Ergebnis des Gesprächs mit. Der selbstlose Unterhändler legte sich zufrieden ins Bett.

Montag, der 28. August: Ruhe in Berlin und in der Reichskanzlei – Panzerrasseln und Marschtritte an einem anderen Ort: deutsche Truppen besetzten die Slowakei, angeblich zum Schutz; niemand wußte, gegen wen.

In Danzig wurde die Lage immer bedrohlicher. Die Zwischenfälle im deutsch-polnischen Grenzgebiet häuften sich. Im Laufe des Nachmittags traf Hitler mit von Brauchitsch zusammen. Er bemerkte, daß er Polen in eine ungünstige Verhandlungsposition drängen und dann mit aller Macht seine große Lösung durchsetzen wolle.

Gegen 22 Uhr 30 erneute Spannung, der britische Botschafter erschien in der Reichskanzlei, Trommelwirbel, die Wache präsentierte das Gewehr. Hitler kam ihm entgegen, ernst und ruhig, führte ihn in sein Arbeitszimmer, wo Ribbentrop und Dolmetscher Schmidt schon warteten. Der Botschafter war gekommen, um die offizielle Antwort seiner Regierung zu überbringen. Er las die englische Note vor, in Deutsch. Sie bestätigte Dahlerus' Bericht.

Um keine falschen Vorstellungen aufkommen zu lassen, beteuerte die britische Regierung noch einmal ihre Bündnisverpflichtung gegenüber Polen. Aber auch an einer allgemeinen Verständigung mit Deutschland sei England gelegen. Voraussetzung sei allerdings die Beilegung des deutsch-polnischen Konfliktes. Deshalb schlage die britische Regierung als nächsten Schritt »die Einleitung direkter Besprechungen zwischen der deutschen und der polnischen Regierung« vor. Die polnische Zustimmung hatte London dafür in Warschau schon eingeholt. Die deutschen Forderungen nach Danzigs Rückkehr und einer exterritorialen Verkehrsverbindung könnten in solchen direkten Verhandlungen erfüllt werden. Außerdem solle über eine Umsiedlung der Minderheiten verhandelt werden.

Hitler nahm das ungewöhnlich wohlwollend auf, führte aber erneut alle bekannten Argumente über die polnischen Provokationen ins Feld. Henderson antwortete ruhig, aber mit einem scharfen Unterton in der Stimme: Hitler stehe vor der Alternative, die englische Freundschaft zu gewinnen oder seine Forderung an Polen mit Gewalt durchzusetzen.

Abrupt erkärte der »Führer« die Unterredung für beendet. Er werde die britische Antwort prüfen und am nächsten Morgen antworten. Henderson erwiderte, Hitler solle sich genügend Zeit dafür lassen, er sei nicht in Eile. »Aber ich!« lautete Hitlers barsche Antwort.

Gegen Mitternacht kehrte Henderson in seine Residenz zurück, von wo aus er sofort einen Bericht nach London kabelte.

Für Hitler war diese Nacht noch nicht zu Ende. Er überlegte sich, was er London antworten sollte. Einen Vorsatz hatte er: »Diese Nacht werde ich mir etwas Teuflisches ausdenken für die Polen, an dem sie krepieren werden.«

Göring, der noch unruhig durch die Reichskanzlei geisterte, bat den »Führer«, dieses Vabanquespiel endlich zu lassen. Darauf antwortete Hitler: »Ich habe in meinem Leben immer va banque gespielt!«

Dienstag, 29. August: Wieder waren die deutschen Zeitungen voll von Greuelmeldungen aus Polen. »Polnische Brandstiftung auf reichsdeutschem Gebiet«, »Offensive Vorbereitung Polens an der Protektoratsgrenze«, »Himmelschreiende polnische Verbrechen«, hieß es heute in großen Lettern.

Chefdolmetscher Paul Schmidt hatte an diesem Morgen keine Zeit, die Presse zu studieren. Er war ganz darauf konzentriert, Hitlers Antwort an Chamberlain zu übersetzen. Der erste Teil des Schreibens war ihm allzugut bekannt: Es war die stereotype Klage über die »barbarischen« und »grausamsten Bedingungen«, unter denen die Deutschen in Polen zu leben hätten. Wie bescheiden klangen da die Forderungen Deutschlands, nämlich:

»... Rückgabe Danzigs und des Korridors an Deutschland,

Sicherung der Existenz der deutschen Völkergruppen in den Polen verbleibenden Gebieten.«

Schmidt merkte, daß der Abschnitt, den er dann übersetzte, der wesentliche war:

»Die deutsche Regierung nimmt unter diesen Umständen das Vermittlungsangebot der britischen Regierung an, wonach diese dafür sorgen wird, daß ein polnischer Unterhändler mit den nötigen Vollmachten nach Berlin entsandt wird. Sie rechnet mit dem Eintreffen dieses Abgesandten am Mittwoch, dem 30. August 1939, und wird sofort Vorschläge ausarbeiten.«

Auch wenn er diesen Brief zunächst mechanisch übersetzt hatte, spürte Schmidt nun, von welch essentieller Bedeutung diese Worte waren.

In Warschau leitete die Regierung an diesem Vormittag die Mobilmachung ein. Die Botschafter Englands und Frankreichs bedrängten Oberst Beck, diese Maßnahmen zu bremsen und unauffälliger vorzugehen, um Hitler keinen Vorwand zu liefern.

Kurz vor 11 Uhr traf der Vermittler Dahlerus bei Göring ein. Der Generalfeldmarschall vergaß all seine üblichen Zeremonien, stürzte auf den schwedischen Freund zu, drückte seine Hand und rief aufgeregt: »Es bleibt Frieden. Der Friede ist gesichert.« Es war die nächtliche Begegnung zwischen Hitler und Henderson, die ihn das hoffen ließ.

Um 19 Uhr 15 erschien Henderson wieder in der Reichskanzlei. Hitler übergab dem britischen Botschafter seine Antwort an Chamberlain. Henderson las den Brief aufmerksam durch. Beim letzten Satz schaute er auf und bemerkte: »Es klingt wie ein Ultimatum. Den Polen wird eine Frist von kaum 24 Stunden gewährt.«

Er hatte den Pferdefuß sofort erkannt. Hitler wies den Einspruch zurück: Die Zeit sei kurz, da die polnischen Provokationen ständig zunähmen. »Meine Soldaten fragen mich schon: Ja oder nein!«

Henderson schlug mit der Faust auf den Tisch und schrie, er sei nicht mehr bereit, sich dieses ständige Gerede vom »Gemetzel in Polen« länger anzuhören. So hatte noch niemand diesen beherrschten Diplomaten erlebt. Aber es war ihm egal, was die anderen – auch Ribbentrop und Schmidt waren anwesend – denken würden. Henderson war einfach enttäuscht. Noch spät in der Nacht sollte er an seinen Außenminister telegrafieren:

»... ich hatte das Gefühl, daß ich Hitler mit seinen eigenen Mitteln entgegentreten müsse... Ich ging deshalb dazu über, Herrn Hitler zu überschreien. Ich sagte ihm, daß ich mir eine derartige Sprache weder von ihm noch von irgendeinem anderen anhören werde... Ich schrie noch eine ganze Weile voller Stimmeskraft.«

Über eine Stunde lang hatte diese außergewöhnliche Begegnung gedauert. Als Henderson das Arbeitszimmer des »Führers« verließ, begegneten ihm Keitel und von Brauchitsch. Er hatte das Gefühl, daß die beiden ganz bewußt mit ihm zusammentreffen sollten, so als wollten sie Hitlers Standpunkt unterstreichen. Henderson schaute Keitel an und fragte ironisch: »Na, viel zu tun heute, Herr Generaloberst?«

In der britischen Botschaft brachte er dann den Inhalt seiner Unterredung in der Reichskanzlei zu Papier. Anschließend telefonierte er mit dem polnischen Botschafter. Er bat Lipski, seine Regierung in Warschau unverzüglich aufzufordern, einen Unterhändler nach Berlin zu entsenden.

Nachdem Henderson die Reichskanzlei verlassen hatte, meldete sich wiederum Attolico mit einem neuen Brief Mussolinis. Der *Duce* empfahl dem »Führer«, das britische Angebot für eine friedliche Lösung der Krise zu nutzen. Woher er diesen Vorschlag aus London kannte, erwähnte er nicht. Hitler war darüber such nicht verwundert. Lakonisch teilte er Attolico mit, er sei bereits mitten in Verhandlungen mit England.

Noch in derselben Nacht rief Göring wieder im Hotel Esplanade an und bat seinen Freund, sofort zu ihm zu kommen. Wenige Minuten später saßen sich die beiden gegenüber. Göring informierte den Schweden über das Gespräch zwischen Hitler und Henderson. Er klagte darüber, daß die Begegnung einen so unschönen Verlauf genommen habe. Henderson habe sogar geschrien – anscheinend wollten die Engländer gar nicht zu einer Einigung kommen. Dennoch bat er den Freund, so schnell wie möglich nach London zu fliegen, um die Situation zu klären. Dann vertraute er Dahlerus an, Hitler sei dabei, einen Plan für die direkten Verhandlungen zu entwerfen. Es gehe dabei um die Rückkehr Danzigs und eine Volksabstimmung im Korridor. Er ermahnte ihn zum Abschied, die Absichten Hitlers gegenüber seinen englischen Gesprächspartnern anzudeuten, allerdings streng vertraulich. Dahlerus kehrte in sein Hotel zurück und packte seinen Koffer.

Mittwoch, 30. August: In den frühen Morgenstunden flog Dahlerus mit einer deutschen Militärmaschine zum dritten Mal nach London. Als Henderson an diesem Morgen aufstand, hatte er die Unterredung mit Hitler noch immer nicht verdaut. Ein wenig genierte er sich auch vor seiner Regierung. So setzte er sich noch einmal hin und schrieb an Lord Halifax:

»Es ist natürlich nicht die Pflicht eines britischen Vertreters, zu schreien. Aber Hitler ist eine Abnormalität und nach unserem ersten Interview in Berchtesgaden, wo ich ... sorgfältig darauf bedacht war, einen Unterschied zwischen seinen Delirien und meiner Ruhe zu machen, fühlte ich, daß er früher oder später werde lernen müssen, daß er nicht allein ein Monopol des Schreiens habe.«

Hendersons Mission in Berlin war nicht einfach. Aber auch sein Kollege in Warschau hatte es schwer. Gerade an diesem Morgen, gegen 10 Uhr, mußte er seiner Regierung in London mitteilen, daß Polen nicht gewillt war, einen Unterhändler nach Deutschland zu schicken. Die Polen »würden sicherlich lieber kämpfen und untergehen, als sich einer solchen Erniedrigung zu unterwerfen«.

Hinter dieser kurzen Mitteilung stand das Bild des selbstbewußten Außenministers Oberst Beck. Er wollte es nicht machen wie Hacha am 15. März, »hachasieren«, wie er es nannte. Er wollte nicht zum Vasallen des Deutschen Reiches werden.

Um 14 Uhr 30 erfolgte die Anweisung der Generalmobilmachung Polens. Erster Mobilmachungstag war der 31. August. London versuchte weiterhin, mäßigend auf die polnische Regierung einzuwirken. Erst gegen 17 Uhr 30 erreichte ein Telegramm mit diesem Inhalt den britischen Botschafter in Warschau. Es kam zu spät.

Professor Marian Wojciechowski, Polen:

Die NS-Politik hat sich mit Erfolg auf die politische Isolierung Polens konzentriert. Durch die Annäherung an die Sowjetunion und das Zurückhalten der Westmächte ist der polnische Staat zu einem Objekt der europäischen Politik geworden. Die polnischen Politiker, darunter auch der Außenminister Beck, hatten diese hoffnungslose Lage nicht klar erkannt. Sie glaubten, daß der Krieg mit Deutschland zwar unvermeidlich sei, waren aber der Meinung, daß sich Polen einem deutschen Angriff erfolgreich widersetzen könne, vorausgesetzt, daß die Westmächte aktiv an einem Krieg gegen Deutschland teilnähmen. Man hat auch an eine Verständigung Deutschlands mit der Sowjetunion nicht geglaubt. Kurz gesagt, in Warschau wurde die Lage Polens viel zu optimistisch beurteilt. Für Hitler – das soll noch einmal wiederholt werden – war die Verständigung mit der Sowjetunion eine vorläufige Ersatzlösung für den seit München erstrebten Satellitengürtel zwischen Deutschland und Rußland. Polen war militärisch zu schlagen, am besten in

einem lokalen Krieg, unter Einbeziehung des »dolus eventualis«:
den Krieg mit den Westmächten.

Für die Sowjetunion war die Verständigung mit Deutschland ein
Mittel auf dem Wege zur Neutralität im erwarteten europäischen
Krieg, verbunden mit einer Konsolidierung der strategischen Lage
ihrer Westgrenze. Solange nicht alle sowjetischen Archivquellen
zugänglich sind, kann man nur hypothetisch feststellen, daß die so-
wjetischen Politiker mit einem Krieg zwischen Deutschland und
den Westmächten gerechnet haben. Dabei kalkulierten sie eine
massive militärische Schwächung beider Parteien ein. Diese Rech-
nung ging nicht auf, was die schnelle Niederlage Frankreichs im
Frühling 1940 bewiesen hat.

Durch den deutschen Angriff auf Polen hat Deutschland den
Weltkrieg entfesselt.

Unterdessen wurde in Deutschland auf einen Erlaß Hitlers ein
Ministerrat für die Reichsverteidigung errichtet. Dahinter stand
das Ziel einer einheitlichen Leitung von Verwaltung und Wirtschaft in der Zeit der »gegenwärtigen außenpolitischen Spannungen«. Hermann Göring wurde Vorsitzender dieses Rates.

Die Zeit eilte davon. Noch immer stand das Ultimatum im
Raum. Kurz vor seinem Ablaufen, also kurz vor Mitternacht, eilte
Henderson ins Auswärtige Amt. Noch blieben einige Minuten bis
zum Ablauf des Ultimatums. Henderson wollte selbst diese kurze
Zeit noch nutzen. In seiner Aktentasche befand sich ein Memorandum seiner Regierung, das er dem deutschen Außenminister
übergeben wollte.

Ribbentrop begrüßte ihn betont förmlich, forderte ihn auf,
Platz zu nehmen. Die Atmosphäre war gespannt. Die fieberhaf-
ten diplomatischen Tätigkeiten der letzten Tage hatten die Ner-
ven Ribbentrops und Hendersons stark strapaziert.

»Es ist völlig unvernünftig, von der englischen Regierung zu
erwarten, sie könne innerhalb von 24 Stunden einen polnischen

Vertreter nach Berlin entsenden lassen«, begann der britische Botschafter diplomatisch.

Ribbentrop ging gar nicht darauf ein: »Die Frist ist abgelaufen, wo bleibt der Pole, den Ihre Regierung herbeischaffen wollte?«

Henderson beeilte sich zu sagen, daß Chamberlain Oberst Beck vehement vor Provokationen von Grenzzwischenfällen gewarnt habe.

»Er hat den Polen auch geraten, allgemeine Zurückhaltung zu üben. Er bittet darum, auch Deutschland möge nun eine gleiche Haltung einnehmen.«

Die Polen seien die Provokateure und nicht die Deutschen, antwortete Ribbentrop erregt. Henderson sei bei ihm an der falschen Adresse. Henderson erwiderte:

»Meine Regierung regt an, das Reich möge bei den Verhandlungen mit Polen das normale Verfahren befolgen und den polnischen Botschafter in Berlin zur Übermittlung der deutschen Vorschläge einschalten.«

Ribbentrop verlor nun erstmals die Fassung: »Das kommt jetzt, nach dem, was vorgefallen ist, überhaupt nicht mehr in Frage. Wir verlangen, daß ein bevollmächtigter Unterhändler nach Berlin kommt, der verantwortlich im Namen seiner Regierung mit uns verhandeln kann.«

Allmählich gab auch Henderson seine vornehme englische Zurückhaltung auf. Mit errötetem Gesicht und zitternden Händen las er Ribbentrop die offizielle Antwort Englands auf Hitlers Memorandum vor. Nach der Beschreibung der allgemeinen Situation kam Chamberlain darin bald zum entscheidenden Punkt:

»Beide Parteien – Polen und das Deutsche Reich – werden aufgefordert, sich während der Verhandlungen aggressiver Truppenbewegungen zu enthalten.«

Ribbentrop unterbrach Henderson herausfordernd: »Das ist eine unerhörte Zumutung. Haben Sie sonst noch etwas zu sagen?«

Henderson hatte allerdings noch etwas zu sagen:»Die britische Regierung ist im Besitz von Nachrichten, wonach von Deutschen in Polen Sabotageakte verübt werden.«

Das sei eine unverschämte Lüge der polnischen Regierung, erwiderte Ribbentrop wütend und fuhr fort:»Ich kann Ihnen sagen, Herr Henderson, die Lage ist verdammt ernst!«

Ganz ungewohnt schrie Henderson mit erhobenem Zeigefinger zurück:»Sie haben soeben ›verdammt‹ gesagt. Das ist nicht die Sprache eines Staatsmannes in einer so ernsten Situation!«

Ribbentrop sprang von seinem Stuhl auf. Wie einen Schuljungen hatte Henderson ihn zurechtgewiesen. Das konnte er nicht auf sich sitzen lassen. Er brüllte zurück:»Was haben Sie da eben gesagt?«

Statt einer Antwort stand nun auch Henderson auf, und beide Männer standen sich mit funkelnden Augen gegenüber. Paul Schmidt, der das Gespräch protokollieren mußte, empfand diese Situation als peinlich. Er wußte nicht, wie er reagieren sollte. Während die beiden Diplomaten aufgeregt ihre Meinungen austauschten, dachte er an die Etikette. Nach den Regeln des diplomatischen Verkehrs hätte er nämlich aufstehen müssen. Er unterließ es aber und malte statt dessen, Beschäftigung vortäuschend, einfach Buchstaben auf seine Schreibunterlage – eine überaus groteske Situation.

Allmählich beruhigten sich die beiden Streithähne, nahmen Platz und fuhren in ihrem Gespräch fort. Bis Ribbentrop dann endlich konkret wurde. Er zog ein Papier aus der Tasche – Paul Schmidt erkannte es sofort: Es enthielt 16 Punkte, die Deutschland in die direkten Verhandlungen mit Polen einbringen wollte. So jedenfalls hatte es heute morgen geheißen, als Hitler und Ribbentrop dieses Schreiben aufsetzten. Der deutsche Außenminister las dem Botschafter dieses Dokument vor, in Deutsch:

1. Die Freie Stadt Danzig kehrt ins Reich zurück.

2. Die Bevölkerung des sogenannten Korridors entscheidet selbst über ihre Zugehörigkeit zu Deutschland oder Polen.

3. Abstimmungsberechtigt sind alle Deutschen, die am 1. Januar 1918 dort wohnhaft waren oder bis zu diesem Datum dort geboren wurden. Dieselbe Regelung gilt für Polen. Eine internationale Kommission... überwacht die Volksabstimmung.

4. Gdingen bleibt polnisch.

5. Die Abstimmung findet nicht vor Ablauf eines Jahres statt.

6. Für beide Staaten soll bis dahin freier Transitverkehr durch das fragliche Gebiet gewährleistet werden.

7. Über die Zugehörigkeit des Gebietes entscheidet eine einfache Mehrheit.

8. Die in der Abstimmung unterlegene Partei erhält eine exterritoriale Verkehrszone.

9. Im Falle einer Rückkehr des Korridors zu Deutschland gestattet dieses einen Bevölkerungsaustausch.

10. Sonderrechte in Danzig und Gdingen sollen paritätisch ausgehandelt werden.

11. Beide Städte sollen reine Handelsstädte sein, also entmilitarisiert werden.

12. Auch die Halbinsel Hela... soll entmilitarisiert werden.

13. Die Minderheitenfrage soll einer international zusammengesetzten Untersuchungskommission unterbreitet werden.

14. Im anderen Staate verbleibende Minderheiten sollen durch umfassendste und bindende Vereinbarungen in ihrer freien Entwicklung geschützt werden.

15. Im Falle einer Vereinbarung auf der Grundlage dieser Vorschläge sollen die Streitkräfte der beiden Staaten sofort demobilisiert werden.

16. Zur Beschleunigung dieser Abmachungen erforderliche Maßnahmen werden zwischen Deutschland und Polen gemeinsam vereinbart.

Die 16 Punkte waren in der Tat fast ein konstruktiver Vorschlag, um die Krise zu beenden. Sie hielten jeder völkerrechtlichen Überprüfung stand. Als Ribbentrop seinen Vortrag beendet hatte, fragte Henderson:»Werden Sie mir den Text zur Weiterleitung an meine Regierung aushändigen?«

Die Frage an sich war schon ungewöhnlich, denn es war diplomatischer Brauch, ein Papier nach seiner Verlesung dem Angesprochenen auszuhändigen. Da aber geschah Unglaubliches:

»Nein, die Vorschläge kann ich Ihnen nicht übergeben!« wies Ribbentrop die Frage zurück. Er warf das Papier auf den Tisch. »Es ist ja sowieso überholt, da der polnische Unterhändler nicht erschienen ist.«

Das ganze Unternehmen erweckte den Eindruck, als sei hier lediglich etwas zum Schein dargeboten worden. Zu welchem Zweck, das sollte sich erst später zeigen. Für Henderson war klar, daß die Entscheidung zwischen Krieg und Frieden gefallen war: Hitler wollte den Krieg. Mit diesem Eindruck verließ er das Auswärtige Amt. Ribbentrop zeigte sich zufrieden. Dolmetscher Schmidt war erschüttert. Verzweifelt hatte er versucht, Henderson durch Blicke darauf aufmerksam zu machen, daß er ihn, den Dolmetscher darum bitten solle, die 16 Punkte ins Englische zu übersetzen. Dabei hätte sich der Brite dann Notizen machen können. Doch Henderson war nicht darauf eingegangen. Paul Schmidt hatte mit ansehen müssen, wie in dieser Nacht ganz offensichtlich eine Friedensmöglichkeit bewußt ausgeschlagen wurde. Er markierte die betreffende Stelle im Protokoll mit einem roten Strich.

Henderson eilte unverzüglich zurück in seine Residenz. Von dort aus klingelte er um 2 Uhr den polnischen Botschafter Lipski aus dem Bett: Er solle nun endlich etwas unternehmen, es stehe auf des Messers Schneide. Kurz darauf telegrafierte er an seinen Außenminister nach London in aller Kürze den Inhalt seines Gespräches mit Ribbentrop.

»Seit 5 Uhr 45 wird zurückgeschossen«

Der Anfang vom Ende

Donnerstag, 31. August, 12 Uhr 40: Hitler saß an seinem Schreibtisch und unterschrieb die »Weisung Nr. 1 für die Kriegsführung«:

»1.) Nachdem alle politischen Möglichkeiten erschöpft sind, um auf friedlichem Wege eine für Deutschland unerträgliche Lage an seiner Ostgrenze zu beseitigen, habe ich mich zur gewaltsamen Lösung entschlossen.«

Er, Hitler, hatte sich also entschlossen, in seiner Funktion als »Führer« und Reichskanzler, aber auch in der anmaßenden Rolle des rücksichtslosen Diktators. Schon seit mehr als zwei Jahren hatte er kein Kabinett mehr zusammengerufen: Die ihn umgebenden »Berater« waren zu devoten Jasagern degradiert worden, deren Meinung der »Führer« nur gelegentlich erfragte, um sie dann aber gleich wieder zu vergessen.

»Weil ich jetzt lebe, darum muß es auch jetzt sein!« hatte Hitler schon im Jahre 1936 denen zugerufen, die seine Maßnahmen nicht einsehen konnten. Auch der Krieg mußte »jetzt« sein. Wie er Burckhardt gegenüber versichert hatte, wollte er lieber jetzt Krieg führen als später.

»2.) Der Angriff gegen Polen ist nach den für ›Fall Weiß‹ getroffenen Vorbereitungen zu führen mit den Abänderungen, die sich beim Heer durch den inzwischen fast vollendeten Aufmarsch ergeben.

Angriffstag: 1. 9. 39.

Angriffszeit: 4 Uhr 45.«

Die Abschnitte drei und vier dieser Anweisung enthielten die Befehle für das Verhalten an der Westfront sowie die Maßnahmen für den Fall, daß England und Frankreich »die Feindseligkeiten gegen Deutschland« eröffneten. Hitler hatte also das Ziel erreicht, auf das er so lange hingearbeitet hatte.

Zur selben Minute, um 12 Uhr 40, belauschte der Abhördienst der deutschen Spionageabwehr ein Telefonat des polnischen Außenministers mit seinem Botschafter in Berlin. Beck teilte Lipski mit, daß die polnische Regierung noch keinen Entschluß gefaßt habe, wie die direkten Verhandlungen mit Hitler aufzunehmen seien. Er solle sich auf keine konkreten Aussagen einlassen und versuchen, Zeit zu gewinnen.

Gegen 13 Uhr 30 traf in Rom der französische Botschafter François-Poncet beim italienischen Außenminister ein. Ciano hatte den Diplomaten zu sich zitiert. Er teilte ihm den Beschluß Mussolinis mit, Frankreich, England und Deutschland zu einer Konferenz einzuladen. Auf dieser Konferenz nach dem Vorbild »München« sollten die Bestimmungen des Versailler Vertrages überprüft werden, die für die gegenwärtige deutsche Politik verantwortlich waren. François-Poncet beeilte sich, diese Nachricht an sein Außenministerium weiterzugeben. Eine halbe Stunde später unterbreitete Ciano Mussolinis Vorschlag auch dem britischen Botschafter Sir Percy Loraine.

Sicherlich entsprach diese Idee nicht allein dem Wunsch nach einer friedlichen Regelung des Konflikts: Ciano nämlich hielt den *Duce* nicht für fähig, einen Krieg zu führen.

»Daher tut er alles, um im Falle einer friedlichen Lösung sagen zu können, er hätte ihn geführt«, notierte er in seinem Tagebuch. Der Vorschlag zu einer Konferenz war für Mussolini wohl eher der Versuch, sein eigenes Unvermögen zu kaschieren.

Dennoch wurde seine Initiative in Paris durchaus positiv aufgenommen. Chamberlain reagierte skeptischer. Er überlegte, ob es sich hier vielleicht um eine Falle handelte; immerhin war ja

Mussolini ein Bundesgenosse Hitlers. Daß die beiden zur Zeit ein eher gespanntes Verhältnis hatten, schien den englischen Premier trotz entsprechender Informationen nicht zu interessieren. Statt dessen stellte er eine Forderung, die fast an seinem Verständigunswillen zweifeln ließ: Voraussetzung für die Konferenz sei die sofortige Demobilisierung aller Armeen – eine Forderung, von der er wissen mußte, daß Hitler sie nie erfüllen würde.

Um 14 Uhr erhielt Lipski in Berlin endlich die lang ersehnte Note aus Warschau. Außenminister Beck erklärte darin:

»Die polnische Regierung erhielt diese Nacht von der britischen eine Mitteilung bezüglich einer direkten Fühlungnahme zwischen den Regierungen Polens und Deutschlands. Die polnische Regierung nimmt diese Anregung auf. Sie beabsichtigt, ihre Antwort unverzüglich der deutschen Regierung bekanntzugeben.«

Über eine Verhandlungsvollmacht fiel kein Wort. Lipski meldete gleichzeitig im Auswärtigen Amt und in der Reichskanzlei den Wunsch nach einem Treffen mit Ribbentrop oder Hitler an. Beide ließen ihn auf eine Antwort warten. Sie waren inzwischen vom Abhördienst über die Gespräche Berlin – Warschau informiert worden, wußten also genau, unter welchen Voraussetzungen Lipski vorsprechen würde. Gegen 15 Uhr 15 ließ Ribbentrop durch Staatssekretär von Weizsäcker bei Lipski anfragen, ob er in der Eigenschaft als Sonderbevollmächtigter den deutschen Außenminister zu sehen wünsche. Lipski antwortete, er wolle als Botschafter kommen. Daraufhin lehnte Ribbentrop es ab, den polnischen Diplomaten zu empfangen. Um 16 Uhr kam auch eine Absage aus der Reichskanzlei.

Zur selben Zeit richtete der Papst erneut eine Friedensbotschaft an die Regierungen von Deutschland und Polen. Hitler nahm davon keine Notiz.

Die Mitglieder des SS-Sondertrupps, die sich seit vier Tagen im
Tanzsaal eines Gasthofs in der Nähe von Gleiwitz versteckt hatten, erhielten den Einsatzbefehl. Auf das Codewort »Großmutter
gestorben«, schlüpften sie in polnische Uniformen und fuhren zu
einem Sendegebäude am Rande der schlesischen Kleinstadt.
Chef und Organisator der Aktion war SS-Sturmbannführer Alfred Naujocks, der vom Chef des Reichssicherheitshauptamtes
Heydrich mit diesem Auftrag betraut worden war.

Gegen 17 Uhr erschien Attolico im Auswärtigen Amt und
drängte Ribbentrop, er möge dafür sorgen, daß Hitler den polnischen Botschafter empfange. Doch der »Führer« reagierte erneut
ablehnend. Schließlich erklärte sich Ribbentrop selbst zu einer
Unterredung bereit. Es war 18 Uhr 30, als Lipski das Arbeitszimmer des Außenministers betrat. Wieder war Chefdolmetscher
Schmidt zugegen. Der Botschafter erklärte, daß seine Regierung
die britische Anregung zu direkten deutsch-polnischen Gesprächen angenommen habe. Sie werde demnächst ihre Vorstellungen übermitteln.

»Haben Sie Vollmacht, mit uns sofort über die deutschen Vor-
schläge zu verhandeln?« fragte Ribbentrop. Lipski verneinte.
Daraufhin erklärte der Außenminister: »Dann hat es keinen
Zweck, daß wir uns weiter unterhalten.«

Damit war das Gespräch für ihn beendet. Es war die kürzeste
Unterredung, an der Paul Schmidt je teilgenommen hatte. Dabei
ging es doch um Krieg oder Frieden. Während Lipski das Auswärtige Amt verließ, kappten die Fernmeldetechniker alle Tele-
fonanschlüsse der polnischen Botschaft.

Gegen 19 Uhr tauchte der Botschafter Italiens erneut in der
Reichskanzlei auf und wollte wissen, was Hitler von dem Vorschlag Mussolinis halte, eine Konferenz einzuberufen. Der »Führer« lehnte dieses Ansinnen rundheraus ab. Er verwehrte dem
Duce die Möglichkeit, sich noch einmal in den Lauf der Ge-

schichte einzuschalten. Dessen ungeachtet überreichte er Attolico eine Abschrift des deutschen 16-Punkte-Vorschlages an Polen: eine eindeutige Demonstration an die Adresse Roms, wie friedfertig Hitler selbst »alles« versucht hatte, um den Konflikt ohne militärische Mittel zu lösen.

Um 20 Uhr stürmten fünf Männer in polnischer Uniform, bewaffnet mit Maschinenpistolen, den Sender Gleiwitz. Im Gebäude befanden sich zu diesem Zeitpunkt der Telegrafenwerkführer, zwei Angestellte und ein Wachmann. Sie wurden niedergeschlagen und gefesselt. Aus den Maschinenpistolen peitschten Warnschüsse in die Decke. Teile der Einrichtung wurden zerstört. Um 20 Uhr 12 unterbrachen die Männer um Naujocks die laufende Sendung. Einer von ihnen verlas über ein Notmikrofon in polnischer Sprache einen Aufruf zum Widerstand gegen die Deutschen. Vier Minuten dauerte die Ansprache, dann ertönte wieder das Rattern von Maschinengewehren. Jedem Hörer mußte nun klar sein, daß der deutsche Sender von Polen überfallen worden war. Die SS-Männer verließen das Gebäude. Neben dem Eingang drapierten sie einen Leichnam so, als ob er bei dem Überfall erschossen worden wäre. In Wirklichkeit handelte es sich dabei um einen deutschen Häftling, den ein anderes SS-Kommando aus der Haft hierher gebracht und erschossen hatte.

Heydrich wartete unterdessen in Berlin vor seinem Radio auf die Ansprache aus dem Gleiwitzer Sender – allerdings vergeblich: Die Sendung war lediglich in der Umgebung von Gleiwitz zu hören. Für die überregionalen Reichweiten war der Sender zu schwach.

Über alle deutschen Sender hingegen erklang um 21 Uhr eine »Amtliche Mitteilung« der deutschen Reichsregierung: Die Deutsche Regierung sei auf einen britischen Vermittlungsvorschlag eingegangen und habe sich zu direkten deutsch-polni-

schen Verhandlungen bereit erklärt. Bis zum 30. August habe
man in Berlin auf einen polnischen Unterhändler gewartet. Die
Frist sei aber verstrichen, ohne daß die Polen einen Beauftragten
mit entsprechenden Sondervollmachten geschickt hätten. Dennoch habe »Reichsaußenminister von Ribbentrop dem Britischen Botschafter anläßlich der Übergabe der letzten englischen
Note eine genaue Kenntnis des Wortlautes der für den Fall des
Eintreffens des polnischen Bevollmächtigten als Verhandlungs-
grundlage vorgesehenen deutschen Vorschläge« übergeben. Inzwischen habe zwar der polnische Botschafter in Berlin vor-
gesprochen, jedoch ohne die nötigen Vollmachten seiner Regierung.

»Unter diesen Umständen sieht die Deutsche Regierung auch
dieses Mal ihre Vorschläge praktisch als abgelehnt an, obwohl sie
der Meinung ist, daß diese in der Form, in der sie auch der Englischen Regierung bekanntgegeben worden sind, mehr als loyal,
fair und erfüllbar gewesen wären.«

Anschließend verlas der Radiosprecher den 16-Punkte-Vor-
schlag. Mit dieser Radiomeldung war deutlich geworden, warum
am Abend zuvor das Gespräch zwischen Ribbentrop und Henderson so und nicht anders verlaufen war. Ganz bewußt hatte der
deutsche Außenminister dem britischen Botschafter das Papier
mit den 16 Punkten nicht ausgehändigt und dies auch von Anfang
an nicht vorgehabt. Geplant war nur die Verlesung. Mit ihr aber
hatte man nun ein propagandistisches Mittel in der Hand, um vor
der Weltöffentlichkeit Hitlers absoluten Friedenswillen zu unter-
mauern. Die Polen hatten nicht reagiert, also war der »Führer«
durch die Umstände gezwungen worden, zu handeln.

Was die Öffentlichkeit allerdings nicht wußte: Genau zu diesem Zeitpunkt hörte Staatsminister Meißner zufällig die Bemerkung Hitlers, er sei »heilfroh«, daß die Polen sein Angebot nicht
angenommen hätten. Er habe es nämlich gegen seine Überzeugung gemacht und wäre bei einer polnischen Zustimmung daran

gebunden gewesen. Nun aber habe er freie Hand. Für die Zukunft Deutschlands sei das besser.

Die Radiomeldung war gerade zu Ende, als um 21 Uhr 15 Staatssekretär von Weizsäcker den britischen und den französischen Botschafter zu sich rief und ihnen den Text des 16-Punkte-Vorschlags »zur Orientierung« überreichte. Henderson fragte, warum er den Text erst jetzt bekomme. Weizsäcker antwortete, er führe nur eine Weisung aus. Damit waren die Herren entlassen.

In der Reichskanzlei herrschte trotz der späten Stunde eine nervöse Spannung, Hektik in allen Räumen. Außerdem sorgte eine sommerliche Gewitterschwüle für eine geladene Atmosphäre.

Um 22 Uhr wurde wieder das Rundfunkprogramm unterbrochen. Der Radiosprecher verlas folgende Meldung:

»Gegen 20 Uhr wurde der Sender Gleiwitz durch einen Trupp polnischer Aufständischer überfallen und vorübergehend besetzt... Die Polen drangen mit Gewalt in den Senderaum ein. Es gelang ihnen, einen polnischen Aufruf in polnischer und zum Teil in deutscher Sprache zu verlesen, doch wurden die Eindringlinge schon nach wenigen Minuten von der Polizei überwältigt. Bei der Abwehr wurde ein Aufständischer tödlich verletzt.«

Daß es sich um einen von deutschen SS-Männern vorgetäuschten polnischen Überfall handelte, wußten nur die Akteure selbst und ihre Auftraggeber.

Hitler benutzte die Aktion vor der Öffentlichkeit als weiteres Glied in der Kette der »unerträglichen Provokationen«, allerdings als dasjenige, das seiner Friedfertigkeit endgültig ein Ende setzte.

1. September, 4 Uhr 45: Das deutsche Linienschiff »Schleswig-Holstein« eröffnete aus »allen Rohren« das Feuer auf die Westerplatte, das Ostufer des Danziger Hafens. Der sogenannte »Freundschaftsbesuch« war zu Ende. Gleichzeitig nahmen deut-

sche Artillerieeinheiten von der Ostsee bis zum Erzgebirge das polnische Grenzgebiet unter Beschuß.

Um 5 Uhr 40 wurde über Rundfunk eine Proklamation Hitlers »An die Wehrmacht« verbreitet:

»Der polnische Staat hat die von mir erstrebte friedliche Regelung nachbarlicher Beziehungen verweigert, er hat statt dessen an die Waffen appelliert.«

Es folgte der übliche Hinweis auf den von Polen verübten Terror gegen die Deutschen.

»Um diesem wahnwitzigen Treiben ein Ende zu bereiten, bleibt mir kein anderes Mittel, als von jetzt an Gewalt gegen Gewalt zu setzen.«

Mit der Ermahnung an seine Soldaten, ihre Pflicht bis zum letzten zu erfüllen, beendete Hitler den Aufruf.

In den frühen Morgenstunden setzte Gauleiter Forster, »Staatsoberhaupt« der Freien Stadt Danzig, ein neues Grundgesetz in Kraft, mit dem er die Stadt »heim ins Reich« führte.

Ein Luftangriff auf Warschau erweckte gegen 6 Uhr bei der polnischen Bevölkerung die schmerzliche Erkenntnis, daß sich Polen und Deutschland im Krieg befanden. Eine Kriegserklärung war nicht ergangen.

Kurz vor 10 Uhr verließ Hitler die Reichskanzlei, um zu einer Sitzung des Reichstags zu fahren. Von der Wilhelmstraße bis zur Krolloper standen auf beiden Straßenseiten SA-Formationen Spalier. Doch hinter ihnen waren die Straßen fast menschenleer: kein Jubel, kein Beifall. Die wenigen Menschen, die gekommen waren, sahen schweigend dem Wagen Hitlers nach.

Um 10 Uhr eröffnete Göring die Sitzung. Das Haus war bis auf den letzten Platz besetzt, obwohl über 100 Abgeordnete fehlten. Einige hatten es nicht mehr geschafft, zu der kurzfristig einberufenen Sitzung zu kommen. Die meisten von ihnen aber waren zur Wehrmacht eingezogen worden. Sie befanden sich bereits mitten im Krieg. Göring hatte dies erwartet und entsprechend vorgesorgt: Die leeren Plätze der Abgeordneten wurden einfach von Parteifunktionären besetzt. Es gab an diesem denkwürdigen Tag keine Lücke im deutschen Parlament – zumindest nicht für den Außenstehenden. Unter allen Umständen mußte nämlich der Eindruck vermieden werden, das Plenum sei unvollständig, weil viele Abgeordnete Hitlers Kriegspolitik nicht akzeptierten. Göring ließ niemanden über seine Aktion im Zweifel. Er gab der Versammlung bekannt, daß er »politische Träger« als Ersatz für die fehlenden Abgeordneten eingeladen habe. Sie sollten sogar für die abwesenden Volksvertreter über das neue Danzig-Gesetz mit abstimmen – so sehr war das Demokratieverständnis im deutschen Parlament seit 1933 verkommen.

Als Hitler den Versammlungsraum betrat, fiel den Abgeordneten eines sofort auf: Der »Führer« trug eine feldgraue Uniform – zum ersten Mal seit 1933. Er wirkte nervös und zerfahren, als er seine Rede begann: Blick zurück auf den Versailler Vertrag, der den Konflikt zwischen Polen und dem Deutschen Reich hervorgerufen hatte; Beteuerungen der eigenen Friedfertigkeit, Attacken gegen den uneinsichtigen Nachbarn.

»Polen hat den Kampf gegen die Freie Stadt Danzig entfesselt! Es war weiter nicht bereit, die Korridorfrage in einer irgendwie billigen und den Interessen beider gerecht werdenden Weise zu lösen! Und es hat endlich nicht daran gedacht, seine Minderheitenverpflichtungen einzuhalten.«

Deutschland sei unschuldig an der momentanen Situation, fuhr er fort. Er habe noch bis zuletzt versucht, mit Polen über einen polnischen Sonderbevollmächtigten zu verhandeln, jedoch ohne Erfolg. An die Adresse der Westmächte gewandt, betonte der »Führer«, daß er von ihnen nie etwas gefordert, sondern immer freundschaftliche Beziehungen angestrebt habe. Nach einem Exkurs über die deutsch-sowjetischen Beziehungen kam er wieder zum eigentlichen Thema:

»Polen hat nun heute nacht zum ersten Mal auf unserem eigenen Territorium auch durch reguläre Soldaten geschossen. Seit
5 Uhr 45 wird jetzt zurückgeschossen! Und von jetzt an wird
Bombe mit Bombe vergolten ... Ich werde diesen Kampf ganz
gleich gegen wen so lange führen, bis die Sicherheit des Reiches
und seiner Rechte gewährleistet sind!«

Der vorgetäuschte Angriff in Gleiwitz mußte nun dazu her-
halten, den schon lange geplanten Überfall auf Polen zu rechtfertigen. Hitler schien sich selbst nicht wohlzufühlen mit dieser
fadenscheinigen Argumentation. Im Verlauf der Rede wurde er
immer nervöser und vertat sich gar bei der Zeitangabe für den
Beginn der Kampfhandlungen. »Seit 5 Uhr 45« hatte er gesagt –
und lag damit eine Stunde nach der tatsächlichen Zeit.

Er werde vom Deutschen Volk nun Opfer verlangen müssen,
fuhr er fort, aber auch er sei bereit, diese Opfer zu bringen. Er
wolle fortan nichts anderes sein als »der erste Soldat des Deutschen Reiches!«.

Das war nicht ohne Hintergedanken so formuliert: Hitler
stellte sich in eine Reihe mit den erfolgreichen preußischen Kö-
nigen. Wie oft hatte doch Friedrich der Große geäußert, er sei nur
»der erste Diener seines Staates«. Für alle Fälle bestimmte Hitler dann Generalfeldmarschall Göring zu seinem Nachfolger,
falls ihm selbst etwas zustoßen würde. Für Göring sollte dann
»Parteigenosse Heß« eintreten.

Schließlich verkündete er mit leiser, bewegter Stimme, er habe
nun wieder »jenen Rock angezogen, der mir selbst der heiligste
und teuerste war. Ich werde ihn nur ausziehen nach dem Sieg –
oder ich werde dieses Ende nicht mehr erleben ... Ein Wort habe
ich nie kennengelernt. Es heißt ›Kapitulation‹.«

Ein anderes Wort hatte Hitler während der gesamten Rede
vermieden: es hieß »Krieg«.

Sechs Jahre später mußte das Deutsche Reich kapitulieren.
Hitler hat dieses Ende nicht mehr erlebt.

Zu den internationalen Wissenschaftlern

Jacques Bariéty, Professor für Zeitgeschichte im Historischen Seminar der Universität Sorbonne, Paris

Wjatscheslaw I. Daschitschew, Professor für Internationale Beziehungen an der Akademie der Wissenschaften der UdSSR, Moskau

Walther Hofer, emeritierter Professor für Neuere Allgemeine Geschichte am Historischen Intitut der Universität Bern

Eberhard Jäckel, emeritierter Professor für Neuere Geschichte am Historischen Institut, Universität Stuttgart

Otto Novak, Professor am Historischen Institut der Karlsuniversität, Prag

Donald Cameron Watt, emeritierter Professor für Internationale Beziehungen an der London School of Economics and Political Science, London

Marian Wojciechowski, Professor und Generaldirektor der Polnischen Staatlichen Archive, Warschau

Zeittafel

1933   30. Januar: Hitler wird Reichskanzler

28. Februar: In der Notverordnung »Zum Schutz von Volk und Staat« des Reichspräsidenten werden die Grundrechte aufgehoben

24. März: Mit dem *Ermächtigungsgesetz* kann die Reichsregierung ohne den Reichstag Gesetze erlassen

31. März: Beseitigung der Länderregierungen durch ein vorläufiges Gesetz zur Gleichschaltung der Länder

14. Oktober: Deutschland tritt aus dem Völkerbund aus

1934   7. Februar: Im Reichverteidigungsrat werden »wirtschaftliche Kriegsvorbereitungen« beschlossen

2. August: Nach dem Tod des Reichspräsidenten von Hindenburg wird Adolf Hitler »Führer und Reichskanzler«. Mit der Übernahme des Amtes des Reichspräsidenten erfolgt die Vereidigung der Reichswehr auf den neuen Oberbefehlshaber Hitler

1935   16. März: Mit dem Gesetz über den Aufbau der Wehrmacht tritt die allgemeine Wehrpflicht in Kraft, und die offene Aufrüstung beginnt

1936 7. März: Deutschland kündigt den Locarno-Vertrag. Die Wehrmacht besetzt das entmilitarisierte Rheinland

1937 24. Juni: Die Weisung für die einheitliche Kriegsvorbereitung der Wehrmacht ergeht

21. Dezember: Neufassung des »Fall Grün«, der ersten Weisung für einen eventuellen Angriffskrieg gegen die Tschechoslowakei

1938 12. März: Deutsche Truppen marschieren in Österreich ein

13. März: Der Anschluß Österreichs und Erklärung »Großdeutschlands«

5. Mai: Erste Denkschrift des Chefs des Generalstabes des Heeres, General Beck, gegen Hitlers Aggressionspolitik

20. Mai: Erste Mobilmachung in der Tschechoslowakei

22. Mai: Sieg der Sudetendeutschen Partei Konrad Henleins bei den Wahlen in der Tschechoslowakei

22. Mai: Der Freundschafts- und Bündnispakt (»Stahlpakt«) zwischen Deutschland und Italien wird unterzeichnet

30. Mai: Die »Akte Grün« wird zum detaillierten Feldzugsplan gegen die Tschechoslowakei ausgearbeitet (Hitlers »unabänderlicher Entschluß«, die Tschechoslowakei zu zerschlagen)

Juni: Reichsarbeitsdienst und Organisation Todt beginnen mit dem Bau des 630 Kilometer langen Westwalls

September: Hohe Offiziere um Beck planen während der Sudetenkrise, Hitler zu verhaften

1938   9./10. September: Der Kriegsrat tritt zur Änderung von »Fall Grün« zusammen

12. September: Aufstand der Sudetendeutschen

15. September: Der britische Premierminister Chamberlain besucht Hitler in Berchtesgaden

18. September: Frankreich und England beschließen Zustimmung zur Teilung der Tschechoslowakei

22.–24. September: Besprechung Hitler/Chamberlain in Godesberg; Godesberger Memorandum Hitlers

25. September: Die Tschechoslowakei lehnt das Godesberger Memorandum ab

26. September: Hitlers Rede im Sportpalast: (Hitler: »…die letzte territoriale Forderung, die ich in Europa zu stellen habe.«)

28. September: Hitlers Ultimatum läuft ab. Er nimmt Mussolinis Kompromißvorschlag an

29./30. September: Viermächte-Konferenz (Großbritannien, Frankreich, Italien und Deutschland) in München. Im Münchner Abkommen Beschluß zur Abtretung des Sudetenlandes

1. Oktober: Deutsche Truppen marschieren im Sudetenland ein

9. November: Massenpogrome gegen Juden (»Reichskristallnacht«)

1939   14./15. März: Der tschechoslowakische Präsident Hacha in Berlin

15./16. März: Errichtung des Reichsprotektorats Böhmen und Mähren. Einmarsch deutscher Truppen in die Rest-Tschechoslowakei, damit Bruch des Münchner Abkommens

16. März: Hitler in Prag

17. März: Chamberlain kündigt Ende der *Appeasement*-Politik an

21. März: Deutsche Forderung an Polen: Rückgabe Danzigs und Bau von Verkehrslinien durch den Korridor, dafür Garantie der polnischen Grenzen

23. März: Einmarsch deutscher Truppen ins Memelgebiet

23. März: Erste polnische Teilmobilmachung

26. März: Polen lehnt die deutschen Forderungen ab

31. März: Chamberlain verkündet britisch-französische Garantieerklärung für Polen

3. April: OKW-Weisung »Fall Weiß«, der Überfall auf Polen soll ab 1. 9. 1939 möglich sein

11. April: Führerweisung für die einheitliche Kriegsvorbereitung 1939/1940

14. April: Der amerikanische Präsident Roosevelt warnt Hitler und Mussolini vor weiteren Gewalttakten und schlägt eine internationale Konferenz vor

17. April: Beginn deutsch-sowjetischer Kontakte

28. April: Deutschland kündigt das deutsch-englische Flottenabkommen von 1935 und den deutsch-polnischen Nichtangriffspakt von 1934

28. April: In einer Reichstagsrede lehnt Hiter Roosevelts Konferenzvorschlag ab

3. Mai: Molotow wird sowjetischer Außenminister

19. Mai: Abschluß einer französisch-polnischen Militärkonvention für den Fall eines deutschen Angriffes auf Polen (französische Offensive spätestens 15 Tage nach deutschem Angriff)

20. Mai: Beginn der deutsch-sowjetischen Geheimverhandlungen in Moskau

22. Mai: Militärbündnis (»Stahlpakt«) Deutschland-Italien

23. Mai: Hitler vor Befehlshabern der Wehrmacht: »Danzig ist nicht das Objekt, um das es geht, sondern die Gewinnung von Lebensraum im Osten.«

23. Mai: Befehl Hitlers, »Fall Weiß«, den Angriffsplan gegen Polen, bis August vorzulegen

15. Juni: Das Oberkommando der Wehrmacht gibt Aufmarschanweisung für den Feldzug gegen Polen heraus

22. August: Besprechung Hitlers mit den Spitzen der Wehrmacht auf dem Obersalzberg

23. August: Deutsch-Sowjetischer Nichtangriffspakt (Hitler-Stalin-Pakt) mit geheimem Zusatzprotokoll

25. August: Englisch-Polnischer Bündnisvertrag

25. August: 15.02 Uhr: Hitler befiehlt, »Fall Weiß« auszulösen; 18.15 Uhr: Der Angriffsbefehl wird widerrufen

28. August: Großbritannien bietet Vermittlung zwischen Deutschland und Polen an; Henderson bei Hitler

30. August: Hendersons Vermittlungsversuche scheitern, polnische Generalmobilmachung

31. August: 12.40 Uhr: Hitler erteilt den endgültigen Befehl zum Angriff auf Polen

1. September: 4.45 Uhr: Deutsche Truppen überschreiten ohne Kriegserklärung die polnische Grenze

Ausgewählte Literatur

BELOW, NIKOLAUS VON: Als Hitlers Adjutant. 1937 bis 1945. Mainz 1980.

BENOIST-MECHIN, J.: Wollte Adolf Hitler den Krieg 1939? Preußisch Oldendorf 1971.

BENOIST-MECHIN, J.: Am Rande des Krieges 1938. Die Sudetenkrise. Oldenburg und Hamburg 1967.

BONNET, GEORGES: Vor der Katastrophe. Erinnerungen des französischen Außenministers 1930–1939. Köln 1951.

BENEŠ, EDVARD: Memoirs. From Munich to New War and New Victory. Boston 1954.

BULLOCK, ALAN: Hitler. Eine Studie über Tyrannei. Kronberg 1977.

CARTIER, RAYMOND: Vom Ersten zum Zweiten Weltkrieg. 1918–1939. München, Zürich 1974.

CELOVSKY, BORIS: Das Münchener Abkommen 1938. Stuttgart 1958.

COULONDRE, ROBERT: Von Moskau nach Berlin. 1936 bis 1939. Erinnerungen des französischen Botschafters. Bonn 1950.

DAHLERUS, BIRGER: Der letzter Versuch. London-Berlin Sommer 1939. München ³1987.

DOMARUS, MAX: Hitler. Reden und Proklamationen 1932 bis 1945. Bd. 1. München 1965.

ELSON, ROBERT: Der Weg zum Krieg. Amsterdam 1979.

FEST, JOACHIM C.: Hitler. Eine Biographie. Frankfurt/M. 1987.

FRANÇOIS-PONCET, ANDRÉ: Botschafter in Berlin 1931–1938. Berlin, Mainz 1962.

FRANZ-WILLING, GEORG: Der Zweite Weltkrieg. Freising 1970.

GESCHICHTE DES GROSSEN VATERLÄNDISCHEN KRIEGES. Bd. 1. Die Vorbereitung und Entfesselung des Zweiten Weltkrieges durch die Imperialistischen Mächte. Berlin 1962.

GROSCURTH, HELMUTH: Tagebücher eines Abwehroffiziers 1938–1940. Stuttgart 1970.

HENDERSON, NEVILLE: Fehlschlag einer Mission. Berlin 1937–1939. Zürich o. J.

HERWARTH, HANS VON: Zwischen Hitler und Stalin. Erlebte Zeitgeschichte 1931 bis 1945. Frankfurt/M., Berlin, Wien 1982.

HILDEBRAND, KLAUS: Deutsche Außenpolitik 1933–1945. Kalkül oder Dogma? Stuttgart, Berlin, Mainz 1980.

HILLGRUBER, ANDREAS: Deutschlands Rolle in der Vorgeschichte der beiden Weltkriege. Göttingen 1979.

HILLGRUBER, ANDREAS: Die Entstehung des Zweiten Weltkrieges. Forschungsstand und Literatur. Mit einer Chronik der Ereignisse September/Dezember 1939. Düsseldorf 1980.

HILLGRUBER, ANDREAS: Die Zerstörung Europas. Beiträge zur Weltkriegsepoche 1914 bis 1945. Berlin 1988.

HITLER, ADOLF: Mein Kampf.

HOFER, WALTHER: Die Entfesselung des Zweiten Weltkriegs. Darstellung und Dokumente. Mit dem Essay »Gibt es eine Kriegsschuldfrage 1939?«. Düsseldorf 1984.

HOGGAN, DAVID L.: Der erzwungene Krieg. Die Ursachen und Urheber des 2. Weltkriegs. Tübingen [14]1990.

HOSSBACH, FRIEDRICH: Zwischen Wehrmacht und Hitler 1934–1938. Hannover 1949.

JÄCKEL, EBERHARD: Hitlers Weltanschauung. Entwurf einer Herr-
    schaft. Stuttgart ⁴1991.

KEHRL, HANS: Krisenmanager im Dritten Reich. 6 Jahre Frieden
    – 6 Jahre Krieg. Erinnerungen. Düsseldorf 1973.
KENNAN, GEORGE F.: Memoiren eines Diplomaten. 1925 bis 1950.
    Stuttgart 1968.
KNIPPING, FRANZ/MÜLLER, KLAUS JÜRGEN (Hrsg.): Machtbewußt-
    sein in Deutschland am Vorabend des Zweiten Weltkrieges.
    Paderborn 1984.
KÖNIGER, HEINZ: Der Weg nach München. Über die Mai- und
    Septemberkrise im Jahre 1938 und ihre Vorgeschichte. Berlin
    (Ost) 1958.
KORDT, ERICH: Nicht aus den Akten… Stuttgart 1959.
KRÁL, VÁCLAV: Das Abkommen von München 1938. Zusammen-
    gestellt mit einem Vorwort und Anmerkungen versehen. Prag
    1968.

LANG, JOCHEN VON (Hrsg.): Adolf Hitler. Gesichter eines Dikta-
    tors. Hamburg 1968.
LEONHARD, WOLFGANG: Der Schock des Hitler-Stalin-Pakts. Erin-
    nerungen aus der Sowjetunion, Westeuropa und USA. Frei-
    burg 1968.
LITVINOW, MAXIM: Memoiren. München 1956.

MAISKI I. M.: Memoiren eines sowjetischen Diplomaten. Berlin
    1967.
MEISSNER, OTTO: Staatssekretär unter Ebert – Hindenburg – Hit-
    ler. Der Schicksalsweg des deutschen Volkes von 1918 bis 1945,
    wie ich ihn erlebte. Hamburg 1950.

RAEDER, ERICH: Mein Leben. Von 1933 bis Spandau 1955. 2 Bde.
    Tübingen 1957.

RIBBENTROP, JOACHIM VON: Zwischen London und Moskau. Erinnerungen und letzte Aufzeichnungen. Hrsg. von Anneliese von Ribbentrop. Leoni 1953.

RIBBENTROP, ANNELIESE VON: Deutsch-Englische Geheimverbindungen. Britische Dokumente der Jahre 1938 und 1939 im Lichte der Kriegsschuldfrage.Tübingen 1967.

RINTELEN, ENNO VON: Mussolini als Bundesgenosse. Erinnerungen des deutschen Militärattachés in Rom 1936 bis 1943. Tübingen 1951.

RÖNNEFARTH, HELMUTH K. G. (Hrsg.): Die Sudetenkrise in der internationalen Politik. Entstehung, Verlauf, Auswirkung. 2 Bde. Wiesbaden 1961.

ROHE, KARL (Hrsg.): Die Westmächte und das Dritte Reich 1933–1939. Klassische Großmachtrivalität oder Kampf zwischen Demokratie und Diktatur? Paderborn 1982.

SCHELLENBERG, WALTER: Aufzeichnungen. Die Memoiren des letzten Geheimdienstchefs unter Hitler. Köln 1956.

SCHMIDT, PAUL: Statist auf diplomatischer Bühne 1923 bis 1945. Erlebnisse des Chefdolmetschers im Auswärtigen Amt mit den Staatsmännern Europas. Frankfurt/M., Bonn (1949) 1962. Neuauflage Wiesbaden 1986.

SCHWERIN VON KROSIGK, LUTZ GRAF: Memoiren. Stuttgart 1977.

SCHÄFER, E. PHILIPP: 13 Tage Weltgeschichte. Wie es zum Zweiten Weltkrieg kam. Düsseldorf, Wien 1964.

SHIRER, WILLIAM L.: Aufstieg und Fall des Dritten Reiches. Bd. 1. Köln 1986.

SPITZY, REINHARD: So haben wir das Reich verspielt. Bekenntnisse eines Illegalen. München, Wien 1986.

SOMMER 1939. DIE GROSSMÄCHTE UND DER EUROPÄISCHE KRIEG. Hrsg. von Wolfgang Benz und Hermann Graml. Stuttgart 1979.

STEINERT, MARLIS G.: Hitlers Krieg und die Deutschen. Stimmung und Haltung der deutschen Bevölkerung im Zweiten Weltkrieg. Düsseldorf 1970.

TAYLOR, A. J. P.: Die Ursprünge des Zweiten Weltkriegs. Die Jahre 1933–1939. München 1982.

TOLAND, JOHN: Adolf Hitler. Bergisch Gladbach 1981.

VÖLKISCHER BEOBACHTER, März 1938 – September 1939.

WEIZSÄCKER, ERNST VON: Erinnerungen. München, Leipzig, Freiburg 1950.

DIE WEIZSÄCKER-PAPIERE. Bd. 2. 1933–1950. Hrsg. von L. E. Hill. Frankfurt/M., Berlin, Wien 1974.

WUCHER, ALBERT: Seit 5 Uhr 45 wird zurückgeschossen. Ein Dokumentarbericht über den Beginn des Zweiten Weltkrieges. München 1959.

ZENTNER, CHRISTIAN: Der Kriegsausbruch – 1. September 1939. Daten, Bilder, Dokumente. Frankfurt/M., Berlin, Wien 1979.

Bildnachweis

Bildarchiv Preußischer Kulturbesitz, Berlin: 5, 13, 21, 25

Bilderdienst Süddeutscher Verlag, München: 1, 2, 3, 4, 15, 16, 17, 18, 23, 26, 27, 29, 32, 35, 40, 41, 42, 43, 44, 47, 49, 50, 52, 53, 56, 57, 58

Ullstein Bilderdienst, Berlin: 6, 7, 8, 9, 10, 11, 12, 14, 19, 20, 22, 24, 28, 30, 31, 33, 34, 36, 37, 38, 39, 45, 46, 48, 54, 55

Keystone, Hamburg: Schutzumschlag

Register

(Die Angaben zu den Personen beziehen sich in der Regel
nur auf die Zeit bis 1939/1940)

GOLDMANN

Lebenswelten im Dritten Reich

Christiane Kohl,
Der Jude und das Mädchen   12968

Jean Ziegler, Die Schweiz,
das Gold und die Toten   12783

Shlomo Breznitz,
Vergiß niemals, wer du bist   12713

Goldmann • Der Taschenbuch-Verlag

GOLDMANN

Guido Knopp

Hitlers Helfer   12762

Hitlers Helfer,
Täter und Vollstrecker   15017

Vatikan   15007

Hitler-Eine Bilanz   12742

Goldmann • Der Taschenbuch-Verlag

GOLDMANN

... und die im Dunkeln sieht man nicht

Stefan Aust,
Mauss   12957

Victor Ostrovsky,
Geheimakte Mossad   12658

Guido Knopp,
Top-Spione   12725

Norbert F. Pötzl,
Basar der Spione   12965

Goldmann • Der Taschenbuch-Verlag